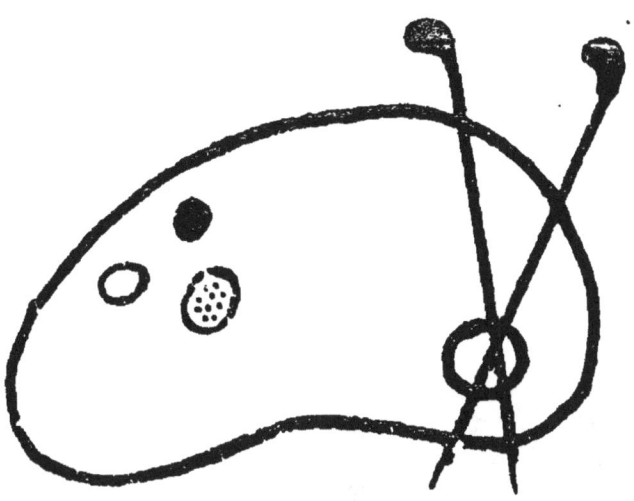

Couvertures supérieure et inférieure
en couleur

XAVIER DE RICARD

AVENTURES

DE MARIE ARMAND DE GUERRY DE MAUBREUIL

PARIS

Tous droits réservés

A LA MÊME LIBRAIRIE

Mémoires de M. d'Artagnan .... 3 vol.

PAUL D'AIGREMONT
Monte-Léone. Grand roman dramatique .... 3 vol.
Reine-Marie. Grand roman dramatique .... 3 vol.
Mère Inconnue .... 1 vol.

SIMON BOUBÉE
La Marchande de frites .... 2 vol.

PIERRE DECOURCELLE
Gigolette. Grand roman dramatique .... 2 vol.
Le Chapeau Gris .... 1 vol.

HENRI DEMESSE
La Fleuriste des Halles .... 1 vol.
La Jeune Veuve .... 3 vol.

JULES DE GASTYNE
Cœur sacrifié ! .... 1 vol.

EDMOND LEPELLETIER
Madame Sans Gêne. Roman tiré de la pièce de MM. V. Sardou et Moreau ... 3 vol.
Les Trahisons de Marie-Louise. Épisode complémentaire de Madame Sans-Gêne ... 3 vol.
Martyr des Anglais ! Deuxième épisode complémentaire de Madame Sans-Gêne ... 1 vol.
Le fils de Napoléon. Épilogue de Martyr des anglais ... 1 vol.
Fanfan la Tulipe. Roman tiré de la pièce de M. Paul Meurice ... 3 vol.
Patrie ! Roman historique, tiré du drame de M. V. Sardou ... 1 vol.

PAUL MAHALIN
Le Filleul d'Aramis .... 1 vol.
Les Aventuriers de Paris .... 1 vol.
Mademoiselle de Monte Cristo .... 1 vol.
Les Espions de Paris .... 1 vol.
Les Sergents de La Rochelle .... 1 vol.
La Fin de Chicot .... 1 vol.
Haute Pègre .... 2 vol.

JULES MARY
Foudroyé .... 1 vol.
La Valse des Maris .... 1 vol.
La Pocharde ..!! .... 2 vol.
Les Aventures de Fanchon .... 2 vol.

OLIVIER DES ARMOISES
Avant la Gloire. Napoléon enfant, Napoléon et ses compatriotes .... 1 vol.

E. A. SPOLL
Le Pré aux Clercs .... 1 vol.
La Belle Diane de Parthenay .... 1 vol.
La Guerre des Amoureux .... 1 vol.

1595-99 — Corbeil. Imprimerie Éd. Crété.

OFFICIER DE FORTUNE

2720

8° Y² 51655

ÉMILE COLIN — IMPRIMERIE DE LAGNY

L.-XAVIER DE RICARD

Officier de Fortune !

AVENTURES
DE MARIE-ARMAND DE GUERRY DE MAUBREUIL

PARIS
MONTGREDIEN ET Cⁱᵉ, LIBRAIRIE ILLUSTRÉE
8, RUE SAINT-JOSEPH, 8

Tous droits réservés.

OFFICIER DE FORTUNE !

LA FIN D'UN AVENTURIER

Je ne me rappelle plus exactement la date précise, mais c'était en 1866. Mon père, alors vieillard de quatre-vingts ans, entra dans ma chambre et me dit :

— Devine qui sort de mon cabinet ?

— Quelque visiteur assez inattendu, sans doute ; autrement tu ne me proposerais pas cette devinette.

— D'autant plus inattendu, en effet, que je le croyais mort depuis plusieurs années.

— Et je le connais ?

— Oui, tu l'as vu. Tu étais trop enfant pour que tu puisses t'en souvenir. Mais depuis, je t'en ai parlé, et souvent. Car il a été, certes, l'un des personnages les plus curieux, les plus aventureux et les plus romanesques que j'aie rencontrés, et j'en ai rencontré beaucoup ! Je vais te mettre sur la voie. Il venait en ce moment — c'était en 1852 — solliciter une pension de l'empereur Napoléon III. Et même, je précise, j'allai le voir plusieurs fois, avec toi, en une soupente misérable qu'il occupait dans une petite rue auprès de l'église Saint-Roch...

— J'y suis, m'écriai-je, c'est le comte Marie-Armand de Guerry de Maubreuil, marquis d'Orvault.

— Précisément.

— Qui fut, sous le premier Empire, ton compagnon d'armes pendant quelque temps, en Espagne, dans la division de cavalerie du général Lasale...

— C'est cela.

— Qui, de là, partit pour la joyeuse cour de Cassel, où le rappelait — car il y avait déjà fait un premier séjour — la faveur de Jérôme Bonaparte, roi de Westphalie.

— Oui; mais cette faveur, il la perdit bientôt pour être entré trop avant en celles de la maîtresse préférée du prince. C'était d'ailleurs un fort beau et galant cavalier que Maubreuil, un brillant et brave et même un peu bravache officier : de haute allure et de grand orgueil de gentilhomme; très violent aussi et un véritable risque-tout — sa vie l'a bien prouvé — toutes qualités qui ne nuisent pas auprès des princes ni « des belles ». Mais il en avait une autre encore, qui valait à elle seule toutes celles-là ! il était extrêmement riche, et d'une folle prodigalité.

» Tombé en disgrâce et obligé de quitter Cassel, il déposa l'uniforme ; et, s'étant lié avec quelques-uns de ces agioteurs qui pullulaient sous le premier Empire, il aventura le reste de sa fortune en des spéculations plus ou moins véreuses sur la fourniture des vivres à l'armée et la remonte de la cavalerie. Il a accusé ses associés de tous ses désastres ; et il n'eut pas tort, mais, pour avoir complètement raison, il aurait bien fait de s'accuser lui-même aussi.

» Bref, très ombrageux, pas mal fanfaron et avec cela d'un emportement qui lui enlevait tout usage de la réflexion et de la raison ; ayant cru avoir à se plaindre de Napoléon, il eut l'imprudence de manifester très bruyamment son mécontentement et sa haine. Il eût pu lui en coûter cher, car le grand homme ne « barguignait » pas avec ses ennemis. Mais arriva 1814.

» Passons sur sa conduite pendant la première invasion, tu la connais. Alors brigand de la Loire, comme on disait, et plus tard officier en demi-solde, il m'est pénible de me la rappeler. Elle fut telle qu'elle signala Maubreuil à l'attention des Bourbons et de leurs affidés.

» C'est alors que, par l'intermédiaire de M. de Talleyrand, la proposition lui aurait été faite, au nom du roi de Prusse, de l'empereur de Russie et de Louis XVIII, d'assassiner Napoléon et le roi de Rome. Il avoue l'avoir acceptée ; de fait, il y eut de sa part commencement d'exécution. Le 21 avril 1814, près de Fossard, village aux environs de Montereau, il arrêtait la femme de Jérôme Bonaparte, la reine de Westphalie, à laquelle il enlevait tous ses diamants et une caisse d'argent. Et le plus vilain de l'affaire pour Maubreuil, c'est qu'une partie de cet argent et de ces diamants n'a jamais été retrouvée. Il s'est défendu pourtant d'avoir voulu tuer l'empereur. Il ne se serait chargé, à l'entendre, de cette mission que pour ne pas l'accomplir et pour empêcher qu'un autre l'accomplît à sa place.

— Est-ce que tu crois cela ?

Mon père hocha la tête :

— Distinguons, dit-il. Je ne doute pas que la proposition n'en ait été faite à Maubreuil. Les Bourbons ont certainement songé, en 1814, à se débarrasser de Napoléon Ier, et d'autres que Maubreuil ont reçu des missions analogues à la sienne. Maintenant Maubreuil était-il capable d'un guet-apens et d'un assassinat ? D'un guet-apens ? sans nul doute. N'en a-t-il pas commis un, et des plus lâches, contre la reine de Westphalie ! — D'un assassinat ? — Je ne voudrais pas me prononcer. Mais, enfin, j'ai connu Maubreuil en Espagne. Brave officier, encore une fois, mais un des plus audacieux et effrontés pillards qui aient déshonoré l'armée. Il était fort tenace en ses ressentiments et en ses haines. Il est, certes, téméraire de vouloir juger les secrètes intentions d'autrui. Tout ce que je peux dire, c'est que rien de ce que j'ai appris de ses aventures, depuis, ne m'a étonné... pas même ce qu'il vient de m'annoncer lui-même aujourd'hui.

— Quoi donc ? fis-je fort intrigué.

— Son mariage !

— Il se marie ?... Mais quel âge a-t-il donc ?

— Cinq ans de plus que moi. Il est de 1782.

— C'est un réel dévouement de la part de celle qui l'épouse. Elle aura eu pitié de sa presque misère ; car, pour l'homme que fut Maubreuil, que sont les 2,500 francs de pension que lui fait l'empereur ?

— Tu n'y es pas ! C'est une spéculation réciproque. Maubreuil vend ses noms et ses titres, pour que madame puisse cacher son passé derrière tout cela.

— Et madame, c'est ?

— C'est madame Labruyère, une ancienne écuyère, je crois, en tout cas une de nos femmes galantes les mieux chiffrées ; et, comme elle a un enfant, Maubreuil le reconnaît naturellement, en épousant la mère... Les deux jeunes tourtereaux, ajouta mon père, vont habiter, rue Saint-Honoré, 10, un superbe hôtel. Il n'y a rien à dire : la fin de Maubreuil devait être cette fin-là.

— Et il t'a invité à la cérémonie nuptiale ?

— Non. Je ne lui ai même pas caché que je m'abstiendrais de paraître chez lui. Il a fort bien compris et accepté cela. Mais il m'a promis de revenir me voir. Tâche d'être là quand il s'y trouvera. Je le ferai parler. L'homme vaut la peine d'être entendu et observé. Il y a eu peu de destinées en notre siècle aussi tourmentées et aussi tragiques que la sienne !

Je revis, en effet, plusieurs fois Maubreuil. C'était alors un grand vieillard, qui se tenait encore droit et robuste sous ses quatre-vingt-quatre ans. Ses mouvements, pourtant, étaient lents et lourds, et le pas pesant : la figure, très plissée, très jaune, aux joues tombantes en fanons, conservait une singulière énergie dans l'expression des yeux et dans les traits. Elle était encore presque terrible quand la colère la convulsait — ce qui arrivait chaque fois qu'il parlait de certains personnages, M. de Talleyrand, les Bourbons et M. Guizot. J'écoutais passionnément tout ce qu'il racontait ; et mon père, de son côté, selon son habitude, prise dès sa jeunesse, le notait quotidiennement sur son agenda.

Mon père mourut : je cessai de voir Maubreuil, et même je n'y pensais plus, quand tout à coup, fin septembre 1867, les journaux racontèrent que la marquise d'Orvault avait failli être victime d'une tentative d'assassinat. Son frère, Hippolyte Schummacker, lui avait tiré trois coups d'un revolver-coup-de-poing, dont deux la blessèrent, l'un à la joue, l'autre dans le dos. L'assassin avait feint, ensuite, de se vouloir suicider.

Cet événement remit en actualité le nom et le passé de Maubreuil. Le vieux tragique aventurier n'eut pas, comme on dit, *une presse sympathique*, il fut fort malmené ; il semblait, en effet, avoir accepté délibérément à sa charge toutes les hontes de son mariage. Ne s'était-il pas associé à un procès en revendication de trente-cinq mille francs que madame la marquise d'Orvault intentait à un de ses amants d'autrefois ? Le scandale s'accrut encore d'une tentative de chantage du père Schummaker, cocher à Montrouge, et de sa femme contre leur fille, l'ex-dame Labruyère ; ils introduisirent contre elle et leur gendre une demande en pension alimentaire ; enfin, le frère, chassé pour vol du Comptoir d'Escompte, venait de jeter quelques gouttes de sang dans toute cette boue.

Maubreuil, alors, essaya de se dégager de ces hontes. Il voulut plaider la nullité de son mariage, s'appuyant sur je ne sais quel vice de forme. Il quitta donc l'hôtel de la rue Saint-Honoré et alla se réfugier à Asnières.

C'est là que je le revis. Quoique fort baissée, son énergie ne l'avait pas encore abandonné. Il était retombé à l'extrême misère : Napoléon III, sur la protestation des journaux, lui ayant retiré la pension de 2,500 francs, qu'il lui faisait depuis 1852.

Le 15 janvier 1868 eut lieu aux assises de la Seine, sous la présidence de M. Goujet, le procès d'Hippolyte Schummacker, accusé de tentative d'assassinat contre sa sœur. Celle-ci fit défaut, pour n'avoir pas à charger son frère; malgré la défense de Me Lachaud, H. Schummacker, convaincu de préméditation, et nanti, d'ailleurs, d'un passé qui ne le recommandait guère pour les circonstances atténuantes, fut condamné à vingt ans de travaux forcés.

A cette distance, rien à relever, en ce procès, qui soit curieux pour des lecteurs d'aujourd'hui, sinon, pourtant, les noms, étrangement associés, de deux témoins. Jules Vallès, « homme de lettres », vint y déposer en faveur de l'accusé, côte à côte avec un certain Stamirowsky, qui s'intitulait publiciste. Ce dernier nom ne nous dit plus rien : et pourtant, à quelque temps de là, coupé de sa queue, et réduit à Stamir, il a fait, lui aussi, son scandale. Ce Stamir fut, en effet, le chef d'une équipe que la police impériale arma en course contre les républicains dans un brûlot-pamphlet, qui sombra vite. L'auteur de *la France juive*, M. Edouard Drumont, était de cette belle entreprise.

Jules Vallès et Stamirowsky avaient rencontré Hippolyte Schummacker la veille de sa tentative d'assassinat; celui-ci leur avait témoigné du désir de quitter la France : ne pourrait-il pas trouver quelque emploi dans l'administration ou les travaux du canal de Suez? Jules Vallès l'avait amené au bureau de son journal *la Rue*, et lui avait promis de s'occuper de lui, s'il pouvait fournir de bons certificats. Or, précisément, le Schummaker venait d'être renvoyé du Comptoir d'Escompte. Mais, sa mère ayant immédiatement remboursé la somme qu'il avait volée à l'aide de surcharges sur les livres de caisse, on lui avait accordé de ne pas le poursuivre.

Aussi, au lieu de répondre à l'offre de Jules Vallès, se sépara-t-il précipitamment de lui, fort troublé. La cause de ce trouble, Vallès, d'abord étonné, la comprenait deux jours après; et il écrivait dans *la Rue*, sur « ce désespéré », un article ému d'une grande pitié.

Cependant, je continuai à visiter Maubreuil, mais fort irrégulièrement. Le bruit qu'il se proposait d'écrire ses *Mémoires* lui attirait l'obsession d'une foule de solliciteurs qui le pressaient de promesses ou d'offres, entre lesquelles il hésitait, tant par inquiétude de ne pas choisir la meilleure affaire que par peur d'être dupe de quelque nouveau « complot »; car l'âge et les traverses de sa vie avaient singulièrement développé sa défiance naturelle. Il croyait que toutes les chancelleries et les polices d'Europe ne songeaient qu'à lui soustraire ses papiers, pour supprimer des témoignages et des preuves qui les gênaient.

Et il hésita tant, en effet, qu'il mourut sans s'être décidé, en cette même année, dans un misérable taudis, à Batignolles.

Ainsi finit Maubreuil — un de ces irréguliers de l'histoire — comme on a dit — qui, pour être dissimulés dans la coulisse ou cachés dans les dessous, n'en sont pas moins des acteurs souvent d'une utilité plus réelle à l'action que ceux qui paradent superbement sur la scène. Ils sont les confidents et les agents des actes secrets par lesquels se préparent les péripéties et les grands coups de théâtre. Supposons Napoléon tué ou enlevé en 1814 par Maubreuil, comme il en avait accepté la mission, le retour de l'île d'Elbe et Waterloo épargnés à la Prusse, toute l'histoire du siècle en était changée.

Toutes les aventures de Maubreuil suivent les évolutions du siècle en sa période certes la plus accidentée et la plus tragique. On peut dire que sa vie en est le résumé et presque la représentation individualisée.

J'ai dit tout à l'heure comment j'ai connu Maubreuil; comment j'ai eu sur lui, d'abord, ses propres témoignages, puis ses souvenirs et les nôtres, écrits au jour le jour, par mon père. Le Maubreuil que je vais raconter n'est donc nullement un personnage de fantaisie. Je me suis efforcé, au contraire, de le reconstituer dans la plus exacte réalité possible ; j'ai tâché de faire revivre autour de lui les milieux et les circonstances à travers lesquels il a passé. Il m'a semblé qu'un récit de cette nature était, par sa forme même, le seul qui convînt logiquement à tout « le romanesque et à l'aventureux » d'une telle vie.

LIVRE PREMIER

POLICE ET CONTRE-POLICE

CHAPITRE PREMIER

Les militaires s'amusent.

I

L'HÔTEL DES VICTOIRES

Deux corps de bâtiments parallèles — séparés par une cour assez spacieuse — constituaient *l'Hôtel des Victoires*, qui s'était appelé successivement *Hôtel du 9 Thermidor, Hôtel Marat, Hôtel de la Constitution, Hôtel du Lys d'Or.*

Selon la traditionnelle formule, on y donnait à manger et on y logeait : l'auberge proprement dite, située au fond de la cour, se composait, au premier étage, de plusieurs chambres, et, au rez-de-chaussée, de deux pièces, avec un vestibule entre elles.

Dans l'une, le maître de l'hôtel, le citoyen Monneron, avait établi son bureau directorial. Il y détenait les clés des chambres et les chandeliers avec leurs chandelles de suif ; l'autre pièce, assez grande, contenait quelques tables sans nappes, destinées aux pensionnaires et habitués de l'hôtel, ainsi qu'aux hôtes de passage. Mais l'orgueil du citoyen Monneron, ce qui avait fait la renommée de son établissement et l'avait, naguère, achalandé d'une clientèle nombreuse et de choix, c'était la grande salle qui occupait, à elle seule, tout le premier étage du bâtiment donnant sur la rue.

On y pouvait tenir soixante personnes, à l'aise, autour d'une grande table sur laquelle était suspendu un lustre de quarante bougies. Des plus lointains quartiers de Paris, de la banlieue même, on venait chez Monneron pour les repas de noces, les festins de camarades et les banquets de sociétés.

D'ailleurs l'*Hôtel des Victoires* n'était pas moins renommé pour le talent de son chef, qui n'était autre que le citoyen Monneron lui-même. Bien qu'il s'en défendît, avec une indignation et une colère dont on s'amusait fort, on disait qu'autrefois — tout jeune — il avait été marmiton et gâte-sauce dans la cuisine du ci-devant tyran Louis Capet.

Vrai ou non, ce bruit le désigna aux sympathies des ci-devant et des émigrés : ceux qui mettaient le plus de prudence à se dissimuler descendaient chez lui, d'autant que, s'étant toujours montré d'un civisme très ardent, Monneron était fort aimé des citoyens de sa section. On lui pardonnait aisément ce qu'on appelait son péché originel.

Ce soir-là, 18 décembre 1797 (20 frimaire an VI),

il y avait, dans la fameuse salle du premier, un terrible brouhaha de rires, de verres heurtés, de voix mêlées, de bouchons qui éclataient, de chants dont les refrains étaient repris en chœur, d'acclamations, et, parfois aussi, de vives et brèves apostrophes qui se perdaient en une soudaine tempête de rires. A travers les rideaux et les fenêtres, illuminées, la table, sous la clarté du lustre, apparaissait chargée d'un pêle-mêle de flacons et de bouteilles parmi des encombrements de plats et de vaisselle : les vapeurs des mets, la fumée du tabac, la clarté trouble des bougies enveloppaient les convives d'une si épaisse atmosphère que l'on ne pouvait qu'à peine, du dehors, distinguer les couleurs de leurs uniformes.

L'un d'eux, un officier de hussards, debout devant la table, gesticulait en des poses et des attitudes d'orateur.

D'autres, par groupes, causaient ou discutaient; d'autres luttaient à la main-plate ou s'enlaçaient à brasse-corps comme des athlètes ; tous, tête nue, portaient qui les cheveux coupés ras ; ceux-ci, rabattus sur les oreilles en aile de pigeon; quelques-uns les avaient disposés en longues tresses qui leur tombaient sur la poitrine.

Ils étaient là une cinquantaine d'officiers, parmi lesquels toutes les armes ou à peu près se trouvaient représentées ; ils s'étaient réunis pour continuer, entre eux, sans mélange de pékins, la fête patriotique que, ce jour-là même, le Directoire venait d'offrir, dans le palais du Luxembourg, au général Bonaparte. Mais cette fête ne leur avait pas plu à eux. Les éloges du « roi des Pourris », de Barras, ne fleuraient pas trop la sincérité.

Dans la rue étroite et obscure, où les fenêtres de l'hôtel allongeaient deux ou trois grands longs carrés de lumière, une foule s'amassait constamment, grossissante de tous les badauds qui passaient. Répondant — de confiance — par ses ovations et ses rires aux ovations et aux rires des convives, elle saluait éperdument de tous ses chapeaux agités, et mêlait, dans une acclamation confuse, ininterrompue, les mêmes cris répétés : « Vive le général Bonaparte ! vivent les vainqueurs de l'Italie ! vive l'armée ! »

Cependant, dans l'autre bâtiment de l'hôtel, tout était calme. Pas une fenêtre n'apparaissait éclairée au premier. Dans la pièce du rez-de-chaussée, le vide ! Ce n'était qu'après s'être habitué à la clarté fumeuse de quelques rares chandelles espacées qu'on arrivait à apercevoir, au fond, deux hommes qui, assis à la même table, leurs deux figures allongées par-dessus, l'une vers l'autre, causaient confidentiellement, et, debout près d'une fenêtre, un tout jeune homme, le front collé à une vitre, et que le spectacle de cette orgie militaire semblait passionnément intéresser.

L'officier qui pérorait tout à l'heure avait, sans doute, achevé son discours ; car il venait de vider d'un trait son verre de champagne et de le briser sur la table. Ce fut le signal d'une folle ovation. Chacun se pressait auprès de lui, voulait lui étreindre les mains. Quelques-uns l'embrassèrent ; et ce fut, pendant un long moment, un tel tumulte d'applaudissements et de vivats parmi les officiers et dans la foule que le jeune homme n'entendait rien de ce qui se passait derrière lui.

Un homme, enveloppé d'une large houppelande, dont le collet était relevé, et qui tenait son chapeau sous le bras, venait d'entrer. Il s'était arrêté à causer, sur le seuil de la porte, avec maître Monneron.

— Non, citoyen, répondait celui-ci : ils ne sont pas encore venus ; et il ajoutait plus bas avec un geste vague du côté de la fenêtre : Ce jeune homme les attend aussi.

— Ah ! fit l'autre, d'un air indifférent, et ce jeune homme, quel est-il ?

— Je ne sais trop, continua le citoyen Monneron, tout bas ; il y a, là-dessous, quelque mystère, mais M. d'Antraygues le connaît.

— Comment l'appelez-vous, ce jeune homme ?

— Il a donné le nom de Justin Mercier.

L'homme à la houppelande eut un sourire :

— Le nom n'est pas compromettant. Et il y a longtemps qu'il loge à votre hôtel ?

— Il est arrivé... tenez ! il y a cinq jours précisément — le jour même où le général est rentré d'Italie, le 15 frimaire.

— Je ne le félicite pas de la coïncidence.

Le citoyen Monneron eut un geste d'effroi.

— Chut ! monsieur ! Il y a là deux particuliers qui m'inquiètent...

— Ah ! ah ! ah ! fit le nouveau venu, en donnant à chacune de ces exclamations un ton différent. Des espions de M. Barras ?

— De M. Barras ? — ou de quelqu'autre — on s'y perd en toutes ces polices et contre-polices qui s'espionnent mutuellement! Voyez-vous, monsieur, j'ai encore confiance, à peu près, dans mon ombre, quand elle marche devant moi. Je m'en méfie, quand elle me suit.

Et il ajouta tout haut :

— Vous voulez dîner, citoyen ?

— Monsieur... Justin Mercier a-t-il déjà dîné, lui ?

— Non ! pas encore.

— Eh bien ! Mettez deux couverts à la même table.

Et pendant que maître Monneron disparaissait pour aller chercher le dîner, son interlocuteur s'approchait doucement du jeune homme et lui frappant sur l'épaule :

— Eh ! bien ? lui soufflait-il à mi-voix, monsieur le vicomte Marie-Armand de Guerry de Maubreuil... depuis quand à Paris ?

Le jeune homme s'était retourné violemment, presque menaçant. Mais, tout à coup muet de surprise, il s'inclina et salua :

— Monsieur le marquis de Valeugelier !...

— Motus ! fit le marquis, désignant d'un coup d'œil les deux suspects du fond.

Et, tout haut :

— Veux-tu me faire le plaisir de souper avec moi, citoyen ?

— Moi, volontiers, citoyen ! répondit en riant le jeune Marie-Armand de Maubreuil.

Et ils s'assirent face à face à la table la plus proche d'eux.

Juste, en ce moment, maître Monneron rentrait, apportant le potage fumant ; puis, le posant, sur la table :

— Il faudra excuser le service, ce soir, citoyens, dit-il ; tout mon monde est occupé à servir les glorieux officiers de nos invincibles armées républicaines !

— Et comment n'y êtes-vous pas vous-même, citoyen Monneron ? interrogea M. de Valeugelier.

Maître Monneron se rengorgea :

— Eh ! qui présiderait à la cuisine, citoyen ?

— Ne vous inquiétez pas de nous, dit à voix basse M. de Valeugelier. Vous savez qui nous attendons. Nous ne sommes pas pressés. Mais ces deux individus vont-ils rester là toute la soirée ?

— S'ils sont ce que je crois, c'est probable. Ils ne partiront qu'après que les militaires auront fini leur banquet. Attention ! Ils vous regardent ! Méfiez-vous.

Et maître Monneron partit, la soupe servie dans les assiettes :

— Eh bien ! mon jeune ami, nous avons à causer, ne vous semble-t-il pas ? dit M. de Valeugelier.

— Je m'en doute, monsieur, et je vous écoute.

II

L'ÉVADÉ

Et, à voix basse, mais d'un air dégagé, pour éviter tout air de mystère qui eût pu attirer l'attention des deux observateurs :

— D'abord, monsieur, qu'êtes-vous venu faire à Paris ? interrogea le marquis.

— Je vous avouerai, monsieur, que je n'y suis pas venu dans l'intention d'y rester.

— Si vous n'avez pas cette intention, c'est que vous en avez une autre ; laquelle, s'il vous plaît ?

— Je viens me mettre à la disposition de monseigneur le duc d'Enghien.

— Je vénère profondément monseigneur le duc d'Enghien et encore plus son père, monseigneur le prince de Condé. Mais pourquoi cette préférence — que je ne me permets pas de blâmer d'ailleurs — pour ce jeune, très jeune prince ?... insista M. de Valeugelier.

— Parce que je suis las, comme lui, des intrigues et des complots dans lesquels s'embarrasse, s'épuise et se déshonore notre parti, et sans profit ; parce que je suis dégoûté de tous les agents subalternes et véreux qui exploitent la crédulité et la rivalité de nos princes... Est-ce la place de gentilshommes comme nous, monsieur, parmi tous ces policiers dont beaucoup servent et trahissent à la fois plusieurs polices ?...

— Mon brave ami, en des temps comme les nôtres, il ne faut pas être si délicat. J'ai autant de dégoût que vous à certaines promiscuités. Je les subis, pourtant. Ce n'est pas le moindre sacrifice que je fasse à notre cause. Et qu'attendez-vous de monseigneur le duc d'Enghien ?

— Un conseil ou plutôt un ordre. S'il me dit d'aller rejoindre l'armée du prince de Condé, j'irai. S'il croit que je puisse être plus utile parmi nos paysans et nos amis, en Vendée, je retournerai en Vendée.

— Très bien, mais en tout ceci vous n'avez oublié que deux choses : d'abord, que vous n'avez pas seize ans. Je ne suppose pas que ce soit déjà l'âge de disposer de soi-même. Puis, ce qui est plus grave, vous avez oublié les égards, la reconnaissance, l'affection que vous devez à votre aïeule, ma vieille amie, madame Ménardeau de Maubreuil. Je ne suis pas un grand moraliste, et n'ai pas le droit de l'être. J'aime assez les jeunes gens mauvaise tête, l'ayant été moi-même. Mais il y a un défaut qui est plus impardonnable à cet âge qu'à tout autre : c'est l'ingratitude.

Marie-Armand fit un mouvement : M. de Valeugelier l'arrêta d'un geste.

— Je demande, reprit-il, la faveur de continuer. La perte d'une mère est, certes, irréparable. Vous eûtes le malheur que la vôtre mourût en vous donnant le jour. Mais elle a été remplacée autant qu'une mère peut l'être. Votre aïeule, depuis votre naissance, vous a entouré d'une sollicitude, d'une affection, d'une tendresse excessives. Je lui en ai fait le reproche souvent. Il eût fallu une énergie de fer pour dompter l'orgueil intraitable que vous avez témoigné dès votre enfance. Ses faiblesses l'ont, au contraire, encouragé. Et vous lui accordez aujourd'hui joliment le bénéfice de ses bontés.

» Comment, monsieur, et M. de Valeugelier s'animait, vous avez eu le courage de la quitter, seule en son château, sans même lui laisser un mot ! Que vous lui ayez caché vos projets dans la crainte qu'elle n'y mît obstacle, passe encore ! mais ne pouviez-vous trouver dans votre cœur quelques paroles de consolation, lui promettre de vos nouvelles, l'assurer de votre affection ?...

— Je me proposais de lui écrire plus tard, quand je serais hors de France. Mais pourrai-je vous demander, monsieur, comment vous avez appris mon départ de Vendée et mon séjour à Paris ?

— N'embrouillons rien, monsieur, s'il vous plaît. Il y a là deux questions. Je réponds à la première. Votre départ ? je l'ai appris par votre grand'mère elle-même. Elle a bien voulu se souvenir que j'étais à Paris ; elle a profité d'un émissaire que nos amis de Vendée envoyaient à ceux d'ici, pour me faire parvenir une lettre. Elle m'annonçait votre fuite, et me suppliait de m'informer si personne de nos amis n'avait reçu de vos nouvelles.

— Elle ne me croit donc pas à Paris?

— Je ne vous y croyais pas moi-même, je vous supposais plutôt en Vendée. Je n'ai été détrompé que ce matin, et par le plus grand hasard. Voilà ma réponse à votre seconde question.

— Mais, monsieur! dit le jeune homme avec une certaine véhémence, qu'il s'efforçait encore de dominer, comment avez-vous su si précisément que j'étais en cette auberge et sous quel nom?

— Vous interrogez beaucoup. C'est un défaut fâcheux à votre âge. Je veux bien pourtant vous répondre encore une fois. Ce sera la dernière. J'ignorais, quand je suis entré, que vous vous fussiez désennobli. — Mon compliment, d'ailleurs, pour ce nom de Justin Mercier. Il est d'une admirable et parfaite roture. Et si je me rencontre ici, ce soir, avec vous, c'est que j'y viens, moi aussi, attendre quelqu'un.

— Vous savez que j'attends quelqu'un?

— Je viens presque de vous le dire.

— Et vous savez qui?

— Toujours des questions! dit en souriant M. de Valeugelier. Comment le saurais-je! à moins que ce ne soit la même personne que j'attends moi-même.

Marie-Armand bondit de sa chaise, comme poussé par un ressort : « Le coquin m'a trahi! » cria-t-il.

Mais d'un geste impérieux M. de Valeugelier le fit rasseoir :

— Vous oubliez qu'on nous observe, peut-être, dit-il, et qu'on peut nous entendre...

Le jeune homme se rassit :

— Vous voyez, monsieur, reprit-il plus calme, combien a raison Mgr le duc d'Enghien. J'ai eu l'imprudence de me fier à un de ces misérables agents qui intriguent et complotent ici au nom du prince, et cet homme m'a trahi.

— Il n'y a là aucune trahison, mais une simple rencontre. Quand vous avez demandé à M. d'Antraygues — c'est bien de lui qu'il est question ?...

— Parfaitement.

— ... de vous présenter en cette ville, où vous ne connaissez personne, à quelques-uns de ceux qui se sont signalés avec le plus de zèle au service du roi, vous ne m'avez pas fait l'honneur de penser à moi. M. d'Antraygues y a pensé, et voilà pourquoi j'ai précisément rendez-vous ici ce soir avec lui. Il doit vous présenter à moi. J'ai feint naturellement de ne pas vous connaître : et, comme c'est ce matin que ce rendez-vous a été pris, que je savais d'Antraigues et sa femme occupés toute la journée à suivre cette fête donnée par le Directoire en l'honneur de M. de Buonaparte, je ne craignais pas qu'il eût le temps de me nommer à vous. A tout hasard et par prudence, je suis arrivé avant l'heure. Avouez que, si vous aviez été prévenu de ma visite, vous l'auriez évitée.

— Je l'avoue.

— Maintenant que voici nos comptes réglés, je commence à trouver que M. d'Antraygues se fait un peu attendre. Et le bruit que font ces militaires ne m'aide pas à prendre patience. Vous n'avez pas assisté à la fête du Luxembourg ?

— Non, monsieur.

— Il y avait là beaucoup de nos amis. Ils ont fort applaudi M. de Buonaparte, pour « embêter » les citoyens directeurs. Je ne suis pas partisan de ce jeu. Quand nous aurons bien aidé à *faire* M. de Buonaparte, c'est nous qui serons *refaits*.

— M. d'Antraygues est, en effet, d'avis de le ménager. Il ne désespère pas qu'il consente à devenir le Restaurateur de la Monarchie.

M. de Valeugelier partit d'un éclat de rire.

— Oui... Monk... Les Stuart... Connu! Cette espérance n'empêche pas M. d'Antraigues de négocier avec Barras. Je compterais plutôt sur celui-ci. Buonaparte est un ambitieux. Je doute qu'il mette le prestige de ses victoires au service de notre cause. Il fera de ses militaires tout ce qu'il voudra. M. d'Antraigues — madame surtout — ne devraient pas avoir d'illusions à cet égard...

— Pourquoi madame surtout ?...

— Parce que madame Saint-Huberti — lorsqu'elle était chanteuse, et elle fut une exquise chanteuse — a eu des complaisances — oh! passagères — pour Buonaparte...

— On le dit. Mais ce c'est pas vrai.

— Alors, c'est elle qui ment, car c'est elle surtout qui le dit. Elle se vante même d'avoir inspiré à M. de Buonaparte les seuls vers qu'il ait composés...

Et, M. de Valeugelier, s'interrompant tout à coup :

— Mais vous voilà bien attentif ? Madame Saint-Huberti vous intéresse-t-elle à ce point ?... Méfiez-vous ! Ce ménage est fort louche... s'il y a ménage. Madame Saint-Huberti est restée en si bons termes avec Buonaparte qu'à Milan elle fut familièrement reçue chez l'ancienne à Barras, la ci-devant Joséphine de Beauharnais, actuellement madame la générale Buonaparte. Et c'est justement pendant ce temps-là que d'Antraygues, signalé comme agent de monseigneur le comte de Provence, était, sur les ordres de Buonaparte, arrêté à Trieste. Les papiers trouvés sur lui ne laissaient aucun doute sur ses qualités. Buonaparte avait parlé de lui faire « loger » une balle dans le ventre. Tout à coup, il se calme. Il fait venir d'Antraigues à Milan : à la vérité, on l'emprisonne, mais si mal qu'il s'évade. Et aujourd'hui, pendant qu'on le dit en Autriche, il est ici, presque ouvertement, avec sa femme, puisqu'il vous plaît, monsieur, de l'appeler ainsi. Et de fait, ajouta après une pose, en ricanant, M. de Valeugelier, elle lui est aussi indispensable que l'amorce au pêcheur à la ligne. D'ailleurs, ils sont en toute sécurité, ici. Barras ou Buonaparte ? Il traite à la fois avec tous les deux, à l'insu de l'un et de l'autre. Et puis c'est un homme terrible que d'Antraigues. Il a des secrets contre tout le monde. Ça finira même par lui porter malheur.

Il y eut un silence. Ce fut M. de Valeugelier qui le rompit.

— Vous qui êtes si dégoûté, monsieur, voilà avec quelles gens vous vous trouvez.

— Mais, monsieur, interrompit impatiemment le jeune homme, vous aussi vous fréquentez avec eux.

— Fréquenter est un peu dur, jeune homme !

répondit le marquis avec quelque hauteur. Je daigne les rencontrer quand j'estime qu'il est utile de le faire pour la cause.

« Ces gens-là vont être ici, tout à l'heure. Je vous commande de modeler — sans affectation — votre attitude sur la mienne. Je vous prie surtout de ne pas oublier que madame Saint-Huberti serait déjà une mère presque vieille pour vous... Pouah ! cela sentirait l'inceste !... Mais, comme malgré cela, je l'estime fort dangereuse, nous exécuterons de suite la volonté de madame votre aïeule !

— Quelle volonté, monsieur ? Vous ne m'en avez pas encore parlé !

— Que vous quittiez de suite Paris et retourniez auprès d'elle.

— Et mon devoir de gentilhomme, monsieur ! Plus de vingt des miens sont morts ou ont combattu pour le Roy. Resterai-je seul, indigne de mon sang et de mon nom ?

— Votre devoir ? on vous le dira quand il sera temps. Mais que se passe-t-il ? on ne s'entend plus !

En effet, les fenêtres de la salle du banquet venaient de s'ouvrir brusquement, toutes larges ; tout le tumulte, dont elle était pleine, s'écroulait dans la cour, et les vitres en furent ébranlées. Chants patriotiques, complaintes d'amour, refrains bachiques, chansons de guerre, couplets de caserne, entonnés à la fois, se mêlaient et se perdaient en des tempêtes de rires, au tambourinement furieux des couteaux sur les verres et les assiettes. Quelques officiers quittèrent la table et vinrent aspirer un peu d'air frais à la fenêtre.

M. de Valeugelier contemplait ce spectacle, pensif et secouant la tête : « Je commence à me figurer, se dit-il à mi-voix, ce que pouvaient être les hordes d'Attila ! »

Marie-Armand de Maubreuil, lui aussi, regardait et semblait s'abîmer en des rêves. L'ayant observé un moment :

— Monsieur de Maubreuil, lui demanda tout à coup M. de Valeugelier, à quoi songez-vous ?

— Je songe, monsieur, répondit Maubreuil, que tout de même cela est beau d'être officier.

M. de Valeugelier effleura le jeune homme d'un coup d'œil inquiet et, négligemment :

— Oui, oui, sans doute, murmura-t-il, c'est très beau. Il ne tiendra qu'à vous de l'être quand le roi sera revenu... votre naissance vous y donne droit.

III

SAMBRE-ET-MEUSE CONTRE ITALIE

Mais, tout à coup, un bruit de voix s'éleva qui dominait le vacarme des chants et des rires. On n'y sembla d'abord prêter aucune attention ; pourtant, peu à peu, les rires et les chants s'espacèrent et finirent par se taire, successivement, tout à fait. Une discussion venait d'éclater entre quelques officiers, et elle était en train de devenir une querelle. Ceux qui fumaient et respiraient aux fenêtres se retournèrent ; et quelques-uns se rapprochèrent de la table.

— Vous insultez le général Bonaparte et l'armée d'Italie! clamait une voix furieuse.

— Je n'insulte nullement le général Bonaparte et encore moins l'armée d'Italie — et la voix qui répondait était grave, mâle, vibrante et contenue encore — j'en appelle au témoignage de tous nos camarades.

— Si ! non ! criaient vingt voix à la fois... Si ! si ! non ! non !

— J'ai dit seulement, reprit la même voix, que vous aviez eu, nos camarades d'Italie, en ce beau pays ensoleillé, riche et plein de jolies femmes, plus d'agrément que nous en ces maussades pays du Nord et d'Allemagne.

— Et de Bonaparte, qu'en avez-vous dit? répétez ce que vous en avez dit!

— Je vais le répéter. J'ai dit que le général Bonaparte avait de la chance. Le hasard le débarrasse de ses concurrents l'un après l'autre. Pichegru, déclaré traître à la France et à la République, est déporté; Moreau tombe en disgrâce, et n'a plus de commandement. Enfin, messieurs — et la voix ici trahissait une profonde émotion — le héros sans peur et sans reproche, qui sera devant la postérité l'éternel honheur des armées républicaines — le général Hoche est mort — et vous savez comment.

— Vous n'allez pas accuser Bonaparte de l'avoir fait empoisonner peut-être?

— Non, certes...

— D'abord, est-il sûr qu'il ait été empoisonné?

Des protestations s'élevèrent de tous côtés:

— Oui! oui! par le Directoire! — Non! par les royalistes!

— Je ne sais, reprit la même voix, mais j'étais un des familiers du général; et je puis vous affirmer ceci: avant qu'il tombât malade, une femme, qui lui était recommandée de Paris, j'ignore par qui, demanda une audience au général et l'obtint. Elle était fort jolie. Elle resta plusieurs jours avec lui, puis disparut. Et quelques jours après, le général mourait.

— Et cette femme, capitaine, vous la reconnaîtriez? demanda quelqu'un.

— Comme je reconnaîtrais ma mère! s'écria celui qu'on venait d'appeler capitaine.

— Et vous supposez, ricana une voix, que cette femme a été adressée au général Hoche par Bonaparte?

— Ai-je rien dit de cela, messieurs? demanda le capitaine. Mais, quels que soient les assassins de Hoche, il est certain que, sans le vouloir, ils n'ont travaillé que pour Bonaparte.

— Vous en avez menti! hurla l'autre.

— C'est bon, monsieur, répondit le capitaine, avec le même calme : nous allons, s'il vous plaît, procéder à un autre genre de discussion.

L'on entendit le cliquetis de deux armes violemment arrachées de leurs fourreaux.

Un officier, qui se trouvait à la fenêtre, s'avança vers les deux combattants et, faisant un geste de la main :

— Attendez, je vous prie, messieurs, dit-il; nous allons d'abord débarrasser la pièce pour vous faire de la place.

M. de Valeugelier et Maubreuil avaient suivi toute cette scène, le premier curieusement, l'autre passionnément. Et, ainsi tout attentionnés l'un et l'autre, ils n'avaient pas vu les deux « observateurs » quitter leur table du fond : et ils ne se doutaient guère qu'ils les avaient tout près, derrière eux, en ce moment.

2.

Et voici que les verres, les bouteilles, les assiettes, toute la vaisselle et tous les couverts, commencèrent à voler par les fenêtres et à tomber en mitraille dans la cour. On entendait, malgré le fracas, le pauvre Monneron se désoler dans le vestibule, à côté, et interpeller, de supplications inutiles, ses hôtes de la grande salle. Bientôt, comme il ne restait presque plus rien sur la table, pour hâter encore ce déménagement expéditif, plusieurs officiers saisirent la nappe par chaque bout, l'enlevèrent toute tendue, puis, s'étant rapprochés, pour lui faire former le sac, la balancèrent rythmiquement avec des : Ho! his! de matelot, et, d'un élan, ils l'envoyaient par la fenêtre rejoindre dans la cour la vaisselle du pauvre Monneron.

Puis, la table fut rejetée au fond de la salle ; les deux combattants, entourés de tous les officiers faisant cercle, se postèrent l'un en face de l'autre sous la lumière du lustre.

— Vive Bonaparte ! cria celui de l'armée d'Italie.

— Vive la République ! riposta celui de Sambre-et-Meuse.

Et deux lames de sabre brillèrent aussitôt comme deux éclairs qui se rencontreraient.

— Ah! les sauvages ! s'écriait M. de Valeugelier ; au sabre ! ils se battent au sabre ! Remarquez-vous, monsieur de Maubreuil ?... au sabre !

Mais M. de Maubreuil, debout sur une chaise, n'écoutait pas M. de Valeugelier.

D'ailleurs, il lui était impossible de suivre les péripéties du duel : il n'en voyait que les lueurs des sabres se heurtant, s'évitant, se poursuivant au-dessus des spectateurs. Tout à coup, un sabre s'abattit; on entendit la chute mate d'un corps, et le cri, dont toutes les poitrines étaient gonflées, s'étouffa en vague rumeur dans un immense silence.

— Mort! annonça une voix.

Et, d'un même mouvement, tous les fronts s'inclinèrent.

Puis il y eut un rapide échange de paroles basses, presque muettes; un mouvement se fit parmi les officiers, qui s'écartèrent; et des pas lourds, comme de gens qui portent un fardeau, se dirigèrent vers une des extrémités de la salle. Alors — les officiers ayant formé une haie — de Maubreuil put voir le mort que ses camarades allongeaient sur un canapé — il avait la tête ouverte au-dessus de l'oreille droite.

— Lequel des deux est tué? demanda M. de Valeugelier.

— Celui d'Italie! répondit de Maubreuil.

Mais un officier de l'armée d'Italie aussi venait de prendre la parole et on se pressait autour de lui :

— Amis et frères d'armes! disait-il, pleurons notre camarade, mais ne le plaignons pas. Sa mort, sans doute, a été inutile à la patrie. Mais il est mort en brave et de la main d'un brave. Cela vaut bien de mourir sur le champ d'honneur. Frères de l'armée d'Italie! de Sambre-et-Meuse! et du Rhin! Plus de querelles! plus de rancunes entre nous. Toutes nos gloires ne sont qu'une gloire, celle de la patrie. Frères de l'armée d'Italie, criez donc avec moi : Vivent nos camarades de Sambre-et-Meuse ! Vivent nos camarades du Rhin !

La proposition, accueillie par un hourra, fut reprise en chœur : « Vive l'armée de Sambre-et-Meuse ! Vive l'armée du Rhin ! »

— Vive l'armée d'Italie ! clamèrent à leur tour ceux du Rhin et de Sambre-et-Meuse : et tous ensemble mêlèrent ces trois cris en une longue ovation.

Alors le capitaine s'avança, d'un pas grave, vers le canapé où gisait le mort.

Il le contempla un instant, la tête baissée, puis, l'ayant salué militairement, il se retourna vers les camarades et, une main étendue sur le cadavre, l'autre levée en un large geste :

— Vive Bonaparte ! s'écria-t-il.

L'enthousiasme devint du délire. Reprise par tous furieusement, relevée quand elle faiblissait par un nouveau cri, l'acclamation, incessamment renouvelée, se prolongea pendant plusieurs minutes.

Tout à coup, M. de Valeugelier bondit sur sa chaise ; le même cri de : Vive Bonaparte ! poussé par deux voix formidables, venait d'éclater derrière lui.

Et une main s'abattait pesamment sur son épaule.

— Eh bien ! citoyen ! ça vous remet du cœur au ventre des spectacles comme ça ! Hein ? Si les étrangers veulent nous marcher sur le pied, on a de quoi leur répondre avec des gaillards de cet acabit-là... Et quant à ces jean-foutres d'émigrés et de ci-devant, dites-leur, si vous en connaissez, comme vous en avez l'air, qu'ils viennent s'y frotter. A bon entendeur, salut, citoyen ou ci-devant !

Puis, il fit signe à son camarade de le suivre et les deux « observateurs » quittèrent la salle en riant.

— Monsieur de Maubreuil, dit, après un silence, M. de Valeugelier, je crains que nous ne soyons découverts.

— Je le crains aussi, monsieur, reprit le jeune Maubreuil.

IV

LA SAINT-HUBERTI

— Voilà, monsieur de Maubreuil, un incident qui va hâter nos décisions : j'assumerais une trop grande responsabilité à ne pas obéir de suite aux volontés expresses de votre grand'mère. C'est une nouvelle Terreur que le Directoire a inaugurée depuis le 18 fructidor. Votre jeunesse ne vous sauverait pas : les brigands actuels, comme ceux de 93, que je trouve moins méprisables, d'ailleurs — mon Dieu ! oui ! c'est ma manière de voir — n'ont pitié ni de l'âge ni du sexe. Nous allons donc, s'il vous plaît, concerter avec M. d'Antraygues le moyen de vous faire retourner de suite auprès de madame Menardeau de Maubreuil. C'est un homme d'intrigues, parfois... suspectes, M. d'Antraygues, mais aussi un homme d'expédients...

Marie-Armand ne répondit rien ; mais sa figure, où la maxillaire très forte, le front carré et haut, les yeux profonds, durs et mobiles, décelaient une énergie de tempérament plus peut-être que de volonté, se contracta en une expression de refus bien résolue. Pour ne point se trahir, et n'osant répondre à M. de Valeugelier, il se leva et se dirigea vers la fenêtre.

Le marquis le suivit du regard, sentant très bien à quelle résistance il allait se heurter : en dedans de soi, il envoyait au diable celle qu'il appelait « sa vieille amie » ; mais il ne pouvait se dérober à la mission qu'elle venait de lui imposer. Au fond, il donnait raison au jeune gentilhomme : il n'avait que quinze à seize ans, sans doute. Mais solidement construit « à chaux et à sable », bien des hommes de vingt ans, qui faisaient pourtant leur devoir aux armées des princes et en Vendée, eussent paru des cadets à côté de lui. Quelle idée avait sa grand'mère de vouloir retenir ce gaillard-là près de ses jupes? Pourvu qu'une autre aussi ne s'avisât pas de l'attirer près des siennes! Cette Saint-Huberti? Ni elle ni d'Antraygues n'ignoraient certes que, par la mort de sa mère, Maubreuil aurait une très grande fortune à sa majorité. Qui sait quels projets ces deux intrigants avaient pu former sur le jeune Maubreuil? Et M. de Valeugelier prévoyait, de ce côté, une autre lutte qui l'ennuyait fort.

— Eh bien! que font les soldats de M. de Buoparte? demandait-il à Marie-Armand. On ne les entend presque plus.

— Ils se sont rassemblés, monsieur, et semblent en grand conciliabule. Ah! en voici deux qui se détachent. Ils viennent fermer les fenêtres. Et ils tirent les rideaux. On ne voit plus rien.

— Diable, que de mystères ! opina M. de Valeugelier.

Mais le jeune Maubreuil qui venait de se retourner :

— Monsieur, annonça-t-il au vieux marquis, voici M. d'Antraygues !

— Enfin ! s'écria M. de Valeugelier en se levant. Eh bien ! monsieur, dit-il à d'Antraygues, qui entrait en causant avec le citoyen Monneron, vous êtes bon royaliste : mais il vous manque une qualité royale — l'exactitude.

— Je suis serviteur et non maître, monsieur, — répondit d'Antraygues en souriant ; — vous m'excuserez, car c'est précisément le service du roi qui m'a retenu : et je trouve, en arrivant, notre pauvre ami Monneron tout à fait désespéré. Nos victorieux ont traité sa vaisselle en armée ennemie... Mais, vous êtes précisément, monsieur, en société avec le jeune homme que je voulais vous présenter !...

— La présentation est faite depuis quinze ans. J'ai, le même jour, entendu son premier vagissement et recueilli le dernier soupir de sa mère.

— Avez-vous décidé quelque chose à son égard ? — demanda d'Antraygues... Il vous a dit sans doute qu'il aurait l'intention d'aller prendre du service auprès de Mgr le duc d'Enghien ?

— L'intention de sa grand'mère n'est pas telle : elle m'ordonne de le lui renvoyer, et je tiens à accomplir ses ordres.

— Eh quoi ! vraiment, est-ce possible ? s'écria derrière lui une voix de femme, une voix tintante et chantante, quoique insensiblement alourdie d'un indéfinissable accent. Est-ce possible ? répéta-t-elle, vous voulez déjà nous enlever M. de Maubreuil ?

M. de Valeugelier s'inclina profondément, avec une galanterie quelque peu affectée. C'était madame d'Antraygues, la Saint-Huberti, qui venait d'entrer et se défaisait d'une large redingote vert olive ; dessous, elle apparut en robe fourreau de mousseline lamé d'argent, et d'un vert clair qui la vêtait tout juste d'une transparence d'eau courante.

— Je suis très flatté, dit M. de Valeugelier, de l'intérêt que vous prenez à notre jeune ami, chère madame — mais il faut obéir !

De taille moyenne, mais d'une sveltesse que semblait assouplir encore la robe qui la déshabillait, la Saint-Huberti avait conservé de son ancien métier de chanteuse d'opéra un certain apparat d'attitude et de geste quand elle était au repos et qu'elle s'étudiait. Mais s'animait-elle, sa pétulance naturelle détruisait tout à coup tout l'art de son maintien. Ces contrastes, qui se succédaient avec tout l'imprévu de ses sensations, n'avaient pas peu contribué aux grandes et illustres passions qu'elle avait inspirées. Bien qu'à cette époque sa grasse beauté de blonde commençât à mûrir, elle ne trahissait encore ni les fatigues de l'âge ni celles des aventures par lesquelles elle avait cahoté toute son existence. Seul, le visage, naguère d'un bel éclat de carnation, s'était, pourrait-on dire, un peu délustré, et avait pris une teinte de rose mourante. Mais cela se remarquait à peine dans la mobile animation des traits, qu'illuminaient de vie et de gaieté la sensualité des lèvres épanouies, et deux grands yeux bleus, limpides, toujours humectés d'une sorte de lueur humide.

— Que voulez-vous donc faire de M. de Maubreuil là-bas? Ah! fit-elle malicieusement en caressant le jeune homme d'un long regard, ah! peut-être est-ce vous qui voulez y retourner, monsieur de Maubreuil? Quelque jolie et innocente idylle paysanne?... Hé?

— Madame, intervint M. de Valeugelier avec un léger ton de reproche, il a le temps de songer à ces bagatelles!... Veuillez vous rappeler qu'il n'a pas seize ans.

La Saint-Huberti partit d'un éclat de rire.

— Pas seize ans!... Je voudrais bien que M. de Valeugelier daignât nous régaler de la confession de ses pensées et de ses actes, à cet âge-là...

Le marquis repartit un peu sévèrement :

— Les temps ne sont pas les mêmes, chère madame. On avait alors le droit de s'amuser. La Révolution n'était pas encore venue.

— Et aujourd'hui, monsieur, on a le *devoir* de s'amuser parce qu'elle s'en va.

M. de Valeugelier feignit de remarquer seulement alors le costume de la Saint-Huberti, et, l'ayant considérée quelque temps, avec une grande affectation d'étonnement :

— Dieu me pardonne! d'Antraygues, s'écria-t-il, madame la comtesse de Launay d'Antraygues semble une habituée des salons de M. Barras!

— Habituée! et elle riait en répondant au marquis, sans perdre de vue Marie-Armand tout extasié à la contempler, habituée! ce serait un peu trop dire. Mais, de fait, j'ai été aujourd'hui son invitée. Oh! sans qu'il s'en doute! Mon mari et moi pouvions-nous ne pas assister à la fête patriotique donnée en l'honneur du général Buonaparte? Et croyez-vous, monsieur le marquis, que j'y aurais été admise en costume de cour de 1788 ou d'émigrée de Coblentz?

— Oh! je ne proteste pas contre ce costume, madame, protesta M. de Valeugelier avec un empressement de galanterie un peu ironique. Il vous va si bien!

La Saint-Huberti rougit un peu, puis, délibérément, elle haussa les épaules et se mit à rire. L'ironie et le regard de M. de Valeugelier faisaient allusion à un de ses anciens caprices d'artiste gâtée de son public et de jolie femme. Étant chanteuse à Marseille, en 1788, elle avait eu l'idée d'offrir aux Marseillais une fête antique et païenne. Un jour, une chaloupe, toute caparaçonnée d'éclatants parements de soie et de satin, le long desquels couraient des guirlandes de fleurs, faisait une pompeuse apparition dans le port — accompagnée d'une flottille de gondoles, elles aussi diversement décorées, et quelques-unes chargées de musiciens et de groupes en des costumes antiques; et, dans cette chaloupe, manœuvrée par des rameurs nus, la Saint-Huberti, presque dénudée elle-même en sa tunique à la grecque, avec des fleurs lui coulant en cascade le long de ses cheveux déployés, se tenait, debout, une lyre en main, adossée au mât doré où claquetait une voile rose, également de soie... Mais ce qui avait affolé jusqu'au délire l'enthousiasme des Marseillais, c'était le pavillon de leur ville, hissé à l'arrière...

Cependant, d'une pirouette, le marquis s'était retourné vers d'Antraygues :

— Aux affaires sérieuses, maintenant, s'il vous plaît ! lui dit-il. Vous savez, monsieur, que cet hôtel n'est plus tenable aux honnêtes gens. Les deux individus, vous savez, étaient bel et bien des espions. Ils ne nous l'ont pas laissé ignorer.

Et il se mit à raconter l'incident de tout à l'heure.

D'Antraygues écoutait fort attentivement ; quand le marquis eut fini, il eut un sourire, et lui demanda de vouloir bien lui décrire ces deux individus. Le marquis le fit aussi exactement qu'il put.

— Eh bien ! ne vous inquiétez pas trop, dit d'Antraygues, ces gens ne sont peut-être pas si dangereux que vous le croyez ; et, le marquis l'interrogeant d'un regard étonné, il ajouta : Je ne dis pas qu'ils ne soient des agents du Directoire, mais peut-être sont-ils aussi les nôtres !

— Et qui trahissent-ils, nous ou le Directoire ?

— Lui et nous probablement, fit philosophiquement d'Antraygues, en s'asseyant. Mais, voyons, examinons ce qu'on peut faire de ce jeune homme...

— Cela ne fait pas question, monsieur ! répondit le marquis s'asseyant à côté de lui. Il faut qu'il revienne chez sa grand'mère.

— Ce n'est pas si commode que cela, en ce moment, monsieur le marquis. Les routes sont très surveillées.

Par-dessus la tête des deux interlocuteurs, qui

se trouvaient entre elle et lui, la Saint-Huberti et Maubreuil échangeaient des regards et des gestes de complot.

Par un habile et lent mouvement tournant, elle se glissa derrière MM. d'Antraygues et de Valeugelier et alla rejoindre le jeune Marie-Armand ; puis, côte à côte, confidentiellement, ils gagnèrent, tous deux, la fenêtre.

— Monneron, demanda d'Antraygues, vos militaires sont bien calmes ; vous ne les surveillez pas un peu ?

Monneron comprit qu'on lui donnait un congé détourné :

— Ah ! les scélérats ! dit-il en s'en allant, ils m'ont ruiné !

— Ils vous rembourseront, Monneron ! répliqua ironiquement d'Antraygues.

Monneron, arrivé à la porte, se retourna :

— Oui, à coups de sabre, si j'osais réclamer !

Et, comme il allait fermer la porte :

— Si vous voyez rien de suspect, avertissez-nous ! lui recommanda d'Antraygues.

— Soyez tranquilles, messieurs !

D'Antraygues reprit :

— La grand'mère de M. de Maubreuil ne peut vouloir l'exposer à des dangers inutiles. Le jeune homme est actuellement plus en sécurité à Paris qu'il ne le serait sur la route de Vendée. Après tout, monsieur le marquis, vous ne pouvez le faire enlever de force, s'il résiste. Et votre jeune ami est un violent. Croyez bien qu'il ne fera jamais que ce qu'il voudra bien faire.

M. de Valeugelier eut un soupir d'assentiment douloureux, tandis que, d'un coup d'œil détourné, il regardait la Saint-Huberti et Marie-Armand, rapprochés en des confidences, qui chuchotaient et riaient. D'Antraygues semblait n'y faire aucune attention, et il continuait. L'homme qui avait apporté la lettre de la grand'mère allait repartir en Vendée, chargé de commissions et d'instructions pour les chefs royalistes de là-bas.

Il était plus prudent que M. de Valeugelier fît, par son intermédiaire, avertir madame Ménardeau de Maubreuil, de l'impossibilité de lui renvoyer son petit-fils; il pourrait la consulter en même temps sur le désir, exprimé par celui-ci, d'aller se mettre à la disposition du duc d'Enghien. Le marquis ferait observer en même temps à la vieille dame que le jeune homme courait moins de dangers auprès du prince que dans son château de Vendée, et qu'il y serait en même temps plus utile à la cause.

— Je ne suis pas loin, mon cher d'Antraygues, de partager votre opinion. Mais je tiens à ce que M. de Maubreuil reste le moins longtemps à Paris. Il y a trop de danger ici pour lui, dit-il en élevant la voix du côté du couple qui se causait presque joue à joue.

M. d'Antraygues affecta de ne pas comprendre.

— C'est une erreur, monsieur le marquis. Paris est encore l'endroit où l'on court le moins de risques; mais qu'à cela ne tienne. Nous disposerons tout de façon à ce que M. de Maubreuil puisse partir dès qu'il aura reçu le consentement de sa grand'mère. Nous le confierons à des compagnons de route sûrs et expérimentés. Amenez-le demain à l'assemblée que nous tenons au Palais-Royal, chez madame de Ciméry ; je vous présenterai, vous et lui, à mes amis ; car il faut qu'il fasse officiellement son entrée dans le parti. En même temps, monsieur le marquis, vous y apprendrez des choses et y verrez des personnages qui vous intéresseront.

— Soit, monsieur, nous irons.

Et, se détournant avec une impatience marquée vers la fenêtre :

— Monsieur de Maubreuil, questionna-t-il impérativement, n'entendez-vous pas que nous parlons de vous ?

— Si fait ! monsieur ! repartit le jeune homme.

— Et ce que nous nous proposons de faire ?

— C'est tout ce que je demande, monsieur !

— Il va sans dire pourtant que si madame Menardeau de Maubreuil exige absolument que vous retourniez auprès d'elle, vous le ferez, coûte que coûte... Vous ne répondez pas ?

— Ma grand'mère ne pourra exiger une chose si déraisonnable, surtout après l'opinion contraire que vous aurez bien voulu lui en exprimer, monsieur !

— La réponse est assez évasive, observa le marquis en souriant. Enfin !... Comme on ne saurait avoir trop d'avis, nous prendrons conseil de nos amis demain, chez madame de Ciméry. Vous entendez, monsieur de Maubreuil ?

— Oui, monsieur ! répondit celui-ci, qui avait repris son entretien avec la Saint-Huberti.

M. de Valeugelier haussa les épaules et revint à M. d'Antraygues.

— Savez-vous, monsieur d'Antraygues, lui dit-il, que je suis étonné, émerveillé de votre audace! Il est impossible que l'on ignore votre séjour à Paris, ayant surtout commis l'imprudence d'y venir avec madame d'Antraygues. Ou la police de ces gens-là est fort mal faite, ou — et il se mit à rire pour ne pas froisser d'Antraygues d'un semblant de soupçon — ou vous avez eu quelque sauf-conduit mystérieux; ou bien, et je m'arrête à cette opinion, vous êtes le plus extraordinaire conspirateur qui ait jamais existé.

D'Antraygues sourit:

— Vos suppositions sont vraies toutes trois, monsieur. Sauf ce que la dernière a de beaucoup trop exagéré. La police de ces gens n'est pas mal faite, si vous voulez; mais grâce à l'or de nos bons alliés les Anglais, qui nous permet d'y entretenir une contre-police, elle nous sert mieux qu'elle ne sert le Directoire. Et enfin! quoi! si l'on me faisait arrêter, ce serait presque une violation du droit des gens! Il serait très ambitieux de dire que je suis un ambassadeur : mais je suis au moins un parlementaire.

— Et vous espérez beaucoup de vos négociations?

— Eh! eh!... peut-être.

— Vous espérez faire de M. de Buonaparte un autre Pichegru! La façon dont celui-ci a réussi n'est pas fort encourageante pour qui voudrait l'imiter. Et vous, madame, ajouta M. de Valeugelier en s'adressant à la Saint-Huberti, quel est votre avis? Nulle ne peut en donner un mieux renseigné que vous ? Vous avez fréquenté chez les Buonaparte, et...

Ici le marquis s'arrêta avec une réticence de discrétion.

— Et l'on dit, n'est-ce pas, fit-elle en quittant enfin la fenêtre et faisant quelques pas vers les deux interlocuteurs, qu'il a été fort amoureux de moi, à Marseille, il y a dix ans. J'y avais un grand succès dans l'opéra *Didon*, et, comme tout le public, il se montra très enthousiaste de moi. Il me le dit peut-être, et ce fut tout.

— Mais on prétend même que ce grand homme vous a fait des vers...

— Ah! oui! *Romains qui vous vantez d'une illustre origine!...* se mit-elle à déclamer. Ça commence comme cela ? Ah! le pauvre capitaine d'artillerie qu'il était alors, bafouillant le français avec un insupportable accent corse... il était bien capable, vraiment, de faire des vers !...

— Mais aussi, vous l'avez revu depuis dans l'intimité de sa famille, chez qui vous avez fréquenté à Milan; croyez-vous qu'on puisse l'attirer à la bonne cause ?

— Eh! qui connaît le général Bonaparte ? Mais, sûrement, il ne se contentera pas de la seconde place, s'il peut arriver à la première.

— A la bonne heure ! dit M. de Valeugelier. Voyez, madame d'Antraygues juge de ce petit ambitieux comme moi-même. Je lui crois plutôt l'étoffe d'un Cromwell que d'un Monk.

— C'est fort possible repartit d'Antraygues ; mais la première place ne lui est pas encore assurée ; et il trouvera de tels obstacles pour y atteindre qu'il sera peut-être bien obligé de se résigner à la seconde. En attendant, il faut le ménager et le tenir en observation. Le jour où il nous sera démontré qu'il n'y a plus à compter sur lui, eh bien ! nous agirons contre lui. Mais, en somme, Buonaparte n'est pas encore tout dans la République. M. le *marquis* de Barras y est encore quelque chose, et sa haine contre Buonaparte, dont il redoute la popularité, nous servira.

— J'aurais plus de confiance en celui-ci, observa le marquis.

M. d'Antraygues se leva :

— Vous avez raison, monsieur, dit-il. M. de Barras sent bien que son prestige ne peut lutter contre celui de tous les généraux qui tiennent en main la destinée de la République.

» De quoi s'en est-il fallu que Pichegru ne réussît ? Et le triomphe d'un général serait bien plus à craindre pour le citoyen Barras que la Restauration des Bourbons. Il peut s'entendre avec nous, pas avec les autres.

Mais il se tut et s'arrêta tout à coup, tous quatre se regardèrent. Un grand tumulte de pas, de voix et d'armes traînées et heurtées venait d'éclater dans la cour et se rapprochait.

— Monsieur de Maubreuil, demanda la Saint-Huberti au jeune homme resté près de la fenêtre... ce sont eux ?

— Oui, madame. Ils sont dans la cour et semblent vouloir se diriger par ici.

— Ah ! mon Dieu ! s'écria-t-elle. Passez-moi, je

vous prie, ma redingote, monsieur de Valeugelier. Je ne veux pas leur apparaître dans ce costume, s'ils viennent.

— Mais il ne peut qu'exciter leur galanterie, repartit le marquis.

— Justement, c'est ce que je crains.

— Les voici ! avertit Marie-Armand ; ils traversent la cour.

Tout en hâte, elle l'appela d'un geste :

— Vite, monsieur de Maubreuil, venez m'aider à passer ma redingote.

Et, quand il fut près d'elle, tout empressé :

— Ne me quittez pas ! lui dit-elle à voix basse.

L'un en face de l'autre, comme deux augures, MM. de Valeugelier et d'Antraygues se regardaient, mais ils ne riaient pas ; ils écoutaient.

Les officiers s'étaient, sans doute, partagés en plusieurs groupes : tandis que les uns stationnaient dans la cour, d'autres venaient d'entrer dans le vestibule, et appelaient impérieusement :

— Eh ! Monneron ! le citoyen Monneron, où est-il ?

— Me voici ! citoyens officiers, répondit la voix mal assurée du pauvre aubergiste.

Puis, l'un d'entre eux prit la parole :

— Citoyens ! dit-il, un des nôtres est mort là-haut. Nous l'avons étendu sur votre canapé. Veuillez garder la clé de cette pièce — mais que personne n'y entre. Nous reviendrons demain chercher notre camarade.

— Oui ! citoyens officiers... Soyez tranquilles. Vous pouvez être sûrs que personne n'y entrera.

Il y eut comme un piétinement de gens qui se disposent à s'en aller. Mais il vint une malencontreuse idée à Monneron, plus préoccupé de sa vaisselle brisée que du cadavre qu'on lui recommandait.

— Citoyens officiers... citoyens... Et il s'efforçait de donner à sa voix un ton aimable, presque plaisant... Un mot, rien qu'un mot, s'il vous plaît ! Comment nous arrangerons-nous pour la casse... oui, la petite casse de tout à l'heure... vous savez... ma vaisselle, là, dans la cour?...

Et il balbutiait lamentablement.

Ce fut une protestation indignée !

— Quoi ? quoi ? que dit-il ? huèrent quarante voix se mêlant et se confondant.

— Eh ! vous autres ! venez écouter ça. C'est curieux !

— Qu'est-ce qu'il réclame, le gargotier ?

— Il prétend qu'on lui paye ses faïences !

Un rire énorme éclata :

— Et s'il nous eût plu de foutre le feu à ta baraque pour nous amuser ! — grogna une voix de basse profonde qui résonna au milieu du tumulte comme un son de bourdon. — Nous vous donnons assez de gloire, avec notre sang, tas de pékins ! pour que vous ne rechigniez pas à payer de vos sous nos plaisirs... Donc, assez causé et retourne à tes fourneaux.

Une immense acclamation accueillit ces paroles.

Cependant d'Antraygues et M. de Valeugelier s'étaient rassis, attendant, non sans anxiété, le départ des officiers; derrière eux la Saint-Huberti et Marie-Armand s'étaient eux aussi assis à la table la plus proche.

— Surtout, recommanda d'Antraygues, à voix basse — s'ils ont l'idée d'entrer, ne nous troublons pas. Et, quoi qu'il leur plaise de dire et de faire, supportons tout en bons patriotes.

Il n'avait pas achevé que la porte s'entr'ouvrait et, dans l'entre-bâillement, apparaissaient deux ou trois têtes curieuses ; — puis, rejetée sur ses gonds, d'un choc violent, elle s'ouvrit toute grande.

— Une femme !... holà !... vous autres... une femme !...

Le cri, aussitôt répété, amena devant la pièce une bousculade d'uniformes qui, se pressant, se tassant, se poussant, s'y précipitèrent d'un flot, tous ensemble.

Mais, à peine entrés, ils s'arrêtèrent tous, comme à un commandement...

V

VIVE BONAPARTE !

La Saint-Huberti était debout : d'un lent mouvement de tête, elle les saluait ironiquement, le sourire aux lèvres...

— Mon Dieu ! oui ! une femme... Et — fit-elle avec un grand air de surprise — une femme même très étonnée d'adresser la première le salut à des officiers français au lieu d'avoir à leur rendre le leur !

Une rumeur d'approbation et de rires circula dans le groupe des officiers, et, une à une, toutes les têtes se découvrirent.

Puis, un joli lieutenant de hussards, tout jeune, la lèvre supérieure ombrée d'une fine moustache noire, s'avança d'un pas au-devant de ses camarades et, après s'être incliné :

— Honneur à la beauté ! cria-t-il.

Et tous, d'un seul cri, répétèrent : « Honneur à la beauté ! »

— La beauté et la vaillance se sont toujours entendues, continua-t-il. Vous serez donc indulgente, citoyenne, à des soldats qui ont fêté aujourd'hui le triomphe de leur général et de la République.

Mais pendant qu'il parlait ainsi à la Saint-Huberti, son regard et ceux de ses camarades observaient à la dérobée d'Antraygues et M. de Valeugelier qui s'étaient levés et découverts : et ces regards exprimaient une curiosité plus défiante que bienveillante. L'ancienne chanteuse s'en aperçut et voulut parer au danger.

— J'y ai assisté, à cette fête, lieutenant ! dit-elle. Eh ! il faut bien que nous mettions notre vanité partout, nous autres femmes ! J'ai pris part à toute cette gloire, comme si j'y avais droit, comme si j'y étais pour quelque chose... Eh ! que je me serais sentie toute fière d'être seulement cantinière !...

— Bravo ! bravo ! Hourra !

Quand les applaudissements se furent apaisés :

— Voilà parler en Française, en patriote ! s'écria un autre officier, capitaine, celui-là. Eh bien ! camarades, je vais vous faire une proposition et je suis sûr que vous l'adopterez d'enthousiasme. Nous avons décidé d'aller finir notre soirée au théâtre ? Emmenons la citoyenne, et qu'elle figure, ce soir, parmi nous, comme la déesse de la Patrie !

L'orateur avait eu raison de prévoir une ovation ; elle éclata en tempête et se prolongea plusieurs minutes ; les officiers sautaient, dansaient, jetaient en l'air leurs bonnets, leurs casques, leurs shakos, s'embrassaient ; et, en une clameur folle, acclamèrent la Saint-Huberti : *Déesse de la Patrie!*

— Au théâtre! au théâtre!

— Camarades, proposa l'un d'entre eux qui se hissa sur une chaise pour se faire mieux entendre, nous ne pouvons supporter que la citoyenne aille à pied jusqu'au théâtre avec nous. Nous n'avons pas d'équipage à lui offrir. Nous la porterons sur nos épaules... En triomphe, la déesse de la Patrie !...

— Oui ! oui ! en triomphe !

Et déjà quelques-uns s'avançaient tumultueusement vers la Saint-Huberti avec le mouvement de s'emparer d'elle.

— Citoyens officiers! suppliait-elle, riant et les écartant du geste, je vous en prie... Ecoutez-moi... un mot! rien qu'un mot!

Ils n'y consentirent pas sans peine. Pendant qu'ils tâchaient d'obtenir un peu de silence les uns des autres, la Saint-Huberti songeait, non sans anxiété, à ce qu'elle allait leur dire... Cette scène, en tout autre temps, eût amusé la comédienne qu'elle avait été et l'aventureuse qu'elle était restée... Mais, se montrer, en public, au théâtre, au milieu d'une bande de hurluberlus, elle risquait d'être reconnue : et l'être, c'était être dénoncée. Résister à la volonté des officiers, inutile : ils n'en feraient pas moins ce qu'ils avaient décidé; elle n'y gagnerait rien que de s'exposer elle-même à leur irritation et d'y exposer ses compagnons. D'un autre côté, l'attitude de ceux-ci n'était pas sans l'inquiéter. Elle était sûre de son mari; il était, lui, fait et préparé à toutes les circonstances. Mais

M. de Valeugelier manifestait un étonnement gauche et dangereux : et elle avait peine à maîtriser l'impatience du jeune Maubreuil, qui s'agitait, auprès d'elle, presque en des attitudes de défi.

Pourtant ce fut sans trouble apparent et en souriant qu'elle prit la parole quand enfin le silence — un silence plein encore de vagues rumeurs — se fut établi :

— Citoyens officiers !... dit-elle, tout à l'heure je regrettais de ne pas être cantinière, et voilà que vous me faites déesse. Déesse, encore, ce ne serait rien : il y en a tant ! Mais déesse de la Patrie ! celle dont vos courages et vos victoires ont partout propagé et imposé le culte !... Ce serait presque un sacrilège, de prétendre vous la représenter... En tout cas, je me sens incapable d'un tel orgueil... Je ne veux voir en ceci qu'un aimable badinage de votre galanterie ; je l'accepte ainsi et vous en remercie... Donc, comme déesse, je me récuse, et vous ne m'en voudrez pas si, comme femme, je m'excuse... Ne vous méprenez pas sur mon sentiment, ajouta-t-elle pour apaiser les murmures qui venaient de s'élever, je serais fière d'être au milieu de vous. Mais, songez-y, citoyens officiers, une femme risque toujours des commentaires très désavantageux à se montrer en public — dans certaines circonstances... Je m'en rapporte là-dessus à votre délicatesse et à votre raison.

— Non ! non !... pas d'excuses ! s'exclamèrent-ils tous à la fois.

— L'honneur de l'armée couvre le vôtre ! criait une voix.

— Qu'il se trouve des insolents, nous nous en chargeons!!! criait un autre.

— Pardon, citoyenne! put enfin dire, au milieu du brouhaha, le jeune lieutenant de chasseurs qui avait déjà pris la parole tout à l'heure; ces motifs sont-ils les véritables? Et ne serait-ce pas plutôt à cause de ces *messieurs* — et il souligna le mot en les désignant tous trois — que vous hésiteriez à venir avec nous?...

— Je vous jure, citoyen officier, dit la Saint-Huberti.

Mais, cette fois, on ne l'écoutait plus et on ne la laissa point parler. Toutes les têtes s'étaient retournées menaçantes vers MM. de Valeugelier et d'Antraygues.

— Quoi donc?... quoi donc?... interrogeait un autre officier, ce vieux et ce demi-vieux et, là-bas, ce blanc-bec... ce seraient eux... Qu'ils y viennent donc s'opposer, ces pékins, à la volonté de l'armée française!...

L'aisance de d'Antraygues ne se démentait pas sous les regards qui l'observaient; mais M. de Valeugelier surtout les attirait précisément par la désinvolture qu'il affectait à paraître « dégagé et indifférent ». Il fit même le geste de protester un moment, et il aurait parlé si d'Antraygues, à côté de lui, ne l'eût retenu en lui soufflant tout bas : « De grâce! Ne bougez pas... Attendez! »

M. de Valeugelier se rassit, et attendit en effet, dans une attitude de hautaine insouciance, les jambes l'une sur l'autre et les bras croisés.

— Ces... personnages — reprit le même officier

— sont sans doute de votre compagnie, citoyenne?

— Sans doute, affirma bravement, sans hésitation, la Saint-Huberti.

L'officier s'inclina.

— Ah, oui! fit-il en souriant, Le père? et il désignait M. de Valeugelier. L'époux? et il indiquait d'Antraygues; puis, s'arrêtant avec une insistance particulière sur Armand de Maubreuil : le frère?

Un léger frémissement de rires, aussitôt réprimés, approuva la question, posée d'ailleurs d'un ton très discrètement ironique.

La situation n'en devenait pas moins critique. La Saint-Huberti pensait bien qu'elle ne serait pas crue si elle répondait par l'affirmative. Elle cherchait donc quelque diversion ou quelque expédient pour esquiver la réponse — qu'attendaient tous les yeux curieusement fixés sur elle — quand elle fut heureusement sauvée par l'intervention d'un capitaine de grenadiers, de tête déjà blanche, la parole brève, saccadée et bourrue, mais avec un regard de bon chien hargneux en ses yeux bruns, ombragés d'épais et farouches sourcils :

— Ah çà! s'écria-t-il, est-ce que nous n'oublions pas un peu qui nous sommes, camarades? Nous interrogeons une femme comme de simples policiers! Respectons le sexe jusque dans le mystère dont il lui plaît de s'entourer. Que nous importe que ces deux-là soient père, ou époux, ou autre chose, et le jeune galantin frère... ou autre chose?

— Hum! hum! fit une voix, tous les trois, le vieux surtout, portent l'émigration sur leurs figures!

— Et quand même, continua le capitaine, quand même... ils seraient des revenants, tous trois? Nous n'allons pas demander à la citoyenne de les dénoncer? Ne seriez-vous pas honteux d'avoir acclamé comme déesse de la patrie une femme capable d'une telle trahison?

— C'est vrai... C'est vrai... Il a raison...

— Je crois bien, que j'ai raison! Et d'ailleurs, qu'en feriez-vous de ces ci-devant? Iriez-vous les dénoncer à la police? Les arrêteriez-vous vous-mêmes? Je vous regarde et je ne vois pas de costumes d'argousins parmi nous.

— Bien dit, capitaine!

— Oh! ça se passera autrement si jamais nous les rencontrons parmi les brigands de Bretagne ou de Vendée ou dans ce qu'ils appellent l'armée des princes... Ils ne sont pas dégoûtés, les ci-devant, de donner le nom d'armée à ces bandes de jean-foutres et de traîtres, à la solde de l'Angleterre!

Et il eut un gros rire de moquerie, qui fut repris par tout son auditoire.

— Nous ne chassons ce gibier-là, nous, qu'en rase campagne : c'est aux furets de la police à le chercher dans ses terriers... Si vous en êtes, les trois pékins, fit-il en interpellant directement les compagnons de la Saint-Huberti, tant pis pour vous! Nous ne voulons pas le savoir. Nous ne voulons nous rappeler que les braves paroles de bonne Française que nous a dites, tout à l'heure, la citoyenne... Nous l'avons élue... elle est à nous... Que vous lui soyez ceci ou cela, nous nous en fichons! Et si elle résiste encore... car enfin la galanterie du soldat français a sa limite de patience, citoyenne !... eh bien ! nous la prendrons, et sous votre nez encore. J'ai dit !...

— Oui ! Oui !... Prenons-la... Enlevons-la... Vive le capitaine !

Mais cette nouvelle ovation eut à peine le temps d'éclater qu'elle fut interrompue tout net ; le bruit d'un grand choc tourna tous les regards vers le même point de la salle. Un officier se tenait planté devant MM. de Valeugelier et d'Antraygues, appliqué des deux mains sur la table qui tremblait encore des coups de poing formidables qu'il venait d'y abattre, et penché vers eux, presque à leur frôler le visage, les regardant dans les yeux, fixement :

— Oui... criait-il... sous votre nez !... A tous deux !

Puis s'adressant à d'Antraygues :

— C'est toi, le mari ?... disait-il. Oui, c'est toi le ci-devant mari, reprit-il en riant. Ça t'embête qu'on va t'emprunter ta femme ? On te la rendra. Vous autres, les maris, vous n'êtes que les dépositaires... D'abord, les femmes sont à nous, les militaires... C'est nous qui vous les prêtons, quand nous voulons bien vous les laisser... et quand nous les prenons, nous ne faisons que les reprendre.

Puis, se retournant vers M. de Valeugelier :

— Celui-là, par exemple, il a une tête qui ne me revient pas... oh ! pas du tout... Pour sûr, il en est des revenants !

Et, tout à coup, appliquant largement sa main droite sur l'épaule du vieux marquis :

— Crie un peu : Vive Bonaparte ! pour voir...

comment ça te sortira de la gorge, ce cri-là.

Peu à peu, tous les officiers avaient fait le cercle autour du groupe formé par leur camarade et les deux suspects.

Adoptant d'enthousiasme sa proposition :

— Oui ! oui ! crièrent-ils d'une seule voix : Vive Bonaparte ! qu'il crie : Vive Bonaparte !

Cependant la Saint-Huberti s'était hâtée de mettre à profit le moment où les officiers étaient distraits d'elle, pour échanger quelques paroles pressées, à voix basse, avec Armand de Maubreuil.

— Vous ne voulez pas nous perdre tous et moi la première, n'est-ce pas ? Composez-vous donc, je vous en prie, une autre attitude et un autre visage...

— Vous allez partir avec eux ? demanda-t-il d'un air sombre.

— Oui. Mais laissez-moi faire... Suivez-nous, sans en avoir l'air et sans vous faire remarquer. Vous vous tiendrez aux abords du théâtre où ils vont m'emmener... Je vous aurai bientôt rejoint...

— Vous leur échapperez ?

— Soyez tranquille. Mais il faut, vous, que vous échappiez aussi à M. de Valeugelier et à mon mari. Sortez sans être vu d'eux. Autrement, ils vous retiendraient et vous suivraient... Vous ne le désirez peut-être pas ? ajouta-t-elle avec un regard de malicieux sous-entendu.

En ce moment un peu de calme se faisait parmi les officiers.

— Chut ! chut ! se murmuraient-ils les uns aux autres, il va parler !

M. de Valeugelier, en effet, était debout ; il les salua très cérémonieusement, et, ayant fait un geste paternel de sa main droite, le bras gauche passé derrière les reins :

— Acclamer le général Bonaparte, dit-il, en affectant un air délibéré que démentait pourtant un peu d'émotion dans la voix — quel est le Français qui s'y refuserait, puisque c'est acclamer, du même coup, la vaillance de l'armée française et la gloire de la France ? Vive le général Bonaparte !

— Vive le général Bonaparte ! cria, à côté de lui, d'Antraygues, les bras élargis dans un immense geste, et la poitrine bombant en avant — d'une voix si formidable que tous les militaires se bouchèrent en riant les oreilles, tandis que les vitres en frémissaient.

— Si le cœur n'y est pas, remarqua l'un d'eux, la voix y supplée au moins !

— Holà ! camarades, fit un autre. Nous oublions que nous faisons attendre une femme !... Au théâtre !

— Oui, oui !... au théâtre !

— Auquel ? demandèrent plusieurs voix.

— Au Palais-Egalité... chez la Montansier... proposèrent quelques-uns...

— Oui ! oui !... adopté !... Chez la Montansier.

— Vous entendez ? fit rapidement à voix basse la Saint-Huberti à Armand de Maubreuil... Attendez-moi au Palais-Royal, près du théâtre.

Cependant, des officiers s'étaient emparés d'une table, l'avaient renversée les pieds en l'air, et, se l'étant assujettie sur les épaules, s'avançaient, solennellement, d'un pas cadencé, vers la Saint-Huberti.

D'autres accouraient, et se pressaient autour d'elle. D'un regard impérieux, elle avait éloigné Armand de Maubreuil qui, un peu résistant encore, avait pourtant obéi, et se reculait peu à peu vers la porte, caché à MM. de Valeugelier et d'Antraygues par le groupe des officiers. Quant à ceux-ci, ils étaient trop occupés pour faire attention au manège du jeune homme.

Maintenant, les « porteurs de la table » s'arrêtaient devant la Saint-Huberti, la saluant militairement, et attendaient, comme au port d'armes, tandis que l'ex-chanteuse, soulevée sur sa chaise à bras tendus, était installée par les autres sur cette estrade improvisée...

Et ce fut, tout autour d'elle, une longue et tumultueuse ovation de cris, de « Vive la Déesse de la Patrie! Vive Bonaparte! Vive l'armée! » confondus en une indistincte et formidable clameur.

D'un mouvement de tête, à droite et à gauche, la Saint-Huberti y répondait, tout à l'aise et souriante.

Soudain, au commandement « Marche », tous les officiers s'alignèrent de chaque côté d'elle, et derrière; et elle se sentit osciller légèrement sur les épaules de ses porteurs. Elle poussa un cri et fit un geste instinctif, comme pour se rattraper à quelque chose.

— N'ayez pas peur! lui criait-on de tous côtés.
— Non, n'ayez pas peur, citoyenne!... lui répéta de sa grosse voix de bourru bon enfant le capitaine

de grenadiers qui, étant le plus ancien en grade, allait prendre, à ce titre, la tête de la colonne. Des épaules de soldats français, ça ne fléchit pas ! ça ne tremble pas, même du plaisir de porter une jolie femme !

Et, se retournant, il ordonna :

— En avant !

Alors, une sorte de griserie monta à la tête de la Saint-Huberti. Cette ovation lui rappelait ses succès d'autrefois — un temps toujours regretté — quand, n'étant pas encore madame d'Antraygues, elle passionnait, en ses tournées d'artiste, le public de toutes les grandes villes d'Italie, d'Allemagne et de France. Et aussitôt, d'une voix vibrante, elle entonna le premier couplet de *la Marseillaise* :

> Allons ! enfants de la patrie,
> Le jour de gloire est arrivé !...

Et tel fut l'étonnement de ces militaires qu'au lieu d'éclater en applaudissements, ils s'arrêtèrent net, d'un mouvement spontané et unanime, toutes leurs têtes tournées vers la chanteuse, ils écoutèrent tout le couplet, ainsi immobilisés en un recueillement d'admiration presque religieux. Mais, quand la chanteuse, avec un véritable emportement d'enthousiasme, attaqua le refrain :

> Aux armes, citoyens,...

Ils le reprirent tous ensemble, furieusement, puis, d'un élan, et rythmant leur pas à la cadence de l'hymne révolutionnaire, ils se précipitèrent et s'engouffrèrent comme une trombe à travers la porte...

M. de Valeugelier s'était rassis, les deux mains aux oreilles, les coudes sur la table ; il attendait que tout ce tumulte se fût éloigné, et quand il n'en perçut plus qu'une rumeur qui s'affaiblissait :

— Ouf! soupira-t-il en se levant, les sacrés mâtins!... le temps paraît long avec eux !

D'Antraygues, lui, se promenait de long en large dans la salle ; il paraissait tout absorbé en une méditation profonde.

— Ce qui m'inquiète, lui dit M. de Valeugelier, c'est comment madame d'Antraygues pourra se tirer de là...

— N'ayez crainte, monsieur le marquis, elle s'en tirera!... répondit d'Antraygues sans discontinuer sa promenade.

Mais, tout à coup, s'arrêtant, il regarda autour de lui dans la pièce, puis...

— Où donc est M. de Maubreuil? remarqua-t-il.

M. de Valeugelier, qui était en train de se sourire à lui-même, s'égayant de la philosophie de certains maris à supporter leur déconvenue conjugale, eut une secousse comme un homme éveillé en sursaut, et, à son tour, inspectant la pièce d'un long regard circulaire :

— En effet, où est passé M. de Maubreuil? s'écria-t-il. Vous ne l'avez pas vu sortir, monsieur d'Antraygues ?

— Je vous en aurais averti, monsieur.

Le marquis se précipita vers la porte et de là, il appela impérieusement : « Monneron, monsieur Monneron!... »

Au troisième appel, Monneron apparut sur le

seuil, un Monneron lamentable, décomposé, la figure marbrée de taches jaunes et pâles, et semblant avoir de la peine à se traîner, tant il était écrasé sur lui-même.

— N'avez-vous pas vu monsieur de... lui demanda M. de Valeugelier qui, en son émotion, allait lâcher le vrai nom du jeune homme; mais il se reprit : — N'avez-vous pas vu monsieur Justin?...

Monneron fit un double signe de tête négatif, et se laissa aller sur une chaise, anéanti :

— Il n'était pas tout à l'heure avec ces... militaires, quand ils sont sortis?

— Vous pouvez penser, monsieur, répondit Monneron, que je ne me suis pas mis sur leur passage pour les regarder partir.

Le marquis se tut et resta songeur : il suivait de l'œil, curieusement, d'Antraygues qui continuait sa promenade méditative. Quand elle l'eut ramené devant lui, il arrêta d'Antraygues et lui dit, non sans une légère émotion d'impatience dans la voix :

— Enfin, monsieur, que pensez-vous de ceci?

— Si vous ne savez qu'en penser, lui répondit d'Antraygues, que voulez-vous que j'en pense moi-même, monsieur?

— Ce jeune homme aura-t-il été assez fou pour suivre ces militaires?

— Et pourquoi les suivre? interrogea d'Antraygues, regardant fixement le marquis.

— Eh! je viens de vous le dire... par folie. Il se sera imaginé que madame d'Antraygues avait besoin d'un défenseur, d'un protecteur. On est si présomptueux, à cet âge!

D'Antraygues haussa les épaules :

— Ne vous inquiétez pas, monsieur ! Madame d'Antraygues saura se protéger elle-même ; et, par surcroît, protéger votre jeune ami si, en effet, il a commis cette folie...

— Ne seriez-vous pas d'avis, monsieur, d'aller voir autour du Palais-Royal ce qui s'y passe ?...

— Je suis d'un avis tout à fait contraire, monsieur ! Nous sommes déjà très suspects à ces officiers ; or, s'ils nous rencontrent ayant l'air d'espionner autour d'eux, nous ne nous perdrons pas nous seulement, mais votre protégé, et en même temps madame d'Antraygues...

— Mais alors, que faire, monsieur ?

— Rien !

— Attendre... ici ?

Monneron se leva comme mû par un ressort.

— Messieurs !... Messieurs !... — balbutia-t-il. — Vous ne voulez pas, n'est-ce pas, me faire massacrer, ni qu'ils mettent ma maison au pillage ou la fassent flamber... Vous avez entendu qu'ils m'en ont menacé tout à l'heure... Ça ne servirait pas notre cause, cela, et remarquez que, vous aussi, vous seriez perdus... car, n'en doutez pas, ils vont revenir, et pires que tout à l'heure, plus exaltés... Que se passerait-il, mon Dieu !

D'Antraygues l'interrompit :

— Je comprends, monsieur. Notre présence ici vous inquiète.

Monneron fit à la fois un grand geste et un grand salut, très humble :

— Je vous l'avoue, monsieur !

— Et vous avez raison, mon ami.

Puis, se retournant vers M. de Valeugelier :

— Il faut déguerpir, monsieur le marquis, dit d'Antraygues. Nous compromettons tout le monde ici, et nous-mêmes.

— Mais, objecta M. de Valeugelier, ce jeune homme va rentrer, sans doute. Il sera surpris de ne pas nous trouver. Et lui-même, que deviendra-t-il, seul ici ?

— Oh! monsieur! intervint Monneron, lui non plus ! il ne faut pas qu'il revienne ! Ils l'ont vu avec vous... Ça suffirait... Dès qu'il rentrera, je vous l'enverrai...

— Soit ! conclut M. de Valeugelier. Résignons-nous, puisqu'il n'y a pas moyen de faire autrement. Vous me le renverrez chez moi, Monneron ! Chez moi !... Vous entendez bien ?

Monneron, soulagé, eut un sourire, et, tandis que d'Antraygues achevait son dernier tour au fond de la salle, il s'approchait confidentiellement du marquis et, à voix basse :

— Tranquillisez-vous donc, monsieur le marquis... Il n'aura pas cette peine. Il ne reviendra pas de cette nuit.

Il souriait ironiquement en montrant d'Antraygues.

— Je suis de votre avis, mon brave Monneron, et je me sens tranquille, en effet !

Et tout rasséréné, presque ragaillardi, le léger marquis, se tournant vers d'Antraygues qui revenait :

— Eh bien! monsieur, lui dit-il, d'un ton de

4.

gaieté presque narquoise, c'est moi qui vous attends!

D'Antraygues se hâta de le rejoindre.

— A vos ordres, monsieur le marquis.

Et, après de nouvelles recommandations à Monneron, tous deux quittèrent enfin la salle, à la grande joie du pauvre hôtelier qui, debout, les mains sur les hanches, en aspira de joie bruyamment plusieurs longues bouffées d'air.

Quand ils furent dans la rue, M. de Valeugelier saisit familièrement le bras de d'Antraygues.

— Savez-vous pourquoi je me suis vite rassuré, monsieur? lui dit-il. C'est que je me suis dit ceci: « Si M. de Maubreuil a eu la fâcheuse idée de suivre ces militaires, il n'aura pas eu la sotte imprudence de se mêler à eux. Il va donc être réduit à errer autour du théâtre, dans le Palais-Royal, comme une âme en peine... Or, le Palais-Royal est plein d'aimables et très entreprenantes consolatrices, avec lesquelles les jeunes gens de notre monde ne risquent rien, car ce sont les meilleures royalistes de France, ces femmes-là! »

— Je suis même convaincu, monsieur, répondit d'Antraygues, que M. de Maubreuil n'a pas du tout suivi ces militaires. Il a profité de la bagarre pour vous échapper. Mais il y a évidemment là-dessous quelque aventure galante...

— Oh! vous croyez, vous aussi?... Et, tout en cheminant, le marquis, à la dérobée, examinait le visage de d'Antraygues: « Se doute-t-il? Ne se doute-t-il pas? Est-ce un indifférent? Est-ce un philosophe? » M. de Valeugelier se faisait, en lui-même, toutes ces questions à la fois. La réponse qu'il y fit dut l'égayer fort, car ce fut presque en riant avec éclat qu'il repartit à M. d'Antraygues :

— Je suis bien aise que vous ayez la même impression que moi. Me voilà rassuré tout à fait.

— Je crois prudent, monsieur le marquis, de nous séparer. Nous allons entrer en des rues très fréquentées, et ce soir toutes pleines d'une foule qui acclame M. de Buonaparte, et, en son enthousiasme, tentée de voir des suspects un peu partout.

— Vous avez raison, répondit M. de Valeugelier. Mais convenons bien de tout, je vous prie. Si vous avez des nouvelles de M. de Maubreuil; si, dans la crainte de quelques reproches de ma part, il se présente chez vous, et non chez moi, vous me ferez avertir de suite.

— Vous pouvez y compter, monsieur le marquis. N'oubliez pas, de votre côté, que nous avons rendez-vous demain chez madame de Cimery. Une recommandation : la maison a deux portes : une rue de Valois, l'autre dans la galerie du Palais-Royal. Il est plus prudent d'entrer par cette dernière. On risque moins d'être remarqué dans ces galeries pleines de flâneurs et de mouvement que dans la rue de Valois.

— C'est entendu ! A demain !

Ils se serrèrent la main et se séparèrent.

M. Valeugelier était maintenant tout à fait rassuré, et l'aventure qu'il supposait amusait fort le vieux galantin qu'il était resté. Et, pourtant, la Saint-Huberti l'inquiétait. Autant, certes, que M. de Maubreuil débutât par celle-ci que par une autre.

Mais ne voudrait-elle pas l'accaparer et le diriger? Et ses appréhensions le reprenaient de quelque complot auquel le mari n'était pas étranger. Il en avait bien fait d'autres, M. d'Antraygues!...

VI

LA BAGARRE DU THÉATRE-MONTANSIER

Il était environ neuf heures quand le cortège de la Saint-Huberti fit irruption hors de l'*Hôtel des Victoires*. Les curieux s'étaient peu à peu dispersés, et la rue était presque déserte. D'ailleurs, sauf dans les endroits où la mode et le plaisir appelaient la foule, on ne se risquait guère, à cette heure déjà tardive pour la saison, dans les nuits de certains quartiers. Les soirées et les rues parisiennes étaient peu sûres. Les agressions, les attaques à main armée, les bagarres et les rixes sanglantes étaient fréquentes ; et, souvent, la nouvelle que quelque bande de ces *chauffeurs*, qui terrorisaient la campagne, avait été signalée aux environs de Paris, produisait de véritables paniques : précisément, à ce moment, on ne s'entretenait que des audacieuses prouesses d'un de ces chefs de bandits, le plus célèbre et le plus redouté de tous, le Rémouleur.

Tant qu'il ne fit que parcourir le dédale des rues

qui avoisinaient l'hôtel, ce tumulte militaire ne rencontra que de rares passants. Les uns s'arrêtaient, obligés de se coller le long des murs pour le regarder s'écouler, car les rues étaient fort étroites et il en emplissait toute la largeur ; les autres ne résistaient point et se laissaient entraîner — tout intrigués de cette femme emportée au pas de charge, en un tel tourbillon, par l'élan furieux de *la Marseillaise!* Parmi ceux-ci, Maubreuil se dissimulait, s'efforçant à la fois de n'être point aperçu des officiers et d'attirer l'attention de la Saint-Huberti, qu'il fixait constamment de ses yeux levés. Et il fut tout heureux quand il la vit, à un angle de rue, se détourner un peu et lui adresser un vague sourire, qui ne fut compris que de lui.

Cependant le cortège des militaires grossissait, ramassant, en chemin, tous les curieux de plus en plus nombreux, à mesure qu'il approchait du Palais-Égalité. Et, dans la rue Honoré, ils étaient devenus foule. Cette foule courait sur leurs flancs, les suivait, mêlant son chant au leur, et ne s'interrompant de chanter que pour acclamer avec eux le général Bonaparte, et cette belle inconnue qui, réellement, leur représentait à ce moment la double gloire confondue de la France et de l'armée.

— Qu'est-ce ? demandaient les badauds.

Et d'autres badauds leur répondaient :

— Ce sont des militaires qui s'amusent.

Ils arrivèrent ainsi devant le théâtre de la Montansier (aujourd'hui théâtre du Palais-Royal) ; là, tout à coup, à un commandement : « Halte! » proféré par le vieux capitaine de grenadiers, qui n'avait pas cessé un instant de tenir la tête de la colonne, ils s'arrêtèrent net. Puis, à un second commandement, ils pivotèrent sur leur droite, serrèrent les rangs et, d'un pas cadencé, se dirigèrent vers la porte du théâtre, toujours précédés de leur chef de file ; mais, au bout de quelques pas, nouvel arrêt, celui-ci devant d'abord entrer seul pour parlementer avec les contrôleurs. Pendant ce temps, Maubreuil avait manœuvré si habilement dans la foule qu'il se trouvait sous le regard de la Saint-Huberti. Il comprit, à l'indication d'un geste rapide qu'elle lui fit, qu'elle lui ordonnait d'aller l'attendre immédiatement derrière le théâtre.

Il obéit et se mit à remonter péniblement le courant de curieux qui se tassaient autour des officiers ; au moment de disparaître à la droite du théâtre, il se retourna et échangea un dernier regard avec la Saint-Huberti.

Tout nouveau dans Paris — on se rappelle qu'il y était à peine depuis six jours — Maubreuil mettait le pied pour la première fois dans le Palais-Égalité. Là, vivait et grouillait alors un monde composé de tous les mondes, et qui en faisait, dans Paris, une ville à part, ayant ses mœurs et aussi presque ses libertés particulières. Ce qu'il en avait entendu dire ne pouvait qu'intriguer passionnément le jeune impatient d'aventures qu'il était déjà ; car le Palais-Égalité n'avait pas été la moindre des attractions qui l'eussent décidé à se libérer de l'étroite éducation où le captivait, depuis l'enfance, la dévotion provinciale de sa vieille grand'mère.

Mais, ce soir-là, il était bien trop occupé du

rendez-vous donné et tourmenté de l'anxiété de savoir si vraiment la Saint-Huberti voudrait ou pourrait tenir sa promesse, pour se distraire à écouter et à observer autour de lui. C'est à peine s'il entendait tempêter presque sous ses pieds la musique diabolique et souterraine des 15/20 faisant rage, en leur concert, de tous les instruments les plus effroyables : il allait et venait fiévreusement, sans en rien voir, devant les vitrines et les étalages, et dédaignait la lecture des affiches et pancartes devant lesquelles se relayait la curiosité des passants ; il n'avait même pas un regard pour les filles aimables qui l'accostaient, en souriant, le chapeau aux glands d'or coquettement posé sur les cheveux, et toutes prometteuses sous les blanches transparences de leur robe de linon.

Sa patience et ses appréhensions ne furent pas mises pourtant à une bien longue épreuve. Car il vit tout à coup la Saint-Huberti venir à lui ; elle courait presque et ce fut en haletant qu'elle lui dit, dès qu'elle fut près de lui :

— Vite ! vite ! suivez-moi, et quoique vous entendiez derrière vous, ne tournez pas la tête !...

En l'entraînant hors de la galerie où il se trouvait, elle le mena dans le jardin, qu'elle traversa ; elle franchit encore une galerie, puis un étroit passage, après lequel ils se trouvèrent en une rue étroite, mal éclairée et toute silencieuse. Alors, enfin, la Saint-Huberti s'arrêta et respira profondément.

— Ouf ! dit-elle toute haletante. Je crois n'avoir jamais été tant émue de ma vie, même quand je fus délaissée de cet ingrat d'Énée.

Elle faisait allusion au rôle de *Didon* qui avait été un de ses triomphes.

— Que s'est-il donc passé ? interrogea Maubreuil, et comment avez-vous pu sitôt leur échapper ?

— Oh ! répondit-elle, c'est affreux ! épouvantable ! Au moment où vous partiez, le capitaine venait d'entrer au théâtre pour parler au contrôleur.

» Au bout de quelques minutes, il ressortit. Il était fort animé : « Camarades, s'écria-t-il, on ne veut pas recevoir les soldats de Bonaparte au théâtre de la Montansier ! » Une huée de fureur lui répliqua ; il l'apaisa d'un geste : « D'abord, il paraît que nous n'avons pas assez donné de gloire à la France pour avoir le droit d'entrer gratis le jour où la nation tout entière fête les victoires de notre général. Il faut payer comme de vulgaires pékins ! » Les huées redoublèrent ; il les apaisa encore : « Et quand même nous payerions, il n'y a pas de places ; les pékins ne nous en ont pas laissé... » Les huées étaient devenues des cris de rage ; pensez si je me sentais à l'aise sur les épaules de tous ces agités et si j'avais hâte d'en descendre !

» Heureusement, ils voulurent bien ne pas oublier qu'ils me portaient et, fort poliment, ils me prièrent de les excuser, ajoutant qu'ils avaient un compte à régler avec la direction du théâtre ; que je n'eusse pas peur : j'y entrerais, au théâtre, comme on me l'avait promis !

» Et cependant, le capitaine et quelques-uns étaient en conciliabule ; tout à coup : « En avant ! » commanda-t-il, et, d'une poussée formidable, ils foncèrent tous sur la porte du théâtre... Je pus me rejeter dans la foule; mais on y était si pressé que je pouvais à peine tenir mes pieds à terre, j'étais littéralement soulevée et incapable de faire un mouvement.

» Et à l'intérieur, c'étaient des cris terribles, des appels, des vociférations et tout le bruit d'une bataille. Le contrôleur fut cravaché en pleine figure, les employés bousculés et à demi assommés à coups de fourreau ou de plat de sabre. Puis, la bataille se continua dans la salle, dont les officiers voulaient chasser le public pour se faire faire place. Il y eut des résistances; un officier même fut blessé, et ses camarades exaspérés se ruaient maintenant sur les spectateurs... J'étais parvenue à me dégager un peu; je ne restai pas, vous pensez bien, pour en entendre davantage. Je continuai à me faufiler comme une anguille à travers la foule. Et maintenant, suivez-moi encore. Voici là, tout proche, la maison de Solange de Cimery, à laquelle nous allons demander une hospitalité qui ne sera certainement pas refusée.

— Madame Solange de Cimery! objecta Maubreuil; mais n'est-ce pas précisément chez elle que M. d'Antraygues nous a invités, M. de Valeugelier et moi, à un rendez-vous où nous devons nous rencontrer avec d'autres amis de notre parti?...

— Parfaitement, répondit en riant madame d'Antraygues. Mais ne craignez rien! Solange est une personne discrète en laquelle on peut avoir toute confiance.

Ils marchèrent encore quelques pas et se trouvèrent devant un restaurateur ; la Saint-Huberti entra délibérément. Il y avait là quelques consommateurs assis devant des tables et servis par des « citoyennes » vêtues de blanc comme celles que Maubreuil avait rencontrées tout à l'heure dans les galeries de Palais-Égalité. Tout le monde se retourna pour regarder les nouveaux venus.

— La citoyenne Solange est en haut ? demanda la Saint-Huberti à une de ces femmes qui était venue à sa rencontre.

— Oui, citoyenne, répondit celle-ci, une belle brune provocante, d'attitude et de regards hardis ; et Maubreuil remarqua qu'elle souriait en disant citoyenne : — Tu peux monter.

— Merci, fit la Saint-Huberti, qui, en habituée de la maison, se dirigea vers la porte du fond qui s'ouvrait sur un escalier étroit et mal éclairé. Quand elle eut gravi quelques marches, elle se retourna vers Maubreuil et, en riant :

— Avez-vous remarqué ce restaurant ? lui dit-elle. Il est le pavillon qui couvre la marchandise. Quelques députés ont l'habitude d'y venir manger et d'y chercher d'autres distractions que vous pouvez deviner. Une de ces femmes, précisément la belle brune qui vient de me parler, est la maîtresse du citoyen Joseph Chénier, le farouche poète jacobin. Comment suspecter une maison fréquentée de tels patriotes ? Au premier et au second, c'est autre chose. Mais la police n'oserait traverser le rez-de-chaussée pour aller voir ce qui se passe aux étages supérieurs ; de sorte que nos amis y sont en toute sécurité.

— Je ne m'y fierais pas trop, observa Maubreuil.

Ils étaient arrivés au palier du premier. La Saint-Huberti frappa à une petite porte basse, en face de l'escalier.

— Entrez ! dit une voix de femme.

Ils entrèrent ; une vieille dame, les cheveux blancs tombant en désordre sur un fichu qui se croisait sur la poitrine et se nouait derrière les épaules, à la Marie-Antoinette, était assise à un bureau, avec une foule de paperasses devant elle, qui semblaient des comptes et des factures.

— Tiens! c'est vous, ma chère Antoinette, fit-elle à la Saint-Huberti. Ah! vous n'êtes pas seule ?...

Et la vieille dame inspectait Maubreuil avec curiosité, mais encore plus d'inquiétude.

Elle avait des yeux noirs très beaux et très vifs encore ; mais un affreux et violent maquillage gâtait ce que son visage avait pu conserver encore d'une ancienne *joliesse* coquine et frivole de fêtes galantes d'autrefois et d'embarquements pour Cythère.

La Saint-Huberti lui présenta Maubreuil et lui raconta en quelques mots toutes les aventures de la soirée.

— Vous l'avez échappé belle avec tous ces militaires, dit en souriant madame Solange de Cimery. En quoi puis-je vous être agréable, ma chère adorable ?

— Vous le devinez bien ! répondit la Saint-Huberti. Pour sûr, les militaires ne viendront pas me chercher ici. Je viens vous demander l'hospitalité pour la nuit. Vous avez bien quelque chambre libre...

— Sans doute, sans doute ; et, ajouta-t-elle malignement, le jeune homme aussi désire une chambre ?...

— Naturellement. Ces militaires lui feraient certes un mauvais parti s'ils le rencontraient.

— Ah ! vous êtes toujours la même, vous ? dit en riant madame de Cimery ; puis, tout à coup sérieuse :

— Mais vous savez que ces messieurs se réuniront demain ici et que votre mari est de l'assemblée ?

— Oui, mais demain soir seulement, et je ne vous demande l'hospitalité que jusqu'à demain matin ! D'ailleurs, vous nous permettrez de vous laissez notre offrande pour la cause, n'est-ce pas ? monsieur de Maubreuil.

— Je suis bien obligée d'accepter, hélas ! ma pauvre enfant. Ah ! monsieur, quand donc nos amis nous délivreront-ils ? Une Solange de Cimery en être réduite où j'en suis... ?

La Saint-Huberti fut saisie d'épouvante : la vieille bonne dame commençait toujours ainsi l'interminable chapitre de ses souvenirs et de ses doléances.

— Je suis bien fatiguée et encore toute malade d'émotion, s'empressa-t-elle de dire. Vous seriez bien aimable, ma chère Solange, de me faire mener à l'appartement que vous me destinez. Et je crois que M. de Maubreuil ne sera pas non plus, lui, fâché de se reposer...

Madame Solange sourit, se leva, et, prenant des bougeoirs allumés sur la cheminée :

— Je vais vous conduire moi-même, ma chère Antoinette ! dit-elle.

LIVRE DEUXIÈME

LE TRIPOT

I

UNE CI-DEVANT

C'était une véritable souffrance pour madame Solange de Cimery de se trouver devant un nouveau venu sans lui raconter tous les malheurs de sa vie — ce qu'elle appelait *la persécution du destin* : car elle aimait à être plainte, non seulement pour le plaisir de vanité qu'elle prenait, mais encore pour les utilités qu'elle en tirait. Aussi avait-elle été fort désappointée quand, la veille, la Saint-Huberti avait interrompu, si brusquement, dès le début, le récit de ses doléances. Mais madame Solange avait été trop satisfaite de la générosité de M. de Maubreuil pour le laisser partir sans prendre sa revanche; et, dès le matin, elle s'était mise à guetter au passage les deux amoureux pour tâcher de les retenir. Elle avait, d'ailleurs, deux manières de raconter son histoire, selon qu'elle s'adressait à un « républicain » ou à un « bien pensant ». Et elle ne se fût pas consolée de manquer un auditeur aussi précieux que pouvait l'être le jeune compagnon de la Saint-Huberti.

Voilà pourquoi et comment ils se trouvaient tous trois réunis en une petite pièce retirée, où ils ne risquaient pas d'être incommodés d'importuns ou d'indiscrets. Une collation — du chocolat et des gâteaux — avait été préparée sur une table-console ; à côté, de Maubreuil et la Saint-Huberti se tenaient sur un divan, les mains entrelacées, pelotonnés l'un près de l'autre, devant la cheminée, auprès de laquelle, en face d'eux, madame Solange était assise en un large fauteuil-voltaire.

— Oui, mon cher enfant, disait-elle, s'adressant à Maubreuil, voilà ce que le malheur du temps épouvantable où nous vivons a fait de la baronne Solange de Cimery, fille du comte de Pauvergne, qui fut tué près de M. de Lafayette, dans la guerre d'Amérique, laissant presque dans la misère sa veuve, née Boichard de Rochedeuil et apparentée avec quelques-unes des plus grandes familles de France.

» En 1788, j'épousai le baron Gaspard-Auguste de Cimery que, l'année suivante, la noblesse de Moulins, son pays, choisissait pour la représenter aux Etats-Généraux. Perverti comme tant d'autres gentilshommes par l'esprit de l'Encyclopédie et du siècle, M. le baron de Cimery embrassa la cause du Tiers-Etat contre les intérêts de sa caste. Mais bientôt, comme M. d'Antraygues lui-même — ajouta-t-elle en se tournant vers la Saint-Huberti — il comprit sa faute et voulut remonter le courant auquel il avait cédé. Il était trop tard. Il se compromit alors contre la Révolution aussi imprudemment qu'il s'était compromis pour elle. Arrêté au moment où il allait passer en Suisse, où je devais le rejoindre, il fut traduit devant le Tribunal révolutionnaire, condamné et exécuté. Qu'allais-je devenir, faible femme, seule avec ma mère que tant d'épreuves et d'émotions avaient vieillie avant l'âge?... De nos premières relations avec les révolutionnaires, nous avions, heureusement, conservé l'amitié d'un homme qui aussitôt s'intéressa à moi ; et il était tout-puissant alors, étant du parti de Danton. Il me donna le conseil de paraître renoncer ostensiblement à tout mon passé et d'employer les ressources qui nous restaient à établir un restaurant et une sorte d'hôtel garni ; il se chargeait de nous amener une clientèle qui nous préserverait de toute vexation policière. J'avais — qui peut le comprendre mieux que vous, monsieur de Guerry de Maubreuil? — une extrême répugnance à me ravaler jusque-là. Mais, sans hommes pour nous protéger, qu'aurions-nous fait, ma mère et moi, en émigration? Je me résignai, et d'ailleurs, je dois le dire, notre ami tint sa parole. Notre restaurant et notre hôtel furent bientôt fréquentés par les « plus purs » des patriotes.

» Tout ce que j'ai entendu d'abominations, mes pauvres enfants! C'était un supplice comparable à celui des martyres chrétiennes livrées, sans défense, dans les cirques païens, aux bêtes... Et je m'attendais, chaque jour, à être dévorée... Ah! j'ai bien mérité que Dieu me pardonne mes fautes, car je les ai commises malgré moi, et je puis dire que ce sont les circonstances seules qui m'ont contrainte... Il le sait — et il voulut encore m'éprouver.

» Ma mère mourut de langueur, épuisée. La flamme avait brûlé trop vite et usé toute l'huile avant l'heure. Me voici donc toute seule, sans autre ami que mon protecteur. Mais, je vous l'ai dit, il était du parti de Danton, et il fut à son tour exécuté, avec ses amis. Qu'allais-je devenir? Parmi les pensionnaires qui mangeaient et logeaient chez moi, tous, heureusement, n'étaient point du parti tombé.

» Je sus intéresser à ma malheureuse destinée un d'entre eux, qui était un des influents du parti jacobin et même ami intime de Saint-Just et de Robespierre. Je fus une fois, pour la forme, mandée à ma section où, après m'avoir entendue, on me donna un certificat de civisme. Je me rappelle encore le président, qui était cordonnier dans la rue de la Loi — oui, mon enfant, moi, baronne de Cimery, je comparus devant un cordonnier! Il me regardait avec des yeux furibonds, et coiffé de son bonnet rouge, vêtu de la carmagnole, le sabre en bandoulière, il avait des gestes de carnassier qui va étreindre et dévorer sa proie. J'étais tremblante, bien qu'avertie, pourtant, que tout cet appareil terrible n'était que de la comédie. Je répondis ce qu'on m'avait dicté, à toutes les demandes, dont j'étais prévenue. Quand j'eus fini:

» — Au fond — me dit le citoyen président — tu n'es qu'une foutue ci-devant. Tu es d'une famille de scélérats qui ont conspiré contre la liberté. Mais la Révolution ne punit que les crimes personnels. Or, tu n'as pas émigré quand tu pouvais le faire. Au lieu de vivre en fainéante comme tes pareilles. tu n'as pas cru t'abaisser en travaillant. Tu as bien eu quelques amitiés suspectes. Mais tout de même de bons citoyens répondent de toi. Retourne donc à ton hôtel faire le lit de tes pensionnaires et leur préparer leur ragoût. Mais songe pourtant que la section a l'œil sur toi. Adieu !

» J'étais tranquille, au moins pour quelque temps...

— Et le 9 thermidor ? interrogea en riant de Maubreuil.

— Ah! mon enfant! ne me parlez pas de cette journée! C'est la plus horrible de ma vie! Je détestais bien ce monstre de Robespierre; et pourtant, je faisais presque des vœux pour lui. J'y étais bien forcée. Songez donc! Mon protecteur était de son parti. Que devais-je attendre si ce parti était vaincu ? et par lequel serait-il remplacé ?... Mais c'est à ce moment que Dieu m'a donné les plus grandes marques de sa bonté. Quand mon ami vit que Robespierre était perdu, sa conscience fut soudain éclairée : il vota avec Tallien, et je fus sauvée.

» Plus tard, quand les émigrés commencèrent à rentrer, ils se souvinrent de la veuve du baron de Cimery qui s'était ruiné et avait été guillotiné pour la cause. Ils affluèrent chez moi ; mais j'étais fort prudente : c'est un témoignage que nos amis ne peuvent me refuser, j'invoque celui de votre amie — et elle souligna le mot en souriant à la Saint-Huberti — que je sus concilier ce que je dois au parti et l'intérêt de ma sécurité, qui est aussi la sienne. Je n'acceptai à mon hôtel que ceux de nos amis qui étaient en règle avec la loi, c'est-à-dire qui pouvaient présenter des passeports très réguliers — ou qui paraissaient très réguliers. Car je n'ai pas à m'inquiéter s'ils sont faux ou ont été fabriqués en Angleterre, ou s'ils ont été achetés aux municipalités de telles villes frontières où l'on en fait commerce.

» Tous nos pensionnaires — ajouta-t-elle en riant, sont, au moins sur leurs passeports, d'excellents citoyens. Les uns sont rentrés en France comme amis des anciens girondins ou des dantonistes échappés au supplice et qui reviennent de proscription. D'autres comme fugitifs des pontons anglais ; la plupart d'anciens patriotes de Toulon faits prisonniers, naguère, quand cette ville fut livrée par les royalistes aux Anglais... Et c'est ainsi que, tandis que les républicains occupent le restaurant du rez-de-chaussée, je puis loger nos amis à mon hôtel du premier et les réunir dans une salle de jeu pour laquelle j'ai l'autorisation de la police. C'est là où vous serez reçu ce soir avec nos amis, dit-elle à Maubreuil. La salle de jeu, d'ailleurs, se dégage par un couloir sur un appartement occupé par mon associé le marquis Sorlas de Songuis, qui fut un ami de mon mari. C'est lui qui est le *tenancier* officiel de ma salle de jeu. Il s'est fait renommer pour son civisme et a su mériter la faveur des autorités. Cela nous coûte quelques sacrifices, mais c'est un bon placement : ils rapportent plus qu'ils ne coûtent.

— Tiens, dit Maubreuil, sans dissimuler un peu de répugnance, il se trouve des gentilshommes pour accepter de telles promiscuités avec ces gens-là !

Madame Solange haussa les épaules en riant :

— Vous êtes jeune, monsieur de Maubreuil. Pour peu que la Révolution dure encore quelque temps, vous vous ferez à ces promiscuités, et à de pires encore ! M. le marquis Sorias de Songuis, qui est d'une fort bonne maison, n'est pas le seul dans ce cas-là ! Est-ce que M. le comte de Castellane et M. le baron de la Calprenède ne se sont pas associés avec la femme Villars pour le tripot de la rue de Certy ? Est-ce que le comte de Dourain et la comtesse d'Albain ne tiennent pas ensemble le tripot du n° 113 du Palais-Égalité ? Je pourrais vous en citer d'autres, monsieur de Maubreuil ! Et je vous parle là de véritables tripots, déshonnêtes et mal famés. Tandis que moi, je tiens une maison !

» Une maison, reprit-elle avec orgueil, qui aura sa page dans l'histoire, monsieur de Maubreuil ! Car si jamais, comme je l'espère de la justice de Dieu, les rois légitimes sont remis en possession de leur peuple, c'est ici qu'aura été préparée la délivrance. Vous en jugerez vous-même ce soir, monsieur, et de la qualité des hôtes qui s'y assemblent pour la bonne cause !

Cependant, la Saint-Huberti avait fait un signe à

Maubreuil, et tous deux se levèrent en même temps pour prendre congé.

— Êtes-vous si pressée ? questionna madame Solange avec un sourire malicieux. Avez-vous peur que M. d'Antraygues vous demande l'emploi de votre temps ?

— Non, ma chère Solange, je n'ai pas peur de cela, répondit la Saint-Huberti ; il y a longtemps que nos conventions sont faites à ce sujet ; et nous y sommes également fidèles l'un et l'autre. Il sert la cause comme il l'entend et moi de même. Nous ne nous communiquons que les choses essentielles.

— Vous êtes des conspirateurs modèles ! repartit gaiement madame Solange en se levant à son tour ; et elle voulut accompagner ses visiteurs jusqu'en bas.

Les escalier descendus, Maubreuil et la Saint-Huberti se retrouvèrent dans le restaurant qu'ils avaient traversé la veille. Il n'y avait encore aucun consommateur à cause de l'heure matinale. Seules, deux ou trois femmes causaient autour d'une table ; elles saluèrent en souriant.

— Ah ! à propos, conseillez-moi donc, ma chère Antoinette, je suis en une terrible perplexité. Vous voyez cette cheminée ? Elle était autrefois l'autel patriotique de la maison. J'y installai le buste du dieu du jour. Ce fut Danton qui l'étrenna : il y fut remplacé par le « divin » Marat. Puis ce fut le tour de Robespierre. Après le 9 Thermidor, je fus fort embarrassée. Je m'en tirai en y mettant ce buste de femme qui, paraît-il, représente la République. Mais il est démodé aujourd'hui. Par quoi et par qui y suppléer?... Par le général Bonaparte, hein? Qu'en pensez-vous?...

— Attendez un peu, répondit la Saint-Huberti.

Et elle était sur la porte, près de sortir avec Maubreuil, quand deux hommes se présentèrent au dehors.

— Pardon, citoyenne! fit le plus grand avec un geste solennel et une voix qui l'était encore plus, je te serais reconnaissant de nous laisser passer.

La Saint-Huberti et Maubreuil s'effacèrent, et l'homme entra, suivi de son camarade qui semblait presque furtivement se glisser derrière lui.

— Nous pouvons monter, citoyenne Solange? nous aurions à te parler, et c'est très pressé, dit le premier, toujours avec la même emphase, à madame de Cimery.

— Monsieur, je vous suis, leur répondit-elle.

— Je les reconnais, dit à voix basse de Maubreuil à la Saint-Huberti quand ils eurent disparu : — Ce sont nos deux espions d'hier soir à l'hôtel des Victoires.

Madame Solange partit d'un éclat de rire :

— Espions! eux! oui, sans doute, mais au service de la bonne cause. Le Directoire, il est vrai, les croit à lui, mais c'est nous qu'ils servent. C'est par eux que nous sommes avertis de tout ce que fait et prépare le gouvernement. Le premier, le grand, est un ancien acteur qui jouait les rôles tragiques, dont il a gardé l'accent et les attitudes. L'autre, au contraire, est un ancien moine de je sais plus quel ordre. Tous deux ont fait dans le temps, les « exagérés » pour mieux tromper leur monde. Vous pouvez vous fier à eux comme à vous !

— C'est beau, la confiance ! dit la Saint-Huberti. Donc, à ce soir, ma chère Solange.

— A ce soir, ma belle Antoinette ; à ce soir, mon beau cavalier ! répondit madame de Cimery.

Elle resta quelque temps sur la porte à regarder le couple, qui bientôt tourna à droite et disparut ; puis elle rentra, dit quelques mots aux femmes du restaurant et monta rejoindre les deux hommes qui l'attendaient en haut.

II

L'ASSEMBLÉE

Le soir, M. de Valeugelier, suivi de M. de Maubreuil, parcourait la galerie de Valois, au Palais-Égalité, cherchant la porte de la maison de madame de Cimery ; car, on se le rappelle peut-être, M. d'Antraygues, en lui donnant rendez-vous la nuit, lui avait recommandé de ne pas y entrer par la rue. Ils erraient déjà depuis quelque temps, quand l'attention de Maubreuil fut attirée par une femme qui se tenait debout sur le seuil d'une porte basse derrière laquelle s'enfonçait un long couloir étroit et sombre. Elle avait une abondante chevelure noire, ébouriffée, à travers laquelle serpentait un ruban rouge feu dont les bouts lui flottaient pêle-mêle, avec quelques mèches folles, sur les épaules et la gorge qu'elle avait nues : sa robe à l'antique bâillait largement au gonflement des seins, et, immédiatement au-dessous, ceinturée d'un ruban de la même couleur que celui des cheveux, tombait à plis droits jusqu'aux chevilles autour desquelles, sur des bas blancs, s'entrelaçait le croisé d'une bandelette noire qui retenait des souliers étroits, cramoisis et pointus en forme de cothurne.

Maubreuil reconnut tout de suite la femme qui, la veille au soir, les avait reçus, la Saint-Huberti et lui, dans la salle de restaurant de madame Solange. Elle le reconnut aussi et lui sourit, mais discrètement, d'un air de confidence, sans que le marquis s'en aperçût...

— Vous semblez chercher quelqu'un, leur dit-elle, citoyens?

— En effet, citoyenne, dit M. de Valeugelier en se dirigeant vers elle, et peut-être pourriez-vous me renseigner... La citoyenne Solange de Cimery?...

— C'est ici même, répondit-elle en s'effaçant; vous êtes messieurs de Valeugelier et de Maubreuil?...

Le marquis fit un signe de tête affirmatif.

— Alors, messieurs, suivez-moi, s'il vous plaît. C'est précisément vous que j'étais chargée d'attendre. M. d'Antraygues et sa femme sont déjà arrivés depuis longtemps et l'on était un peu inquiet de vous.

— Mais, ne nous ayant jamais vus, observa le marquis en riant, comment nous auriez-vous *reconnus?*

— Oh! dit-elle en riant, je vous aurais reconnus entre mille — d'après le signalement de M. d'Antraygues.

Quand ils furent entrés, elle referma la porte derrière eux, prit la lampe fumeuse qui éclairait — si peu — le couloir, et, après s'être excusée, les précéda : ils arrivèrent à un escalier étroit où deux hommes ne pouvaient qu'à peine marcher de front.

— Brrr! plaisanta le marquis, ne vous sentez-vous pas un peu effrayé, monsieur ? Il me semble, à moi, que je pénètre en quelque mystérieux château de madame Anne Radcliffe !

Leur guide s'arrêta au premier étage, ouvrit une porte, leur fit traverser une pièce presque vide : elle frappa à une autre porte au bout de la pièce. La porte s'ouvrit aussitôt, ils étaient maintenant en un petit salon, meublé de fauteuils, de bergères, de divans et de sofas sur lesquels étaient assises ou paresseusement étendues des femmes en coquet négligé.

— Diable ! diable ! remarqua le marquis, nous voici maintenant à Cythère. Passons vite et ne regardez pas surtout, monsieur ! Car je ne suppose pas que ce soit en cet endroit que M. d'Antraygues nous ait donné rendez-vous. Bien que j'estime que ces femmes-là sont moins dangereuses que d'autres, ajouta-t-il à mi-voix.

Cependant, leur conductrice frappait à une nouvelle porte; puis, les saluant en riant : « Ici, messieurs, leur dit-elle, cessent mes fonctions, au moins pour le moment. »

M. de Valeugelier la remercia d'un geste et pénétra, suivi de Maubreuil, dans une nouvelle pièce. Le marquis se retourna pour voir qui leur avait ouvert, et, de surprise, il ne put s'empêcher de faire un bond en arrière. Un homme était à côté de lui, et c'était précisément celui qui, la veille, à l'hôtel des Victoires, lui avait si pesamment abattu la main sur l'épaule, en criant : » Vive Bonaparte!... »

L'homme — un grand diable de robuste encolure, en son habit bleu de ciel, son large gilet jaune serin, ses culottes couleur de cuir et ses hautes bottes jusqu'au genou — riait silencieusement en le regardant, le bas du visage enfoui tout en une énorme cravate noire : « Je vois — déclama-t-il, avec cette emphase de débit qu'il mettait à tout ce qu'il disait — que vous avez gardé une désagréable impression de ma plaisanterie d'avant-hier, citoyen ci-devant marquis! Il est de mode de mystifier son monde et je suis, comme vous avez pu en juger, passé maître en cet art. En attendant que la citoyenne Solange vous dise qui je suis, permettez-moi de me présenter moi-même : Mon nom? Yves-Marie-Joseph Rubin Lagrimaudière! Mes qualités? L'énumération en serait trop longue. Sachez seulement qu'ayant commencé par les rôles tragiques, où j'obtins quelque succès, je suis, de chute en chute, tombé aux emplois de comique travesti, que je tiens aujourd'hui... Et vous verrez comment je m'en acquitte. Mais veuillez me suivre, messieurs, fit-il avec un grand geste. Tout à l'heure encore, madame de Saint-Huberti s'étonnait que vous ne fussiez pas encore arrivés... Allons la rassurer!...

— Singulier monde que celui que nous contraignent de voir nos amis, murmura M. de Valeugelier en suivant son nouveau guide avec une répugnance qu'il avait peine à dissimuler. Je n'augure rien de bon de tout ceci !

— Qui veut la fin veut les moyens ! répondit Maubreuil.

— Je sais, repartit un peu sèchement le vieux marquis. C'est la devise des ces messieurs de la Compagnie de Jésus. Je m'honore de n'être ni de leur doctrine ni de leur société.

La réunion, en effet, était commencée quand MM. de Valeugelier et de Maubreuil furent introduits par Lagrimaudière dans une petite pièce qui servait d'antichambre à celle où se tenait « l'assemblée ». Une voix parlait au milieu d'un profond silence ; une voix âpre, stridente, passionnée, avec un léger accent méridional...

— Ah ! dit M. de Valeugelier, c'est la voix de M. d'Antraygues...

En ce moment, Lagrimaudière ouvrit la porte toute grande et annonça :

— MM. de Valeugelier et de Maubreuil.

III

LA POLITIQUE DE M. D'ANTRAYGUES

A gauche, appuyé d'une main sur un guéridon chargé de papiers, les reins cambrés, la tête haute, d'Antraygues projetait son poing droit crispé contre le ciel en une magnifique attitude d'imprécation.

Toute la salle était debout — par groupes d'hommes et de femmes mêlés devant les sièges, canapés, sofas et fauteuils rangés de chaque côté — au fond, devant les tables de jeu — en une clarté brumeuse faite de la lumière trouble de quelques lampes pendues au plafond et de chandeliers disposés çà et là sur des meubles.

— Mort aux républicains ! Vive le roi !

Cependant d'Antraygues, se retournant, aperçut MM. de Valeugelier et de Maubreuil qui attendaient à la porte avec Lagrimaudière. Il les appela d'un signe, leur indiquant deux sièges vacants derrière lui :

— Je n'ai plus que quelques mots à leur dire,

leur murmura-t-il quand ils passèrent auprès de lui pour gagner leurs places ; je suis fort heureux que vous veniez à temps pour les entendre. Votre avis, monsieur le marquis, nous sera particulièrement précieux. Il s'agit de grandes déterminations à prendre — nous nous occuperons après de votre jeune ami...

Lagrimaudière était ressorti en fermant la porte pour retourner à son poste d'observation.

L'entrée du marquis et de Maubreuil avait attiré la curiosité des assistants ; car les regards convergeaient sur eux. Mais déjà ceux de Maubreuil étaient fixés imperturbablement devant lui. M. de Valeugelier en saisit la direction et aperçut la Saint-Huberti qui lui souriait, assise sur un sofa, à côté d'une autre dame penchée confidentiellement sur elle, madame Solange de Cimery.

— Ah ! la bougresse ! bougonna tout bas le marquis, mais de façon à être entendu du jeune homme.

Puis, s'adressant directement à lui :

— Peuh ! peuh ! elle n'est pas en beauté, madame de Saint-Huberti... La belle Didon s'épaissit et prend des rides !

Mais, profitant de l'apaisement qui s'était produit dans son auditoire, d'Antraygues annonça d'un geste qu'il allait reprendre la parole. Chacun se rassit et le silence se rétablit, religieusement.

— Je conclus, dit-il, messieurs. Nous le comprenons donc tous ; vos applaudissements viennent de me le prouver : ce sont nos divisions qui ont fait et font encore notre faiblesse. Si nous avions concerté pour une action commune tant d'efforts épars, incohérents, contradictoires même souvent, déjà nous aurions eu raison des scélérats qui se sont tour à tour appelés Mirabeau, Brissot, Danton, Marat, Hébert, Robespierre et aujourd'hui Barras, et qui ne sont que le même scélérat sous différentes métamorphoses. Déjà, la monarchie serait restaurée en la personne de son seul réprésentant légitime, Son Altesse royale le comte de Provence. Ce que nous n'avons pas su ou pu faire jusqu'ici, il faut le faire aujourd'hui. Et sans hésiter ! Jamais la Providence ne nous a préparé d'aussi favorables circonstances. Mais, messieurs, rappelons-nous le proverbe de nos pères : aide-toi si tu veux que le Ciel t'aide. La Providence ne veut pas agir seule, elle ne veut pas de serviteurs fainéants qui lui laissent faire toute la besogne. Dieu vomit les tièdes !

— Est-ce que M. d'Antraygues donnerait dans ces niaiseries ? observa tout bas de Valeugelier à de Maubreuil.

— Or, continua d'Antraygues après un petit repos, c'est l'opinion même — je dirai plus, ce sont les ordres de Sa Majesté Louis XVIII que je vous ai transmis tout à l'heure. Il ne méconnaît aucun zèle, ne prétend entraver aucun dévouement, ne veut décourager aucune initiative. Il désire seulement que les zèles, les dévouements, les initiatives se coordonnent, et que notre parti, au lieu de s'épuiser en petites convulsions locales, ramasse de partout toutes ses forces en une contraction suprême et formidable. Que nos amis de Normandie, de Bretagne, de Vendée, de l'Anjou et du Maine organisent un nouveau soulèvement, qui aura pour premier avantage de distraire une partie des armées de la République, le roi y consent.

» Qu'en attendant, et par prévision, pour ainsi dire, ils exécutent sur les villes et les villages républicains, sur tous les *patriotes* qu'ils pourront atteindre, les arrêts de la justice royale. Sa Majesté Louis XVIII approuve ! Que, dans le Midi, les fidèles s'enrôlent par bandes pour enlever l'argent des caisses publiques, couper les vivres, détruire les denrées qu'on dirige sur les villes, afin d'ameuter les peuples par l'excès croissant de la misère et de la famine ; qu'ils rançonnent et châtient les brigands qui ont profité de la Révolution et pactisé avec elle, acquéreurs de biens nationaux, prêtres assermentés, fonctionnaires et anciens membres de clubs et de sociétés révolutionnaires, etc., etc. ; qu'ils exécutent dans les cachots toute la tourbe de républicains, jacobins, modérés ou autres qui ont entassé tous les coups d'Etat par lesquels la Révolution achève de s'épuiser elle-même, depuis le 9 Thermidor :

» Le roi n'a rien à blâmer à cela ! Ce peu de sang versé n'annonce encore que très faiblement celui qu'il faudra répandre pour laver le sol de toutes les ordures dont la Révolution l'a souillé... Tel grand fleuve n'est qu'un petit ruisseau à sa source ! Mais il veut que tout cela se fasse en même temps, être prévenu de tout, afin de pouvoir, en modérant un peu les uns — comme nous y sommes contraints à l'égard de nos amis du Midi, vraiment trop impatients ! — en activant les autres, en les maintenant tous d'accord sans pourtant les gêner ni les uns ni les autres par une direction trop tendue, préparer l'assaut définitif de toutes ses forces contre la Révolution, chaque jour plus affaiblie par les querelles des partis, les ambitions des hommes et les affreuses inquiétudes du jour et du lendemain ! Continuons à désorganiser ses finances par les spéculations des agioteurs, par la profusion de faux assignats que l'Angleterre nous fabrique infatigablement, par l'insécurité des routes et des propriétés, et par tous les embarras que nous pourrons susciter à la levée et à la perception des impôts. Tout ce que nous avons fait jusqu'ici, il faut continuer à le faire — seulement avec plus d'entente que jamais. Mais ce dont il convient de nous bien pénétrer, c'est que cet assaut, nous ne pouvons pas le livrer encore. Nos amis de l'étranger ne sont pas prêts : la coalition contre la France n'est pas encore assez serrée et sûre ; l'armée du prince de Condé est encore trop faible ; il y a encore, enfin, trop de flottant et d'incertitude dans notre parti pour tenter le grand acte de la Restauration.

» Voici donc, en résumé, messieurs, la seule volonté du roi : ne pas compromettre la cause par trop de hâte et par une intempérance de zèle qui pourrait éloigner de nous des alliés dont nous avons besoin. Rappelez-vous que, partout, dans toutes nos exécutions justicières, les modérés ont été de complicité avec nous : ne les exaspérons pas contre nous par des imprudences, tant qu'ils peuvent nous être utiles. Ne combattons la Révolution et la République que sous des couleurs républicaines ! Annoncez que nous voulons réformer la République et non la détruire, régulariser la Révolution et non la faire refluer jusqu'à l'ancien régime. Pas d'explosion ! travaillez lentement l'opinion pour l'amener au point où elle nous permettra d'agir. C'est dans la Constitution elle-même que nous devons trouver les moyens de la détruire sans secousse. La secousse, nous la donnerons plus tard ; et nous n'aurons pas besoin de la donner aussi forte pour jeter bas l'édifice, patiemment miné en toutes ses fondations.

» Captons habilement les membres des autorités constituées, députés ou autres, sans acception de personnes, anciens jacobins et même régicides, par des promesses de place et d'argent. Au jour de l'échéance, nous solderons nos promesses, selon l'utilité et les convenances que nous y trouverons ; — car, ne vous méprenez pas sur ma pensée, messieurs ! je ne viens point prêcher l'indulgence ni l'amnistie prochaine pour les crimes accomplis, au contraire ! et si, une fois replacé sur le trône de ses pères, le roi me fait l'honneur de me demander un conseil, je lui dirai : « Sire ! n'épargnez rien, ni personne : pas de pitié, ni de clémence. Offrez à la royauté renouvelée le sacrifice propitiatoire de trois cent mille têtes ; la génération prochaine ne doit même pas savoir qu'il y a eu quelque chose qui s'est appelé la Révolution et des hommes qui se sont appelés républicains. »

Certains passages du discours de M. d'Antraygues avaient rencontré une opposition marquée de quelques assistants qui avaient affecté de ne pas se mêler aux applaudissements des autres. Mais, en revanche, la péroraison fut acclamée par de nouveaux cris : « Vive le roi ! meurent les républicains ! » répétés comme tout à l'heure par toute la salle debout en une unanimité d'enthousiasme. Les femmes n'y étaient pas les moins ardentes, et la Saint-Huberti se distinguait parmi elles, excitant et encourageant le jeune Maubreuil du geste, du regard et du sourire.

Seules, trois ou quatre personnes étaient restées assises ; parmi elles, la maîtresse de la maison, madame Solange, par prudence, et le marquis de Valeugelier, qui avait inutilement essayé de retenir l'élan de son jeune voisin.

— Quoi ! monsieur de Maubreuil, lui dit-il, vous approuvez ces sauvageries ?

— Hé ! c'est la guerre, monsieur ! lui répondit l'autre avec quelque humeur.

Mais M. de Valeugelier repartit assez haut pour être entendu de d'Antraygues, qui se retourna vivement vers lui :

— Non, monsieur ! ce n'est pas la guerre, chose déjà atroce ! C'est pire et plus hideux : c'est la tuerie, c'est le massacre après le lâche mensonge !

— Monsieur le marquis de Valeugelier, dit amèrement d'Antraygues, n'a pas encore oublié les leçons de messieurs les philosophes de l'Encyclopédie. Il devrait pourtant être désabusé des doctrines, ayant vu ce qu'elles ont produit.

— Vous me rappelez, monsieur d'Antraygues, repartit ironiquement M. de Valeugelier — que vous fûtes fort ami de Jean-Jacques Rousseau, ce dont je vous félicite, et qu'en 1789 vous avez écrit certaines phrases dont vous ne devez pas vous féliciter vous-même, à cette heure; celle-ci par exemple : « C'est dans le peuple que réside toute la puissance nationale », et cette autre : « La noblesse est le pire fléau dont Dieu ait affligé la terre... »

D'Antraygues ne put réprimer un geste d'impatience; et sa voix tremblait un peu quand il répondit au marquis :

— Je crois avoir mérité, monsieur le marquis, que l'on me pardonne ces erreurs de jeunesse — si graves qu'elles soient!...

— Je vous pardonnerais plutôt celles-là que les autres, répliqua M. de Valeugelier.

Cependant, un groupe de quatre ou cinq jeunes gens s'était formé au fond de la salle — dans la section des joueurs — et semblait se concerter. Ils portaient tous les cheveux en oreilles de chien, de hautes cravates, le petit frac en forme de veste dont les basques descendaient à peine au-dessous des reins, d'immenses gilets de couleur, et des culottes collantes qui se perdaient en des bottes noires à revers jaunes : tout à coup ils se mirent à entonner la chanson royaliste qui était alors comme la *Marseillaise* du massacre :

> Vivent les sabreurs trop humains!
> Périssent les républicains;
> Nos pistolets sont bien chargés,
> Ils seront bientôt égorgés.

IV

QUE FAUT-IL FAIRE DE M. DE BUONAPARTE ?

M. d'Antraygues, pendant que s'apaisaient peu à peu les chants et les applaudissements, avait abandonné sa place et s'était rapproché de MM. de Valeugelier et de Maubreuil :

— Monsieur le marquis, dit-il, j'avais au début de cette séance annoncé votre visite à nos amis. Je n'ai pas besoin de vous dire avec quel enthousiasme votre nom et celui de M. de Maubreuil, illustré déjà par tant de fidèles et de martyrs, ont été acclamés. Je ne doute pas que, malgré vos tendances constitutionnelles et libérales, vous hésitiez, monsieur le marquis, à être des nôtres. La volonté du *Grand Bourgeois* — et il sourit en prononçant ces mots, surnom sous lequel les royalistes désignaient le comte de Provence — est que nous nous entendions tous, et chacun peut être utile au poste de combat qu'il aura choisi. C'est cette volonté, précisément, que j'ai tâché d'exprimer dans ces quelques paroles qui ne m'ont pas mérité votre approbation autant que je l'aurais souhaité.

— Monsieur ! répondit le marquis, je suis tout au service du roi comme j'y fus toujours. Il m'est impossible de rêver la France sans les Bourbons. Mais il m'est également impossible de me figurer un Bourbon massacrant son peuple et ne sachant point pardonner. Henri IV faisait passer du pain aux Parisiens révoltés contre lui.

D'Antraygues riposta :

— Oui, mais Louis XIV révoquait l'édit de Nantes et commandait les dragonnades.

— Ce fut une de ses grandes fautes, sinon la pire ! repartit vivement le marquis. Mais, après un siècle qui a été éclairé comme le nôtre de toute la lumière de la philosophie, l'imiter serait un crime. Un roi de France, monsieur, est le roi de tous les Français. Il n'est pas le chef d'un parti. Et j'espère que M. de Maubreuil est de mon avis.

Mais M. de Maubreuil venait de se lever ; il tendait la main à madame de Saint-Huberti, qui s'avançait vers lui, appuyée au bras de madame Solange.

— J'en doute, monsieur, répondit d'Antraygues en souriant ; nos jeunes gens sont peu spéculatifs : ils ne lisent guère vos philosophes, qui leur sont bien indifférents. Ils estiment plus les forts biceps, les mollets musculeux, l'adresse au bâton ou à l'épée que les plus belles et généreuses pensées. Ce qu'il leur faut, c'est le tumulte, le mouvement, l'action, la bataille, la joie et le sang ! Et votre jeune homme est, soyez-en sûr, comme les autres. La bête n'a jamais été lâchée dans l'homme autant qu'en ces temps-ci. Servons-nous de la bête ! Tenez ! regardez, monsieur le marquis !...

Et le regard du marquis suivit le regard de d'Antraygues ; au fond de la pièce, les jeunes gens qui venaient de chanter l'hymne royaliste s'égayaient maintenant bruyamment à des jeux athlétiques ou à des tours de force. Les uns s'enlaçaient deux par deux à qui *tomberait* l'autre ; d'autres jouaient à des poses et des attitudes académiques, ou simulaient des luttes au pugilat et au bâton, des combats à l'épée ou au sabre. Un d'entre eux avait soulevé, à bras tendus, une table avec, au-dessus, une femme assise sur une chaise. Autour d'eux, faisant cercle, des femmes demi-déshabillées riaient, applaudissaient, exaltaient le vainqueur ou raillaient les vaincus...

— Et, questionna M. de Valeugelier, vous comptez beaucoup sur ces jeunes hommes...

— Qu'ils tapent dur et ferme, c'est tout ce que nous leur demandons ! repartit âprement d'Antraygues.

Cependant la Saint-Huberti, se tournant vers le marquis :

M. de Valeugelier, lui dit-elle, voulez-vous me livrer M. de Maubreuil pour quelques instants ?

Le marquis la considéra : une résille d'or fauve enveloppait ses cheveux blonds taillés à la Titus ; un collier de perles lui tombait sur la gorge ; sur chaque épaule, nue, un camée fixait sa robe, de mousseline de l'Inde, qui découvrait à demi les seins, et, au-dessous, s'amassait en plis abondants dans une ceinture d'or bruni, fermée par un camée. Légèrement relevée, un peu au-dessus du genou gauche, elle décelait des bas blancs aux coins brodés et de petits souliers en maroquin, retenus sur le cou-de-pied par deux rubans croisés. Son bras gauche était cerclé près de l'épaule par un bracelet d'or imitant un serpent qui se mordait la queue, et dont les yeux flambaient de diamants...

L'inspection sembla irriter quelque peu M. de Valeugelier, car, contre son gré, il la trouvait plus tentante qu'il ne l'eût désiré pour M. de Maubreuil. Aussi, ne fut-ce pas sans une légère impatience qu'il lui répondit, avec le correctif d'un sourire et d'un galant salut :

— C'est à votre mari, madame, qu'il faut demander s'il veut bien vous livrer à M. de Maubreuil, et je suis trop son ami pour lui conseiller cette imprudence.

— Et pourquoi avez-vous besoin de M. de Maubreuil? dit d'Antraygues.

Sa femme le regarda fixement et haussa les épaules.

— Pour une partie de reversi, tout simplement.

— Cette partie-là peut attendre, répondit d'Antraygues. Il en est une plus sérieuse pour laquelle justement j'aurai à demander à M. de Valeugelier le concours de son jeune ami M. de Maubreuil. Il a hâte, je le sais, de se distinguer au service de notre cause. Il en aura sous peu l'occasion. Je suis même étonné que Lagrimaudière ne nous ait pas encore annoncé l'arrivée de son compagnon avec la personne qu'il doit nous présenter!

— Quel est ce mystère, monsieur, s'il vous plaît?

— Oh! monsieur le marquis, il sera bientôt éclairci! Mais voici quelques-uns de nos amis qui seraient désireux de vous connaître, monsieur, dit d'Antraygues, en désignant au marquis un groupe de plusieurs personnes qui se dirigeaient vers lui, et parmi lesquelles marchait, en déesse, triomphalement, une femme coiffée d'un turban dit *asiatique*, dont la pointe lui effleurait les épaules : elle était vêtue d'une robe à la Lydienne jaune jonquille bordée de rubans noirs et traînait, pendant sur son avant-bras nu, un châle rayé bleu à larges franges d'or. Elancée, elle dissimulait la maigreur de sa poitrine sous un spencer de drap rouge s'arrêtant au milieu du dos; les manches de sa robe descendaient presque jusqu'au coude, et elle n'avait pour tout bijou qu'un énorme bracelet en forme de chaîne fermée d'un cadenas — au poignet droit. La figure était presque osseuse, pâle, tigrée de taches de rousseur, avec des lèvres d'un arc parfait, mais minces et pincées ; des maxillaires presque carnassières et un menton massif. Mais le front, haut et large, était fort beau ; et, dans les yeux vert d'eau, le regard avait d'étranges lueurs métalliques.

« Est-elle belle, est-elle laide ? » se demanda M. de Valeugelier. Et il se répondait : « Ni ceci, ni cela, mais cela et ceci à la fois. En tout cas, inquiétante et troublante en diable. »

— Je vais voir ce que devient Lagrimaudière, avait dit madame Solange à d'Antraygues, et vais vous apporter des nouvelles. Peut-être sont-ils là et attendent-ils qu'on les invite à entrer?

Et elle s'en était allée, laissant la Saint-Huberti, qui venait de s'asseoir vis-à-vis de Maubreuil, appuyée d'un coude sur la table qu'occupait son mari tout à l'heure. Elle sourit ironiquement au jeune homme en lui indiquant, d'un coup d'œil détourné, l'étrange femme que d'Antraygues était en train de présenter à M. de Valeugelier, debout.

— Madame la baronne Stocken-Haafer, une étrangère, mais fort passionnée pour notre cause, et qui aime la France.

— Je ne l'aime ni ne la hais, corrigea la baronne. J'y suis parce que Dieu m'y a envoyée pour la grande épreuve.

Le marquis salua, mais avec un regard effaré du côté de M. d'Antraygues, impassible. Puis, il se retourna vivement vers le jeune Maubreuil :

— Monsieur, lui ordonna-t-il, votre place est près de moi. Veuillez ne pas oublier que c'est surtout pour vous que je suis ici ce soir.

— Allons ! allons ! monsieur de Maubreuil, dit la Saint-Huberti en achevant de s'installer à la place qu'elle avait prise. Il faut être sérieux et je vais vous en donner l'exemple.

Et les autres personnes, ayant été également présentées par d'Antraygues à M. de Valeugelier, près duquel se tenait le jeune Maubreuil — docile mais sourdement irrité — un groupe se forma qui se grossit bientôt de nouveaux arrivants.

Parmi les premières personnes que M. d'Antraygues venait de présenter à M. de Valeugelier, celui-ci avait surtout remarqué, à son allure étrangère, quelque peu hautaine et dédaigneuse, un homme blond, de haute taille, d'une irréprochable distinction, quoiqu'un peu raide, et vêtu d'ailleurs à la dernière mode des merveilleux. D'Antraygues l'avait nommé sir Mark William Greenwood, et lui avait donné la qualité de délégué de sir Wickam, qui l'avait envoyé en France pour s'aboucher et s'entendre avec les comités royalistes de Paris. Or, sir Wickam, qui résidait en Suisse près des frontières françaises, était l'intermédiaire officiel du gouvernement anglais auprès des princes, des émigrés à l'extérieur, et de tous les conspirateurs à l'intérieur. Il était le grand distributeur des faux assignats qui, chaque jour, empiraient d'un plus grand discrédit les finances de la République ; et, en même temps, de bonnes livres sterling « trébuchantes et reluisantes au soleil » qui soldaient le zèle des royalistes et tous les frais de leurs entreprises.

Les présentations terminées, sir Greenwood s'approcha de M. de Valeugelier et, avec une prononciation où se sentait à peine l'accent anglais et en un français parfaitement correct, il se félicita de l'honneur de le connaître. Un honneur qu'il souhaitait depuis longtemps ! M. Wickam apprécierait les services qu'un homme de son expérience et de ses conseils pourrait rendre au parti monarchiste. L'Angleterre ne regrettait point la générosité des subsides qu'elle avait accordés jusqu'ici aux princes et à leurs amis ; elle était prête à de nouveaux sacrifices ; mais elle pouvait désirer, sans se montrer trop exigeante, qu'ils fussent plus profitables que par le passé à la cause de la royauté et aux intérêts mêmes de la Grande-Bretagne.

Mais les rivalités des princes eux-mêmes ; leurs jalousies, celles de leurs partisans, les divergences de vues et d'idées ; surtout les divergences d'intérêts et d'ambitions, les complots de tous les intrigants dont les princes étaient entourés, avaient réduit le parti à n'être plus qu'une cohue où, chacun étant poussé en sens contraires par ses voisins, on s'étouffait sans avancer. Aujourd'hui, le discours de M. d'Antraygues lui prouvait qu'enfin une intelligence plus pratique cherchait à prévaloir dans la direction du parti. M. d'Antraygues avait raison ; il faudrait concerter tous les efforts, afin qu'aucun ne fût perdu ; mais les royalistes devaient regarder les choses sérieusement en face et ne plus se leurrer d'illusions — comme de grands enfants, ajouta-t-il, qui s'imaginent avoir la lune à leur disposition parce qu'on leur en montre le reflet au fond d'un seau d'eau...

Tout cela, dit imperturbablement, avec une froide ironie d'impertinence, souleva quelques murmures de protestation. L'Anglais sourit et continua :

— Oh ! la *furia francese !* Ecoutez-moi, de grâce, messieurs ! J'ai fini. Oui ! vous avez beaucoup d'illusions, messieurs, et deux surtout, deux qui sont très dangereuses. La première, que la cause de vos princes peut intéresser directement l'Angleterre ; tout l'argent que nous vous donnons, nous le mettons au budget des frais de la guerre contre la France. Vous nous aidez à l'affaiblir intérieurement, à la ruiner, à comprimer extérieurement l'expansion de ses idées et de ses forces, également redoutables pour toutes les monarchies. Vous auriez tort de vous scandaliser de ma franchise, dit-il sans s'émouvoir de nouveaux murmures. Il est impossible que vous pensiez vous-mêmes, au fond, autrement. Les pactes de sentiment ne tiennent pas plus entre les peuples qu'entre les individus. Seuls sont durables les pactes d'intérêt. Pourquoi voudriez-vous que l'Angleterre ménageât plus la France que vous ne la ménagez vous-mêmes ! Ce n'est certainement pas pour la fortifier, pour l'enrichir, pour accroître son prestige et sa puissance que vous l'attaquez à la fois, au dedans et au dehors, par les conspirations, par la guerre et par vos alliances avec nous et les autres nations ?

— Ce n'est pas la France que nous combattons, s'écria d'Antraygues, c'est la Révolution et la République !

— Sans doute, sans doute, repartit sans se troubler sir Greenwood. Mais vous êtes trop intelligent, monsieur d'Antraygues, pour ne pas voir que c'est la même chose. Ce sont de ces petites excuses qu'on se donne tout haut devant les autres, mais dont on n'est pas dupe vis-à-vis de soi-même. Votre seconde illusion capitale, continua-t-il, c'est de croire à la restauration prochaine. Vous l'avez espérée de Pichegru, il y a six mois. Vous l'espérez encore aujourd'hui, malgré Bonaparte.

— Je ne comprends qu'à demi votre pensée, interrompit d'Antraygues. Veuillez vous expliquer, sir Greenwood.

— C'est ce que j'allais faire. Vous croyez séduire et acheter Bonaparte comme vous avez séduit et acheté Pichegru. Mais est-ce que ces deux hommes et leur situation et leur popularité sont comparables ? C'est une folie de penser que, pouvant occuper le premier rang, Bonaparte s'effacera pour y laisser monter le comte de Provence, et qu'il mettra respectueusement la couronne sur la tête de Louis XVIII pouvant la mettre sur la sienne...

Il se fit une grande risée parmi tout le petit groupe :

— Sa Majesté Bonaparte Ier, roi de France, cela ferait vraiment bien sur les monnaies, fit une voix. Et les rires redoublèrent.

Seul M. de Valeugelier n'avait pas ri, ni M. de Maubreuil qui, maintenant, tenait ses yeux ardemment fixés sur l'Anglais.

— Ne riez pas, messieurs, s'écria M. de Valeugelier, ne riez pas. Je suis, cette fois, de l'avis de sir Greenwood, moi. C'est folie de compter sur Bonaparte.

— Voulez-vous que je dise plus, messieurs ? reprit l'Anglais. Tout ce que vous faites contre la Révolution, vous le faites pour Bonaparte. Vous dégagez vous-mêmes sa fortune de tous les obstacles qui l'arrêtent ou la retardent.

— Votre conclusion, sir Greenwood, interrogea un assistant, serait donc que notre principal ennemi c'est le général Bonaparte ?

— C'est ma conclusion, en effet.

— Il faudrait donc nous en défaire, continua la même voix. Est-ce votre conseil ?

Sir Greenwood se tourna vivement pour envisager son interlocuteur : c'était un jeune homme d'allure assez frêle, et qui venait à peine d'entrer ; ses yeux bleus, pleins de rêve, faisaient un singulier contraste avec l'âpre énergie volontaire de la bouche et du menton.

D'Antraygues le prit par la main et le présenta :

— M. Picot de Lamœllan.

M. de Valeugelier se pencha vers Maubreuil :

— C'est notre homme, lui dit-il.

— Quel homme ? fit celui-ci.

— L'émissaire du général Cadoudal qui doit, avant d'aller retrouver le général, passer au château de votre grand'mère, madame Ménardeau de Maubreuil.

Bien que M. de Valeugelier eût parlé à voix basse, la Saint-Huberti avait entendu et elle se mit à considérer le nouveau venu.

— Monsieur, disait en ce moment l'Anglais, vous feriez un terrible magistrat ! Vous êtes prompt à tirer des conclusions.

— Je n'ai pas tiré de conclusions, répondit le jeune homme. Je n'ai fait qu'exprimer mon sentiment personnel. S'il m'était démontré que Bonaparte doit être un Cromwell ou un César, je n'hésiterais pas à le frapper.

— C'est un peu Brutus pour un royaliste, remarqua en riant M. de Valeugelier. Mais ce serait un assassinat parfaitement inutile.

— Pourquoi, monsieur ?

— Parce qu'ils le sont tous, monsieur ! répondit M. de Valeugelier. Le coup de poignard de Brutus n'a pas rétabli la République romaine. Et nous avons vu dernièrement que celui de Charlotte Corday n'a pas tué la Révolution.

— Je suis de votre avis, à moitié, monsieur, répondit Picot de Lamœllan. Il y a des exécutions inutiles, parce qu'elles sont inopportunes, et ces exécutions, alors, méritent le nom de crimes. Brutus et Charlotte Corday sont des criminels. Celui qui frapperait Bonaparte aujourd'hui en serait un. Car nous ne savons rien encore de Bonaparte, et si la Providence l'a envoyé pour le mal ou pour le bien.

— La Providence est une singulière personne, observa M. de Valeugelier : il semblerait qu'il lui fût si facile de ne faire que le bien !

Le jeune homme regarda étrangement M. de Valeugelier ; cependant la femme au turban à aigrettes, la baronne Stocken-Haafer, se leva comme d'un jet de la chaise sur laquelle elle se tenait assise près de la table, en face de la Saint-Huberti.

— Ne touchez pas au général Bonaparte ! s'écriat-elle d'un air de Pythonisse, les deux yeux au ciel. C'est l'Ante-Christ prédit : il est sacré. Sa mission est de fermer le gouffre de la Révolution : mais, en même temps, il ouvrira plus loin de nouveaux gouffres, où s'abîmera la nation et dans lesquels il sera précipité lui-même avec le flamboiement de Lucifer tombant du ciel. Alors les temps seront accomplis et l'ordre renaîtra. Je vois distinctement Louis XVIII sur son trône : la Religion se tient au-dessus de lui, les ailes éployées. Ne touchez pas à Bonaparte. Laissez faire à Dieu !

— Quelle est cette folle ? dit en souriant M. de Valeugelier à Maubreuil.

Mais la baronne Stocken-Haafer aperçut son sourire sans entendre ses paroles.

— Il y a, dit-elle, des incrédules. Et, cependant, toutes mes prophéties se sont accomplies. Deux jours avant sa mort, j'ai prédit au général Hoche que le Ciel l'appelait.

— Monsieur, murmura Maubreuil à l'oreille du marquis, vous entendez ?...

— Sans doute !

— Eh bien ! ne vous souvenez-vous pas de ce qu'a dit, à l'*Hôtel des Victoires*, ce capitaine qui fut l'ami de Hoche... que, quelques jours avant sa mort, il avait été visité par une femme mystérieuse qui avait tout à coup disparu ?

M. de Valeugelier eut un soubresaut :

— Parfaitement... Ah! la sacrée mâtine! Ce serait elle ?

Cependant, Picot de Lamœllan, souriant :

— Tranquillisez-vous, madame ! Nous ne voulons pas toucher à Bonaparte : du moins déjà. Nous n'avons pas de visions de l'avenir aussi précises que les vôtres, mais nous savons que nous n'avons pas *encore le droit* d'exécuter Bonaparte. Nous sommes assurés comme vous qu'il n'a pas terminé sa mission. Nous attendrons.

Et, se tournant, non sans un peu d'ironie, vers sir Greenwood :

— Nous comprenons que l'Angleterre soit pressée. On parle de grands projets de Bonaparte; d'expéditions mystérieuses qu'il prépare, et surtout d'une descente en Irlande.

— Oh! ceci, interrompit l'Anglais, nous ne le

craignons pas. Le comte d'Artois négocie avec le gouvernement la mise sur pied et l'entretien d'un ou plusieurs régiments d'émigrés ; avec des Français comme alliés, nous ne craignons pas Bonaparte.

— Je ne crois pas à ce projet, dit d'Antraygues. Il est lointain, en tout cas. Et qui sait si Bonaparte aura le temps de l'accomplir ? Je pense, comme M. Picot de Lamœllan, qu'il serait imprudent de frapper le général maintenant. Il convient de lui donner le temps de se décider entre la Révolution et la Restauration. Je puis dire sans indiscrétion que des négociations sont entamées à ce sujet entre nous et lui, comme il y en a d'entamées entre nous et Barras. Il est loyal d'attendre qu'elles soient terminées avant de nous prononcer sur ce que nous devons faire de Bonaparte.

— Et vous espérez quelque chose de ces négociations ? demanda sir Greenwood.

— Toute réponse serait téméraire. Mais je dois pourtant déclarer que je n'ai nulle confiance en lui. Je le tiens pour le pire fourbe qui ait jamais existé. Cet homme ne dit pas une parole qui ne soit un mensonge. Ses colères et ses violences mêmes sont feintes : comme il le dit lui-même : *elles ne lui montent jamais jusqu'à la tête.* Je n'ai pas la sottise de penser qu'il fasse loyalement nos affaires. Il veut gagner du temps pour nous tromper et tromper simultanément les républicains. Mais il est de notre intérêt de paraître ses dupes pour qu'il nous ménage : il a besoin de nous contre les républicains comme il a besoin des républicains contre nous; nous pouvons donc en obtenir beaucoup. Nul doute qu'il ne finisse par nous ouvrir largement les portes de la France. En Italie, déjà, il s'entourait d'émigrés, et sa femme les recevait ostensiblement en son palais, à Milan. Qui le sait mieux que madame d'Antraygues et moi ?

— En effet, intervint la Saint-Huberti, je puis vous garantir que la générale Bonaparte est une bonne royaliste. Son rêve serait ceci : Bonaparte grand-connétable de Louis XVIII, mais surtout richement doté, car la citoyenne de Beauharnais a plus souci d'argent que *d'honneur*.

Des rires soulignèrent le jeu de mots de la Saint-Huberti.

— Oui, dit à son tour M. de Valeugelier, le malheur est qu'elle n'a, paraît-il, aucune influence sur son mari.

— Néanmoins, il vaut mieux l'avoir pour soi que contre soi, et nous n'épargnons rien pour cela, reprit d'Antraygues. Elle peut toujours nous aider à obtenir le retour de quelques-uns de nos amis, et elle s'y emploie avec un vrai zèle. Nous n'avons donc nulle illusion, sir Greenwood, pas plus que vous; nous savons que Bonaparte ne sera pas le Monk qu'espèrent encore quelques-uns de nos amis. Monseigneur le comte de Provence se laisse lui-même prendre parfois à cette chimère. Mais Bonaparte est d'ores et déjà condamné.

— Reste à fixer la date et les moyens de l'exécution, observa ironiquement M. de Valeugelier.

— Les moyens... On les emploiera tous à la fois, affirma d'Antraygues.

— Ce n'est pas l'avis de Georges Cadoudal, notre général et notre chef, protesta le jeune Picot de Lamœllan. Le jour où nous aurons décidé que Bonaparte doit disparaître, le général lui-même viendra à Paris, comme il le fait sans que la police puisse jamais le savoir. Les plus fidèles et les plus déterminés se grouperont autour du général ; et nous épierons l'occasion d'attaquer ouvertement Bonaparte et son escorte. Ce ne sera pas, vous le voyez, monsieur le marquis, un assassinat à la Brutus ou à la Charlotte Corday. Ce sera un nouveau combat des Trente, et la Bretagne n'aura pas à rougir de nous.

— Et si vous êtes vaincus ? fit d'Antraygues.

— Ce sera la volonté de Dieu. Que pouvons-nous contre, monsieur ?

— Très bien, jeune homme ! s'écria M. de Valeugelier. Monsieur de Maubreuil, qu'en dites-vous ?

— Je dis, monsieur, que ce serait un grand honneur pour moi d'être de ces trente.

— Vous y avez le droit, monsieur de Guerry de Maubreuil, dit solennellement le vieillard. Et nous nous emploierons auprès de nos amis, n'est-ce pas, Monsieur Picot de Lamœllan, à le faire valoir, ce droit ?

Mais d'Antraygues se récriait :

— C'est de la folie, messieurs ! de la pure folie ! Ne confondons pas les temps : ceux de la chevalerie sont passés, et pour toujours.

En ce moment, l'attention de tous fut attirée par madame Solange, qui rentrait, accompagnée de Lagrimaudière.

— Vous permettez, messieurs ?... dit d'Antraygues en se dirigeant précipitamment vers les nouveaux arrivés.

Pendant que madame Solange venait rejoindre la Saint-Huberti, d'Antraygues avait un colloque à voix basse, très animé, avec Lagrimaudière.

— Amenez-le tout de suite, lui dit-il enfin.

Et, tournant le dos à l'ancien acteur qui se retirait :

— Messieurs, dit-il ironiquement en se rapprochant de M. de Valeugelier, regardez bien vers cette porte. Vous allez y voir entrer tout à l'heure le seul homme auquel on puisse décemment confier l'exécution de M. de Buonaparte.

— Qui? qui? demandèrent plusieurs voix ensemble.

— Le plus illustre chef de la plus illustre bande de Chauffeurs de l'Ile-de-France : Le Rémouleur!

V

LE RÉMOULEUR

Toutes les têtes se retournèrent avec curiosité vers la porte qui venait de se rouvrir. Gravement, emphatiquement, avec un large pas dont il avait contracté l'habitude sur les planches, Lagrimaudière précédait un petit homme, que nous connaissons, car nous l'avons toujours vu en compagnie de l'ancien acteur, et un second personnage, d'épaules carrées, de tournure massive sans être lourde, qui semblait, non pas d'un paysan, mais d'un campagnard. Ses cheveux, poudrés à blanc et coiffés à l'oiseau royal, ne permettaient pas d'en deviner la couleur, et son visage était tout dissimulé sous un masque. On n'en voyait que les yeux, marrons, d'un regard dur et bref, mais un peu clignotant et inquiet. Il était vêtu à la dernière mode des Merveilleux : large cravate qui, avec le masque, achevait de lui cacher le visage ; frac marron ; gilet jaune serin ; culotte collante gris-perle ; grandes bottes à revers jaunes et, à la main, un bâton.

Ce fut sans gaucherie, avec une parfaite aisance, qu'il s'avança vers M. d'Antraygues qui lui tendait la main. Puis tous deux, causant confidentiellement, suivis de Lagrimaudière suivi lui-même de son « associé » qui semblait faire « sillage » derrière lui, ils traversèrent la salle, se dirigeant vers le cercle dont M. de Valeugelier, Maubreuil et la Saint-Huberti formaient le centre, et autour duquel se pressaient maintenant tous les « invités » de madame Solange. Les jeunes athlètes avaient interrompu leurs luttes, les joueurs et les joueuses délaissé leurs tables, et tout ce monde se taisait pour voir et pour entendre.

— Votre mari, madame — dit M. de Valeugelier à la Saint-Huberti, est vraiment un grand philosophe — je l'en féliciterai tout à l'heure.

— Pourquoi, monsieur le marquis?

— Pour être en une telle familiarité avec ce bandit : je ne sais en quoi ni à quelle occasion nous avons affaire avec lui. Mais, d'après ses prouesses et sa renommée, je l'estime pour un des plus infâmes coquins de ce temps, où les coquins ne manquent pas.

— Il ne faut pas juger sur l'apparence, monsieur le marquis. Il paraît que Le Rémouleur est pour la bonne cause.

— Tant pis, madame! Sa présence suffirait à la rendre mauvaise.

Pendant ce court colloque à voix basse, le Rémouleur, sur l'invitation de M. d'Antraygues, s'était assis juste en face de M. de Valeugelier, flanqué à sa gauche de d'Antraygues, debout, à sa droite, de Lagrimaudière et du petit homme son second. Le Rémouleur, les jambes croisées, bien adossé en son fauteuil et la main gauche appuyée à son gourdin, ne semblait pas du tout gêné des regards qui cherchaient à le pénétrer sous son masque. Quand il eut jugé que la curiosité des assistants dût être assez satisfaite et qu'il les eût lui-même suffisamment observés :

— Mesdames, dit-il avec un ton d'une extrême courtoisie, je suis persuadé que ce surnom de Rémouleur vous fait prévoir quelque monstre, de race ignoble et d'un visage qui ne l'est pas moins. La police de ces messieurs du Directoire m'a fait une si mauvaise réputation... Mais croyez qu'il m'en coûte de ne pouvoir vous désabuser ; et excusez-moi si la prudence m'oblige à rester masqué devant vous, doublement masqué, de nom et de visage. Permettez-moi, pourtant, de me justifier si je puis : on vous a dit que je suis un infâme scélérat, qui mets les gens à la torture pour savoir où ils cachent leur argent, qui attaque les voyageurs sur les grand'routes et dans les bois, qui dévalise et incendie les maisons. Tout cela est vrai ; mais quelles sont ces pauvres victimes que je torture, que j'attaque sur la grand'route, dont je dévalise les maisons ? Vous l'a-t-on dit ? Pas un qui n'ait mérité mille fois la ruine, le supplice et la mort... Prêtres qui ont renié leur Dieu, gentilshommes qui ont trahi leur roi, accapareurs et receleurs de biens nationaux dont ont été spoliés les légitimes propriétaires, tous ceux qui ont fait, soutenu, approuvé, toléré la

Révolution : voilà mes ennemis. Ne sont-ils pas aussi les vôtres, messieurs ?

— Sans doute, répondirent quelques voix.

— Alors, reprit le Rémouleur, il est possible de nous entendre.

— Cela demande quelque réflexion, objecta Picot de Lamoellan. La guerre contre tous ces gens, nous la voulons, et à outrance, sans merci. Mais, peut-être, ne la comprenons-nous pas comme vous, monsieur...

— Eh ! monsieur, nous la faisons comme nous pouvons. Il était, vous l'avouerez, difficile de soulever une Vendée aux environs de Paris. Nous avons dû nous contenter d'organiser des « bandes », comme vos amis du Midi et de Lyon. Et les éléments ne sont pas tous de premier choix. Il y a un peu de tout : surtout des misérables qui sont souvent des exaspérés. Nous avons même des gentilshommes : — s'il s'agissait d'un de nos coups de main ordinaires, mes hommes et moi y suffirions. Mais l'affaire est de plus haute importance. Monsieur — et il désigna Lagrimaudière — à qui je l'ai soumise, en a jugé comme moi. Il m'a mis en rapport avec M. d'Antraygues, qui a bien voulu se charger de me présenter à vous ce soir, m'assurant que je ne risquais rien à m'expliquer devant vous... Veuillez donc m'entendre.

— Parlez ! parlez ! lui cria-t-on de tous côtés.

— Voici. Permettez-moi de procéder par interrogations. Si un prêtre assermenté est un grand coupable, indigne de pitié, qu'est le prêtre apostat et sacrilège qui a publiquement abjuré l'Évangile, comme le fit l'infâme Gobel, évêque de Paris, devant les scélérats de la Convention; qui a fait mascarade de ses habits et insignes sacerdotaux, qui a livré à la Nation, pour les faire fondre et monnayer, les ciboires, les vases, les calices, les reliquaires, tous les objets les plus sacrés et les plus précieux du culte; qui enfin a jeté le crucifix à bas de l'autel, a craché et marché dessus... n'est-ce pas une injure à Dieu qu'un tel misérable soit encore impuni?...

Un frémissement courut dans l'auditoire. « Il faut le *faie moui* sous le bâton! » s'exclama un jeune lutteur de tout à l'heure. Les femmes, surtout, se récrièrent, et parmi elles la Saint-Huberti plus violemment que toutes : « Oh! le monstre... quelle joie j'éprouverais à lui faire subir, lentement, toutes les morts les plus cruelles à la fois!...»

— Eh bien! reprit le rémouleur, cet homme existe et il est encore pire que cela. Ecoutez. Il a, en 1794, après son abjuration, épousé à Montpellier, son pays, la nommée Julie Ferrat de Fontfrège, laquelle était une apostate comme lui. Car, religieuse, non seulement elle rompit ses vœux, mais c'est elle qui, le troisième décadi de nivôse de l'an II, figura la déesse Raison, en une de ces orgies d'impiété par lesquelles la Révolution a scandalisé le monde... Attendez, messieurs, je n'ai pas fini, ajouta-t-il d'un geste pour réprimer les murmures d'indignation de son auditoire... Le même scélérat fut, en récompense patriotique de ses crimes, sous l'influence de l'abominable Cambon, envoyé à Paris comme représentant de sa ville. Il l'est encore, et siège aux Cinq-Cents, parmi ceux qui ont été les plus zélés coopérateurs de Barras au 18 Fructidor contre les royalistes et le général Pichegru...

— Son nom ! Son nom ! criaient quelques-uns.

— Encore un instant, je vous prie, messieurs... L'homme ne serait pas complet si, en outre de tous ces crimes, il n'était pas encore un voleur... Il s'est donc rendu acquéreur d'une grande terre avec château, ferme et dépendances, ayant appartenu à M. le comte de Montfort d'Authouillet, qui fut un des premiers à suivre les princes en émigration. Quoi qu'il vienne très souvent à Paris, où il est un des assidus de Barras, c'est surtout à son « château » qu'il demeure. Sa femme, elle, n'en sort presque jamais : ce château est le rendez-vous de tous les « patriotes » de la région ; ils s'y rassemblent, fréquemment, de toutes les localités voisines.

» Depuis longtemps j'avais arrêté le projet de châtier le misérable et sa femelle, mais d'un châtiment exemplaire qui aurait terrifié tous ses pareils. J'allais mettre ce projet à exécution : le jour et l'heure étaient fixés ; j'avais choisi mes hommes, tout était prêt. Tout à coup un de mes affidés, qui avait des relations avec la domesticité du château, vint m'apprendre qu'on faisait de grands préparatifs à la ferme : on attendait des provinces de l'Est un important convoi de grains et de provisions à destination de Paris. Ce convoi, qui devait arriver dans la nuit du 24 au 25 décembre ou, pour parler républicainement, dit-il, la nuit du 4 au 5 nivôse, resterait enfermé et caché toute la journée dans la ferme, d'où il repartirait pour Paris dans la nuit du 26 au 27; une escorte de gendarmerie viendrait le chercher. Je crus devoir attendre des informations plus précises, j'ajournai mon expédition, et je fis bien.

— Le nom de ce grand patriote, s'il vous plaît, monsieur? demanda Picot de Lamœllan; vous avez oublié de le dire..

— C'est juste, répondit Le Rémouleur. Son nom?... Eh! vous ne connaissez que lui... C'est le citoyen Scipion-Auguste Crassous, châtelain de Ville-Evrard, à Neuilly-sur-Marne.

Un cri de rage sortit de toutes les poitrines : Lui! Lui!... et les imprécations se croisaient l'une l'autre en un tonnerre où l'on n'entendait que des interjections et des mots épars : « Lui! l'ami de Barras! A mort! à mort... »

— Oui, intervint d'Antraygues, le scélérat qui a été le promoteur de la loi qui assimile les émigrés à des étrangers et ne leur accorde le droit de séjour que s'ils sollicitent la naturalisation...

— A mort! à mort! répétaient les mêmes voix.

— Je vois avec plaisir, messieurs — reprit le chef de bande — que l'entente est presque déjà faite. Pourtant, avant de conclure des accords définitifs, je vous dois encore quelques explications. J'ai le plaisir d'être en relations suivies avec ces hommes dévoués qui m'ont présenté à M. d'Antraygues, M. Lagrimaudière et, ajouta-t-il en se tournant vers « le petit homme » qui l'avait amené, M. Mazeline, qui mettent au service de la cause une intelligence égale à leur zèle. Je m'ouvris à eux ou, pour mieux dire, je les consultai : ils me promirent de m'avoir pour le lendemain le supplément d'informations qui m'étaient nécessaires. Et comme ils sont hommes de parole, autant que de ressources, le lendemain j'étais renseigné. Ils me confirmèrent l'arrivée du convoi, mais m'apprirent de plus que le citoyen Crassous recevait souvent des courriers particuliers de Barras et du gouvernement et que, si on avait l'heureuse chance de mettre la main sur ses papiers, on surprendrait bien des secrets précieux.

— Oh ! alors, vous avez risqué l'expédition, sans doute ? interrogea M. de Valeugelier ironiquement.

— Apparemment non, monsieur ! répondit âprement Le Rémouleur. En ce cas, que ferais-je ici ? Je suis venu, au contraire, demander à ces messieurs de désigner quelques volontaires qui s'adjoindront à moi...

M. de Valeugelier bondit :

— Vous voulez les mêler à vos bandits, monsieur, pour une expédition de vol et d'assassinat ?

— De quoi vous scandalisez-vous, monsieur ? Les compagnons de Jéhu et ceux du Soleil font-ils autre chose ? Les héros de Vendée eux-mêmes ont-ils répugné à ces expéditions ? Pourquoi ce qui est héroïque en province serait-il un crime à quatre lieues de Paris ?

— C'est trop juste, fit un des assistants. Je vous ferai une autre objection, monsieur. Pourquoi avez-vous besoin de nous, puisque vous avez vos gens ?

— Ma réponse sera bien simple, monsieur. Cette expédition — pour parler comme monsieur — n'est point de celles dont ils ont l'habitude. Celle-ci, encore une fois, passe les coups de main ordinaires : elle est politique, puisqu'il s'agit d'un député ami du gouvernement et de papiers à saisir. Tous nos hommes ne sont pas de confiance, tant s'en faut. J'ai déjà eu l'honneur de vous l'avouer. Il n'y en a guère qu'une dizaine sur qui je puisse compter. Ce n'est pas assez pour cette entreprise.

— Vous nous offrez de compléter votre bande ? fit Picot de Lamœllan. C'est bien de l'honneur.

— Non, nous ne serons nullement mêlés. J'agirai de mon côté et vous du vôtre. Nous combinerons deux actions différentes, voilà tout.

— Je ne sais si ces messieurs accepteront, mais en tout ça je prévois des conditions et des garanties sans lesquelles leur concours me paraît impossible.

— Sans doute, sans doute, dit d'Antraygues, intervenant un peu impatiemment. C'est ce que j'ai dit à Lagrimaudière et à Mazeline quand ils m'ont ouvert le premier mot de l'affaire. Expliquez-nous donc votre plan, monsieur ; nous ne pouvons discuter utilement qu'après vous avoir entendu.

— Volontiers, fit Le Rémouleur.

» En toute autre circonstance, dit-il, j'aurais tout simplement attaqué le château, la nuit, par surprise. Il est assez éloigné du village, sans voisinages immédiats, et les secours seraient venus tard — après la besogne achevée — si tant est qu'ils fussent venus. Car le croquant des environs de Paris est peureux par nature et la salutaire terreur que lui inspire la bande du Rémouleur n'est pas pour lui mettre du cœur au ventre. Mais, avec le convoi attendu, pas de surprise possible. Le Crassous et ses gens se tiennent sur leurs gardes.

» Il faudrait donc se disposer en trois groupes : Le premier — ce serait le vôtre, messieurs — se présenterait au château, et, sous un prétexte quelconque, demanderait l'hospitalité aux châtelains de Ville-Evrard. Malgré leur nom, les Crassous, mâle et femelle, sont assez généreux et même confiants. Vous seriez donc bien accueillis : l'on vous recevrait sans aucun doute dans les salons qui se trouvent au rez-de-chaussée, et dont les fenêtres, assez basses, donnent sur une partie boisée du parc. Mes hommes et moi nous nous tiendrions prêts. A un moment donné, vous ouvririez une ou deux fenêtres. Ce serait le signal. Nous nous précipiterions, et pendant que nous ferions à l'intérieur ce que nous devons y faire, un troisième groupe (de mes hommes encore) mettrait le feu au convoi de grains et à la ferme en même temps, naturellement. Nous ferions main basse sur tout ce qui serait de bonne prise, et nous vous livrerions les papiers...

— Mais, dit d'Antraygues, il doit y avoir de l'argent, chez le citoyen Crassous.

— Et, puisqu'il y a une femme, des bijoux, ajouta la Saint-Huberti.

— Sans doute, reprit Le Rémouleur, il y a de l'argent et même, espérons-nous, assez. Car, par crainte des *Chauffeurs*, — et il se mit à rire, — les campagnards n'aiment point garder leurs fonds chez eux. Ils s'imaginent qu'ils sont plus en sûreté au « Château ». Crassous est ainsi devenu leur banquier. Tranquillisez-vous donc, messieurs.

Soyez assuré que le compte de l'argent et des bijoux, s'il y en a, sera fait scrupuleusement. Il ne restera plus qu'à nous entendre sur la part qui doit vous en revenir, en bonne équité.

— Réservons ce détail, dit d'Antraygues, pour une discussion ultérieure. Nous ne garderions volontiers que les papiers si notre parti n'avait pas besoin d'argent, et de beaucoup d'argent; — et se retournant en riant vers sir Greenwood : — « Il faut bien aider un peu la bonne volonté de nos chers amis les Anglais. » Puis, s'adressant aux royalistes : « Votre avis, maintenant, s'il vous plaît, messieurs ? Que pensez-vous de la proposition qui vient de nous être faite... vous, monsieur le marquis de Valeugelier ?...

— Je ne pense encore rien, monsieur, répondit-il.

— Et vous, monsieur l'ambassadeur du général Cadoudal ?... fit-il à Picot de Lamœllan.

— Sans doute, dit celui-ci, c'est de bonne guerre, puisque nous ne pouvons pas faire la guerre autrement... Mais je ne me sens pas suffisamment renseigné. C'est nous qui sommes destinés à nous présenter à Ville-Evrard?... Comment et sous quel prétexte ?

Le Rémouleur se mit à rire :

— Pour cette partie de l'intrigue et de la mise en scène, je vous adresse, messieurs, à notre ami Lagrimaudière. Nul ne pourrait la traiter avec plus de compétence, et vous verrez qu'il s'est souvenu de ses auteurs...

Et, tandis que Lagrimaudière, en saluant, s'installait devant la table où était accoudée la Saint-Huberti, et se préparait à parler, M. de Valeugelier bougonnait entre ses lèvres :

— Encore cet homme !... J'espère, monsieur de Maubreuil, que vous ne serez pas aussi naïf que nos amis ? Il y a singulièrement de louche en cette affaire...

— Messieurs, commença Lagrimaudière, il faut d'abord vous donner une idée de la situation topographique de Ville-Evrard. Le château est entouré d'un vaste parc, qui forme le carré : ce parc sur trois côtés est ceint de murailles; sur le quatrième, il est bordé par un large canal. Un de ces côtés est longé par la grand'route de Neuilly-sur-Marne à Chelles; mais l'entrée ou plutôt les entrées du château et de la ferme, qui est presque attenante à celui-ci, donnent sur une sorte de rond-point, formé par la conjonction de deux chemins, l'un de petite communication quoique carrossable qui part directement de la ferme et va rejoindre le village à travers champs, et l'autre, transversal, qui part de la grand'route et côtoie le parc tout le long de ce côté jusqu'au canal.

» Je viens de dire qu'il y avait plusieurs entrées, trois en effet : d'abord celle de la ferme; puis, à gauche, quand on fait face à celle-ci, par une grande grille s'ouvrant sur une large et grande avenue qui, entre des constructions où sont quelques communs et dépendances du château, aboutit à une seconde grille; au delà commence le parc, et en tournant à droite, vous êtes devant le château; l'autre entrée est à droite de la ferme, au delà d'un petit pont de pierre jeté sur un large et profond fossé ; vous franchissez une grille et vous trouvez sous une vaste quinconce de grands arbres, vous le traversez et vous avez à votre gauche le château. C'est de ce côté précisément que donnent les fenêtres du salon.

» Excusez ces détails, mais il faut que vous vous figuriez les lieux aussi exactement que possible pour juger du parti que nous devons en tirer.

» Monsieur — et il désigna Lamœllan — demande ce que nous ferons : voici, sauf votre assentiment, messieurs, cela va sans dire.

» Dans la journée du 5 nivôse, nous nous rendrons, isolément, à Chelles, et le soir, isolément toujours, pour ne pas exciter le soupçon, nous nous réunirons à un endroit qui vous sera fixé, non loin de ce bourg — où deux voitures vous attendront. N'ayez pas peur des cochers. Ils seront sûrs. Ce sera monsieur — et il désigna son acolyte, Mazeline — et moi.

» Nous combinerons l'heure du départ, de façon à arriver vers les minuit à cette partie de la grande route qui est côtoyée par le mur du parc de Ville-Evrard. — Là, tout à coup, un brancard ou une roue se brisera ; vite, l'un de nous ira raconter notre détresse au château et demander aux châtelains l'hospitalité d'une heure ou deux, le temps de réparer l'accident. »

Ici, Lagrimaudière fit une pause, regarda autour de lui et fixa enfin les yeux sur la Saint-Huberti.

— Mais, pour donner plus de dramatique à l'incident, et aussi plus de vraisemblance, pour mieux impressionner le Crassous et surtout sa femme, il nous faudrait la compagnie d'une dame — qui pousserait des cris lamentables et tomberait en syncope... Mais, voilà le hic! nulle de vous, sans doute, mesdames, ne consentirait à jouer ce rôle-là...

— Un rôle! Mais vous oubliez, Lagrimaudière, que j'en ai été, moi aussi, de la balle, s'écria la Saint-Huberti. Un rôle, c'est mon affaire...

Les regards de M. de Valeugelier allaient de l'ex-comédien à l'ancienne chanteuse; et qui eût suivi attentivement ces regards les eût facilement traduits. Le vieux marquis se disait en lui-même: « Hé! mais! hé! mais, voilà qui a tout l'air d'un coup monté! »

— Jamais emploi n'aurait été mieux tenu, répondit Lagrimaudière, et je vous guignais, camarade, sans oser le dire... Mais j'ai des scrupules. Il y aurait plus de danger ici que sur les planches. L'entreprise peut manquer. Nous pouvons être dénoncés par quelque traître — sait-on à qui on parle aujourd'hui! — et, au lieu de surprendre, être surpris. Désagréable coup de théâtre, si nous nous trouvions nez à nez avec la gendarmerie...

— Bah! bah! nous avons, reprit-elle, traversé de pires aventures, n'est-ce pas monsieur d'Antraygues?... Nous n'avons pas couru le monde pour venir échouer auprès de Paris... Puis, on m'a prédit que je mourrais assassinée, il est vrai — mais hors de France, sinon à ma vieillesse, au moins, aux abords... Vous serez de cette expédition, monsieur d'Antraygues?...

— Je n'y suis pas encore décidé, ni vous non plus, j'espère?

— Pardon, fit-elle, absolument décidée, moi, à moins qu'on ne m'accepte pas !

— N'ayez pas peur, monsieur d'Antraygues — intervint Le Rémouleur — il ne sera fait aucun mal à madame. Nous répondons d'elle.

— Et voyez, messieurs — continua la Saint-Huberti — combien je puis vous être utile. Il faudra, dites-vous, occuper et distraire les châtelains ? Je leur chanterai un grand air d'*Armide* et de *Didon*. On ne doit pas entendre beaucoup de musique à Ville-Evrard...

— Bravo ! cria enthousiasmé Lagrimaudière. Quel malheur que ma qualité de cocher me retienne à ma voiture et à mes chevaux, je leur aurais récité le monologue d'Auguste dans *Cinna* ! J'y étais magnifique !

Les rires éclatèrent ; mais M. de Lamœllan demanda qu'on voulût bien lui accorder un peu de silence.

— Soit, dit-il : je comprends quelle collaboration on attend de nous : mais on ne se contentera pas apparemment de brûler le convoi de grains, d'enlever l'argent et les papiers. On a bien des intentions sur M. Crassous et sa femme ?

Lagrimaudière, sans répondre, regarda d'Antraygues et Le Rémouleur.

Ce fut d'Antraygues qui répondit :

— M. Picot de Lamœllan est trop royaliste et trop bon Français pour désirer qu'on laisse ce monstre impuni...

— Non ! non ! à mort ! à mort ! le sacrilège !... le scélérat !

— Vous voyez, continua d'Antraygues, en souriant, que la majorité s'est prononcée. Je crois bien qu'il n'y a que M. de Valeugelier pour être de votre avis… Eh bien ! pourtant, rassurez, monsieur, vos scrupules d'humanité… Non, on n'exécutera pas, pour cette fois, le citoyen Crassous et sa citoyenne…

Il y eut dans l'auditoire une rumeur de désappointement :

— Pourquoi ? pourquoi ? demandèrent fébrilement quelques voix courroucées.

— Parce qu'on a meilleur parti à en tirer. N'oubliez pas qu'ils ont de riches et puissants amis ; on rendra les Crassous contre bonne rançon !

Et comme les murmures continuaient :

— Nous avons besoin d'argent, messieurs — s'écria d'Antraygues ; — quant aux châtelains de Ville-Evrard, ne vous inquiétez pas ; nous les retrouverons plus tard.

— Vos protestations ne seraient pas raisonnables, messieurs, dit sir Greenwood. Voilà de la vraie et bonne guerre, vivre aux dépens de l'ennemi.

— Très bien, monsieur, dit Lamœllan. En ce cas, je n'ai plus d'objection à faire.

Le Rémouleur s'était mis debout, la jambe droite passée sur la gauche et la main droite appuyée sur son gourdin :

— Ainsi, fit-il, messieurs, nous sommes maintenant d'accord ?

— Oui ! oui ! lui cria-t-on, de tous côtés.

— Il ne nous reste donc plus, à MM. Lagrimaudière, Mazeline et moi, qu'à concorder les détails de l'entreprise. Ces messieurs les soumettront à M. d'Antraygues, qui voudra bien s'entendre avec vous pour les dernières dispositions à prendre. Ma présence ici n'est plus nécessaire, et je vous demande la permission de me retirer. Il vous faut maintenant désigner ceux d'entre vous qui seront de l'expédition, et c'est une partie de l'opération qui ne me regarde pas. Je ne veux pas savoir le nom de mes associés...

— Nous aurons là quelques difficultés, dit en souriant M. d'Antraygues. Il sera malaisé de faire comprendre à l'impatience de nos jeunes gens qu'ils ne peuvent pas en être tous...

— Le succès de l'expédition exige pourtant ce sacrifice de leur part. Quelle confiance inspireriez-vous à vous présenter en bande au château de Ville-Evrard, et quelle vraisemblance y aurait-il à ce que toute une traînée de voyageurs se trouvât à cette heure sur la route de Chelles à Neuilly-sur-Marne ? Moins vous serez, mieux cela vaudra.

Ici, le « petit homme furtif » qui s'était tenu toujours dissimulé jusque-là derrière Lagrimaudière et Le Rémouleur, et que celui-ci avait appelé Mazeline, avança entre eux deux une tête longue et plate de serpent qui sort hors de son trou.

— Oh ! messieurs, sifflait-il d'un ton très doux, quatre dans chaque berline et un sur chaque siège, à côté de Lagrimaudière et de moi. Mais, comme madame — et il salua très cérémonieusement la Saint-Huberti — veut bien vous faire l'honneur d'être des vôtres, vous n'avez plus que neuf d'entre vous à choisir.

Il se fit quelques murmures, et un des jeunes gens, s'adressant à d'Antraygues :

— Est-ce vous, monsieur, qui ferez cette désignation ?

— Non, monsieur ! Ce sera vous-mêmes.

— Me permettrai-je de donner un avis ? intervint Mazeline, avec la même douceur. Pour éviter des froissements, des contestations, des rancunes peut-être — la jeunesse est susceptible et elle a raison — ne vaudrait-il pas mieux s'en rapporter au sort ? Ceux d'entre vous, messieurs, qui voudraient prendre part à l'expédition, écriraient leurs noms sur des bulletins. On mettrait tous les bulletins ensemble, et une de ces dames les tirerait. Les neuf premiers appelés seraient les neuf élus.

D'Antraygues fit la proposition, qui fut acceptée.

— Je prends congé de vous, messieurs, reprit Le Rémouleur. Je vous prie de prendre l'avis, en tout, de MM. Lagrimaudière et Mazeline et de ne négliger aucune des précautions qu'ils vous recommanderont. Peut-être aurez-vous besoin de votre courage, et là-dessus vous n'avez de conseils à recevoir que de vous. Mais vous aurez sûrement besoin de prudence ; et c'est en quoi je vous supplie d'écouter leur expérience. Comme il ne faut pas que vous soyez connus, n'oubliez pas d'emporter des masques.

» Naturellement, vous ne les mettrez pas pour vous présenter au château ; il importe peu que le citoyen Crassous, sa citoyenne et les *officieux* qui les servent voient vos figures — ils ne seront jamais en situation de vous dénoncer — mais, dès le signal

donné de l'attaque, mettez-les. Je ne veux pas qu'aucun de mes hommes puisse vous reconnaître.
— S'il ne faut pas tenter Dieu, il faut encore moins tenter le diable. — Moi-même, je ne veux pas vous connaître. — Comme armes, rien que des pistolets, bien dissimulés sous le vêtement. Les meilleurs sont ceux qui nous viennent de Londres. — Sir Greenwood ne se refusera pas à vous adresser à des correspondants de sir Wickam à Paris, qui vous en procureront...

L'Anglais sourit et s'inclina en signe d'assentiment.

Le Rémouleur continua :

— Les mêmes pourront encore — sur sa recommandation — vous fournir des gourdins comme celui-ci, qui valent une épée, surtout en des mains comme les vôtres, messieurs. — Et, prenant son gourdin, il en exhiba une longue lame effilée qu'il admira quelque temps, bien étincelante aux lumières, et qu'il remit ensuite, admirablement dissimulée, en son fourreau. — Quelques poignards courts, solides, peu encombrants et faciles à cacher dans une poche, ne vous seront pas non plus d'une précaution inutile. On a calomnié le poignard, messieurs. C'est une arme très sûre. Le pistolet est absurde : il fait trop de bruit. Ayez-en pourtant si vous voulez, mais ne vous en servez qu'à la demi-obscurité, et en cas d'une vraie bataille engagée.

Puis, saluant galamment les dames :

— Adieu, mesdames! fit-il... Adieu, messieurs.
— Je pourrais vous dire un mot, monsieur d'An-

traygues? Vous me suivez, Lagrimaudière. J'ai besoin de votre protection...

Et il s'achemina vers la porte entre Lagrimaudière et d'Antraygues, comme il était entré.

— Il est charmant, ce bandit, remarqua la Saint-Huberti.

— David, madame, s'écria l'inspirée, madame Stocken-Haafer, était aussi un bandit quand il combattait contre Saül. Dieu opère par qui il veut. Tout est pur entre ses mains.

— Il doit pourtant éprouver le besoin de se les laver quelquefois, observa M. de Valeugelier.

Quelques-uns rirent, mais d'autres se montrèrent fort scandalisés de la boutade du vieux gentilhomme. La baronne se cabra toute roide, en le toisant avec colère :

— Oh! fit-elle, vous porterez malheur à tous vos amis, monsieur.

— Je sais que vous êtes prophétesse, dit-il fort courtoisement, et même d'autant meilleure prophétesse que vous préparez vous-même les actes que vous prédisez. Mais, ici, il n'est pas heureusement en votre pouvoir d'en faire autant.

Elle regarda fixement le vieux marquis, étonnée : « Que veut-il dire? semblait-elle se demander »; et le regard que lui renvoya celui-ci, lui répondait : « Oui... je sais... Hoche!! » Elle pâlit un peu et tourna la tête avec dépit, les lèvres et les narines blêmes.

Cependant, sur un signe de d'Antraygues, sir Greenwood s'était levé et se dirigeait vers la porte où se trouvaient, en intime conciliabule, le mari de la Saint-Huberti, Lagrimaudière et le Rémouleur.

Après quelques mots échangés, sir Greenwood prit un carnet de sa poche, y écrivit quelques mots, déchira la page et la remit à Lagrimaudière. Puis, avec un *shake-hand* solide, il salua le Rémouleur, et revint à sa place, impassible et ironique.

— Ah! nos chers alliés les Anglais! fit le marquis en frappant familièrement sur l'épaule de sir Greenwood qui venait de se rasseoir auprès de lui : — Comme vous nous aimez! et de quelle amitié franche, loyale, généreuse et désintéressée !...

— Oh! repartit l'Anglais, le français est vraiment une langue très difficile. Je ne connaissais pas encore le mot amitié en cette acception. Dans les affaires, on est associés, en Angleterre, non amis : et nous sommes ici en affaires.

— Et une affaire d'où vous espérez bien retirer votre mise — et les bénéfices ?

— Naturellement. Sans cela, serait-ce une affaire ?

VI

LE SORT

Le Rémouleur et Lagrimaudière étaient partis et, la porte refermée derrière eux, d'Antraygues revenait, à son tour.

— Eh bien ! demanda-t-il, messieurs les volontaires, êtes-vous prêts ?

— Nous allons l'être, monsieur, lui répondit Lamœllan qui, avec d'autres jeunes gens et le sieur Mazeline, empressé, disposait du papier en petits carrés sur une table du fond.

— Messieurs, l'inscription est ouverte ! annonça-t-il.

Les jeunes gens se bousculaient en riant vers cette table quand, tout à coup, de Maubreuil se leva et fit le geste de les retenir...

— Messieurs !... dit il, un mot, s'il vous plaît.

Ils s'arrêtèrent, étonnés, et Lamœllan, intrigué, se rapprochant en hâte :

— Vous voulez parler, monsieur de Maubreuil ?... dit-il.

— Oui, monsieur.

— Nous vous écoutons.

— Qu'avez-vous à dire, monsieur ? interrogea M. de Valeugelier, inquiet.

— Je vous demande une faveur... une grande faveur. Et je ne doute pas que vous ne me l'accordiez, messieurs. Vingt des miens tués ou blessés à la cause me donneraient, déjà, le droit de l'obtenir. Mais j'en ai un autre, encore supérieur à celui-là... Je suis votre cadet à vous et je suis nouveau venu parmi vous !

« J'ai un second titre — personnel, celui-là... presque un droit. Je suis votre cadet à tous... Je n'ai pas encore dix-sept ans. Il y a quelques jours à peine que je me suis échappé du nid familial. J'avais hâte de faire auprès de vous, avec vous, mes premières armes et mon apprentissage de soldat-gentilhomme. Puisque l'occasion s'offre de vous prouver que, pour ne s'être pas ménagé au service de nos princes, le sang des miens ne s'est point affaibli en passant par mes veines, ne permettez pas, messieurs, que cette bonne fortune me soit ravie par les hasards du sort. Exemptez-moi de cette incertitude, et accueillez-moi à l'avance parmi les heureux que ces hasards favoriseront...

— Pas mal, dit M. de Valeugelier ; et il ajouta à voix basse, un peu déclamatoire : Nous aurions dit cela autrement dans notre jeunesse. N'est-ce pas, monsieur d'Antraygues ?...

Les paroles de Maubreuil, écoutées dans un grand

silence, furent accueillies à la fin par un long murmure d'approbation. Pourtant, on semblait hésiter à accorder la faveur qu'il demandait. Heureusement M. Picot de Lamoellan intervint : presque compatriote de Maubreuil, envoyé du général Cadoudal, nul n'était mieux autorisé à rappeler tout ce qu'avaient fait pour la cause royale, dans l'Ouest, la famille de Guerry de Maubreuil et celle d'Orvault, à laquelle le jeune comte de Maubreuil était allié par sa mère.

Il rappela enfin que Marie-Armand de Maubreuil se présentait sous la tutelle de M. de Valeugelier et que, bien que celui-ci fût devenu un peu trop libéral, dit-il en souriant et se tournant vers lui, il importait que les royalistes lui témoignassent de leur respect et de leur reconnaissance pour tous ses services en adoptant son *pupille* comme le leur.

Maubreuil fut donc accepté par acclamation, à sa grande joie et à celle de la Saint-Huberti, qui donna le signal des applaudissements.

Cependant, chacun avait inscrit son nom sur les bulletins préparés; Mazeline les ramassait et les mettait en un chapeau, tandis que deux jeunes gens venaient inviter madame de Cimery à les tirer.

— Vous n'avez pas inscrit votre nom, monsieur d'Antraygues? demanda M. de Valeugelier. Vous n'en êtes donc pas, de cette expédition?

— Sir Greenwood, répondit d'Antraygues, Lagrimaudière, le Rémouleur lui-même estiment que ma présence ne serait pas utile, qu'elle serait plutôt imprudente; n'est-ce pas, sir Greenwood?

— En effet, répondit l'Anglais, c'est affaire de jeunes gens, ces expéditions-là, mais non d'hommes comme MM. d'Antraygues et de Valeugelier; car vous n'en êtes pas, non plus, monsieur le marquis?

— Non, monsieur, répondit celui-ci très fermement et en fixant sur l'Anglais un regard qui lui arrêta le sourire sur les lèvres, parce que je blâme ces aventures de grand chemin où des gentilshommes comme monsieur — et il désigna de Maubreuil — s'encanaillent avec des bandits. Je comprends qu'on tue, qu'on pille, qu'on vole même. C'est la guerre... Pouah!... mais au moins faut-il choisir ses compagnons...

Le tirage avait commencé; chacun se tut pour entendre madame Solange prononcer le nom des élus. Le premier qui sortit fut celui de Picot de Lamœllan; le second, celui de M. Ligny...

— Je vous serai reconnaissant, monsieur d'Antraygues, dit M. de Valeugelier, de me renseigner sur les qualités de tous ces messieurs. Je suis nouveau ici : qu'est ce M. Ligny?

— Un ancien valet de chambre de M. le duc d'Orléans!...

Le marquis pouffa :

— Au moins, celui-ci a de la reconnaissance de la livrée qu'il a portée et des coups de pied au cul qu'il a reçus...

Le sort désigna en outre M. Rochelle, avocat; M. le vicomte Junet de Collery, de retour d'émigration depuis quelques jours à peine; M. Caupine, prêtre, réfugié chez madame Solange de Cimery, chez laquelle il officiait dans une oratoire secret;

Desponelles, ex-maréchal de logis avant la Révolution ; Changrand, fait récemment chevalier de Saint-Louis par le comte d'Artois pour plusieurs voyages accomplis, à son service, entre la France et l'Angleterre, et enfin M. Monchinet, ex-perruquier à la cour, et qui avait eu l'honneur de coiffer quelquefois la princesse de Lamballe. La troupe était maintenant au complet.

— Vous êtes satisfait, monsieur de Maubreuil ? railla le marquis, et vous aussi, madame la comtesse d'Antraygues ?...

Après de bruyantes ovations aux élus, les uns retournèrent à leur table de jeu, les autres se dispersèrent dans la salle par petits groupes : quant à Mazeline, il recueillait tous les bulletins et les mettait dans sa poche.

— Il ne faut pas laisser traîner ces petits papiers, répliqua-t-il à madame Solange : je vais les brûler prudemment.

Et tout doucement, de son pas menu et furtif, il sortit de la pièce par une petite porte du fond sans qu'on fît attention à lui.

M. de Valeugelier s'était levé et, ayant fait signe à M. de Maubreuil, il l'attira un peu à l'écart.

— Monsieur, lui dit-il, j'ai grand regret à tout ceci. Les débuts décident souvent de la vie. Cette aventure commence mal la vôtre.

Maubreuil fit un mouvement. Le marquis s'empressa d'ajouter :

— Je ne vous fais point de reproche. Vous ne pouviez faire autrement : c'est une chose fâcheuse, mais assez fréquente, que l'honneur nous contraigne à faire des choses contre l'honneur. D'abord un conseil : soyez circonspect, prudent et défiant ; j'ai de grandes appréhensions, moins encore sur ce bandit que sur ce Lagrimaudière et son acolyte. Je vais vous demander une promesse — une promesse de gentilhomme.

— Parlez, monsieur !

— L'assassinat vous répugne, sans nul doute, comme à moi. Je suis donc sûr que, si coupable que soit le citoyen Crassous — ou qu'il nous le paraisse — vous rappellerez à ces gens l'engagement pris de ne pas toucher à sa vie. Mais, il n'est pas seul : il y a près de lui une femme ; — vous m'assurez, monsieur, que vous ne permettrez pas qu'il lui soit fait aucun mal, ni même aucune injure ! Je la mets, vie et honneur, sous votre protection. C'est promis ?

— C'est juré, monsieur ! fit Maubreuil en étendant la main.

— C'est bien, dit le vieux marquis en serrant la main du jeune homme. Vous êtes impatient, je le comprends, de retourner auprès de madame Saint-Huberti. Il y a deux sortes de femmes, monsieur : celles qu'il faut servir à genoux et celles dont on peut se servir. Madame Saint-Huberti n'est pas de la première catégorie, soit dit sans vous offenser, monsieur !

En remontant la pièce vers le fond, ils se croisèrent avec un groupe qui la descendait lentement, composé de d'Antraygues, sir Greenwood, Picot de Lamœllan et d'une quatrième personne qui, tout à l'heure, lors de l'appel du sort, avait répondu au nom de Caupine. Ce dernier, d'allure vive et décidée, de gestes nerveux et pourtant méthodiques en quelque sorte, forçait l'attention par l'impérieuse ténacité de son regard, l'arc brutal de ses lèvres fortement tirées aux commissures, et l'expression de volonté farouche, rusée et patiente épandue sur toute sa physionomie. Il épiait attentivement M. de Valeugelier et Maubreuil, et, quand il les vit se rapprocher, fit un signe à d'Antraygues, qui se retourna et sourit au marquis.

— Eh bien ! monsieur le marquis, lui fit-il, êtes-vous satisfait ?

— Est-ce une demande banale que vous me faites, lui répondit M. de Valeugelier, ou si vous me questionnez sérieusement ?

— Sérieusement, mon cher marquis, très sérieusement.

— Eh bien ! mon cher d'Antraygues, mon impression est telle que je suis tout prêt à hâter moi-même M. de Maubreuil à prendre la décision que je blâmais avant-hier. Je suis d'avis que M. de Maubreuil quitte au plus tôt Paris, et rejoigne le duc d'Enghien à l'armée des Princes. Je prierai M. Picot de Lamœllan, lorsqu'il va aller dans l'Ouest, de bien plaider cette cause auprès de ma vieille amie madame Ménardeau de Maubreuil...

— Je le ferai d'autant plus loyalement, monsieur le marquis, que mon impression est la même ; et c'est précisément ce que j'exprimais tout à l'heure à ces messieurs ; je tiens, en effet, qu'un gentilhomme comme M. de Maubreuil n'a que deux partis à choisir : ou servir sous le général Cadoudal ou servir sous monseigneur le duc d'Enghien.

— D'où il faut comprendre, — dit d'Antraygues avec quelque amertume — que M. de Lamœllan ne daigne pas approuver ce que nous faisons ici.

— Je ne blâme ni n'approuve. Mais à chaque tempérament son œuvre. Ce peut être ici la place des diplomates, des politiques et des conspirateurs du parti. Je crois M. de Maubreuil, par sa naissance et par son âge, plus apte à la guerre des champs de bataille qu'à celle des grands chemins.

— Il est d'autant plus utile, intervint sir Greenwood, avec la même froide et presque insaisissable ironie, que des gens comme monsieur se rendent à l'armée du prince de Condé, que cette armée se trouve dans un état lamentable. Lorsque, le 4 mai de cette année, le comte de Provence voulut la passer en revue, il put constater lui-même que ce n'était qu'un squelette d'armée. Il y avait bien là beaucoup d'anciens régiments, de glorieux régiments — régiment d'Auvergne, régiment du Nivernais, régiment de Flandre, du Languedoc... Mais chacun était représenté par vingt ou trente hommes sur lesquels il y avait quinze ou vingt officiers... Point de soldats. Et des cadres un peu vieux. Des gens comme vous, monsieur, la rajeuniraient... Ce n'est guère qu'une garde d'honneur de cinq à six mille hommes qui coûte à l'Angleterre autant qu'une armée de cent mille hommes.

» Le jour où vous serez décidé, monsieur, ajouta-t-il, à rallier l'armée des princes, je compte que vous me ferez l'honneur de venir me trouver. Je pourrais, d'abord, vous faciliter votre départ de France, et peut-être vous être utile autrement encore. Je vous engagerai même à ne pas vous rendre auprès du duc sans passer en Suisse et y avoir une entrevue avec M. Wickam...

— Je vous suis infiniment obligé, fit Maubreuil, et très reconnaissant au gouvernement anglais des sacrifices (et il insista âprement sur le mot) qu'il veut bien faire ; mais, par bonheur, je puis mettre au service de la cause, non seulement ma personne, mais une fortune qui me permettra de n'être pas à la charge de sir Wickam.

— Ah ! fit sir Greenwood, vous êtes orgueilleux : c'est bien. La main, s'il vous plaît, monsieur.

— Eh ! qui vous savait là, belle dame ? fit le marquis en se retournant vers madame Saint-Huberti, qui venait d'approuver d'un bref éclat de rire la réponse du jeune homme.

— Oui, monsieur le marquis... C'est moi, fit-elle avec une révérence. Je pense que vous avez assez occupé M. de Maubreuil à des affaires sérieuses et que vous allez un peu me le rendre pour ma partie de reversi ?

— Allez ! allez, monsieur, fit le marquis. Avez-vous de l'argent !...

— Oui, monsieur, répondit de Maubreuil, qui s'apprêtait à suivre madame Saint-Huberti.

— Beaucoup d'argent ? insista M. de Valeugelier.

Et, tirant de sa poche une bourse pleine d'or :

— Prenez, monsieur de Maubreuil, dit-il ; vous en aurez besoin. Vous perdrez... pour sûr...

— Comme vous dites cela, monsieur le marquis ? observa la Saint-Huberti, regardant fixement le marquis.

Mais celui-ci, se penchant galamment vers elle, lui dit à voix basse, à l'oreille, en badinant :

— Voulez-vous que je lui souhaite de gagner ?...

— Ah! oui!... fit-elle en riant ; le proverbe !... malheureux au jeu...

— Heureux en amour, oui, madame ! acheva le marquis.

Et prenant M. de Maubreuil par le bras, et s'appuyant câlinement sur lui, la Saint-Huberti le mena à une table de jeu où les attendaient d'autres personnes.

— Décidément, se dit le marquis à part lui, tout guilleret et souriant, M. d'Antraygues est un grand philosophe !

LIVRE TROISIÈME

L'AVENTURE

I

NEUILLY-SUR-MARNE DANS LA SOIRÉE DU 5 NIVOSE AN VI

A cette époque, Neuilly-sur-Marne était un petit village de sept cents habitants à peine; il était traversé dans toute sa longueur par la route de Nogent à Chelles qui, avant de le quitter, obliquait à gauche : là, elle était rejointe par le chemin de Ville-Evrard qui débouchait à droite et elle y formait, avec lui, une place triangulaire, sur laquelle donnait le pan coupé d'une maison située entre les deux voies. C'est en cette maison que se trouvait le principal et peut-être, alors, le seul cabaret du village, qui avait sa principale issue sur la place, mais s'ouvrait également par deux petites portes sur chacune des deux routes.

Cette place concentrait toute la vie, toute l'existence et le peu de commerce du village : avant d'y arriver, on y trouvait à droite — quand on venait de Nogent — la forge du maréchal-ferrant contiguë à une sorte d'auberge qui servait en même temps de poste de relai aux diligences.

La soirée était froide, et toute menaçante d'un ciel bas et nuageux. Mais, quoiqu'il fût déjà tard, il était près de dix heures, le cabaret était encore tout éclairé et il en sortait une vague rumeur de voix. C'est que, tout à l'heure, venait d'arriver une escouade de gens de police, dix ou douze avec leur chef; et ils s'y étaient attablés, disant qu'ils attendaient des ordres. Quelques paysans les entouraient les tâtant de matoises questions, pour savoir d'où ils venaient, où ils allaient. A quoi les policiers répétaient invariablement qu'ils l'ignoraient et qu'ils ne le sauraient précisément que quand ils recevraient les ordres qu'ils attendaient.

— *C'est-i* que vous allez arrêter quelqu'un? demandait l'un.

— Nous n'en savons rien !

— *Je créions ben putôt*, disait l'autre, *qu'i a quéque manigance* des chauffeurs là-dessous !

Et, saisi tout à coup d'épouvante :

— *Ce serait-i*, haletait-il en baissant la voix, que les brigands sont par *cheux* nous ?

— C'est le citoyen Crassous qui aura mandé ces braves gens, opinait un troisième. Il a le bras long. Et c'est la Providence de notre endroit que cet homme-là !

— Et *c'est-i*, questionnait encore un autre avec cette patiente obstination paysanne, *c'est-i* la bande au Rémouleur que vous épiez, ou celle à Jean Le Roux ?...

La salle était basse, longue et étroite, s'élargissant un peu vers le fond, dans lequel s'élevait le comptoir du cabaretier : elle n'était éclairée que par deux lampes, d'une faible lueur de quinquet, suspendues au plafond, l'une au-dessus du comptoir, l'autre au-dessus des tables autour desquelles étaient assis les policiers — et la lumière était si vague et si brumeuse qu'à peine pouvait-on distinguer, en un coin du cabaret, l'un d'eux, nonchalamment étendu sur deux chaises, et, du coude appuyé sur une table voisine, se soutenant la tête en sa paume gauche...

— Et lequel des deux, dit-il au paysan qui venait de parler, de Jean Leroux ou du Rémouleur, aimeriez-vous mieux voir pendre le premier !

— Dame ! répondit en riant le paysan, je ne savons point ; mais not' préférence serait qu'ils le soient tous les deux ensemble pour se tenir compagnie.

— C'est fâcheux, mon bonhomme, que vous soyez si exigeant. Vous ne pourriez pas vous contenter, pour aujourd'hui, du Rémouleur ? Vous l'attendriez avec nous ?

— Ah !... de vrai ?... de vrai ?... C'est pour le Rémouleur que vous êtes ici... Il est ici ?... Il est donc à Neuilly ?

— Il n'y est pas, il y sera bientôt...

— Et... par où qu'il viendra ?...

— Ah !... il ne nous a pas prévenus... Par ici, par là, de ce côté ou d'ailleurs...

Au nom du Rémouleur, tous les paysans étaient

accourus, et ce n'était parmi eux qu'un murmure terrifié ?

— Le Rémouleur... Le Rémouleur...

Et ils se regardaient les uns les autres avec des faces d'angoisse dont les policiers riaient, tout haut, bruyamment.

— Eh ! qué que vous fichez là, alors ! dit un paysan avec colère... Ne seriez-vous pas mieux à les guetter par les routes ?... Bien sûr qu'ils ne viendront pas vous chercher ?

— Nous sommes bien avertis qu'ils doivent attaquer une maison du village, répondit toujours le même policier... Dame !... nous ne savons... Nous le saurons quand ils auront commencé l'attaque...

— Et pendant ce temps-là, alors, ils peuvent nous assassiner !...

— Vous êtes prévenus. Tenez-vous sur vos gardes et défendez-vous. Nous irons à votre secours.

— Ces fainéants ! bougonna une voix furieuse... Vous verrez qu'ils nous laisseront massacrer...

Les policiers riaient de plus belle.

— Restez avec nous, bouffonnaient-ils ; vous nous aiderez. On n'est jamais trop contre Le Rémouleur.

Tout à coup, à un impérieux :

— Assez causé !

Ils se turent, et les paysans, serrés de peur les uns contre les autres, se retournèrent d'un même mouvement vers l'endroit d'où était parti cet ordre. Le policier que nous avons vu tout à l'heure étendu dans un coin du cabaret, sur deux chaises, s'était levé et s'avançait, trapu, les épaules carrées, se berçant un peu en avant d'une allure de fauve, massive mais non sans grâce. La figure était jeune, et presque aimable, sans des yeux au regard dur et bref dans lesquels passaient parfois comme des lueurs métalliques. Dès qu'il eut parlé, il se fit un silence subit : il était le chef évidemment :

— Ne retenez pas davantage ces rustres, leur dit-il. Nous n'avons point le temps de nous amuser, et encore moins de nous embarrasser de leur poltronnerie... Vous, retournez chez vous, il sera malsain pour vous, peut-être, d'être dehors tout à l'heure... Enfermez-vous bien dans vos maisons... Et quoi que vous entendiez, n'en sortez pas ! Il n'y aurait que des coups à recevoir... Allons ! vite, décampez : dans quelques minutes, il serait déjà trop tard...

Il ouvrit la porte largement : et, un à un, les paysans défilèrent sous son geste et sous son regard, se hâtant de regagner leurs demeures. Mais lui resta sur le seuil : il écoutait et, à un signe qu'il adressa à ses hommes, tous se levèrent et vinrent s'entasser derrière lui.

— Le voici ! leur dit-il.

Et, en effet, on entendait sur la grande route, dans la sonorité mate de la nuit, s'approcher le bruit d'un galop de cheval...

Le chef policier attendit que le bruit se fût encore rapproché ; alors, il émit un long sifflement, d'abord lent et égal, puis qui s'interrompit tout-à-coup pour se précipiter ensuite en stridulations saccadées, brèves et tremblantes — trillées comme un chant d'oiseau. Dès qu'il eut fini, un autre sifflement, à quelque distance, lui répondait, mais bref et d'un seul jet.

— Allons, fit-il, en se retournant vers ses hommes, — point d'encombre. — Tout va bien. Allez vous préparer.

Et, tandis que chacun d'eux s'en retournait à sa place, pour prendre un objet laissé ou achever simplement de vider le verre entamé, il faisait quelques pas au dehors, et, bientôt, un cavalier mettait pied à terre devant lui.

— Rien de suspect? lui demandait-il.

— Rien.

— L'embarquement de nos gens dans les deux berlines s'est bien opéré près de Chelles ?

— Sans la moindre contrariété.

— Vous y avez assisté ?

— Je n'ai pas voulu partir avant qu'ils y fussent tous bien installés.

— C'est Lagrimaudière qui est sur le siège de la première voiture ?

— C'est lui. Il a, à côté de lui, cet individu que j'ai entendu appeler Picot.

— Ah! oui! Picot de Lamœllan, un gêneur! Et la femme, la Saint-Huberti, dans quelle voiture ?

— Dans la première aussi, avec le jeune homme en question.

— Vous êtes partis avant ou après eux?

— En même temps. Mais j'ai donné de l'éperon à ma bête, et j'ai sur eux une bonne avance. D'autant qu'ils marchent lentement. D'ailleurs, il ne faut pas qu'ils soient à Ville-Evrard avant minuit.

— Personne sur la route?

— Personne!

— Je n'ai qu'une inquiétude, fit-il en baissant la voix.

— Laquelle?

— Eh! de rencontrer quelque patrouille de ce diable de général Lemoine. Depuis qu'il commande la dix-septième division militaire, on est toujours en alerte, jusqu'à dix lieues autour de Paris...

— Et ses soldats sont de farouches patriotes, avec lesquels la plaisanterie n'est pas commode.

— Bah! conclut le chef en riant : *à l'azard Balthazar!*

Puis, reprenant son interrogatoire :

— L'homme, vous l'avez vu?

— Oui, comme il était convenu; il m'attendait à l'angle du mur du parc de Ville-Evrard, sur la grand'route.

— On ne se méfie de rien au château?

— De rien.

— C'est bien. Vous devez avoir besoin d'un cordial? Venez prendre quelque chose et vous repartirez.

— Vous n'avez plus besoin de moi?

— Non, fit le chef en souriant. Pour cette nuit, votre rôle est terminé. Et puis votre cheval serait embarrassant.

Le cavalier noua la bride de sa monture à un volet du cabaret et suivit le chef qui venait d'entrer.

Ils se dirigèrent vers le comptoir où le cabaretier se tenait, en apparence plus mort que vif, et n'osant bouger ni souffler mot...

— Un verre de rhum pour le citoyen ! ordonna le chef, et la bonne mesure !...

Le cabaretier obéit, mais il tremblait tellement qu'il versait plus à côté que dans le verre...

— Est-ce là ce que tu appelles la bonne mesure, maladroit ?... Mais je crois que tu trembles ! fit le chef.

Puis, le regardant d'un air terrible :

Aurais-tu peur de la police, par hasard ? Serais-tu un mauvais patriote, quelque ci-devant déguisé ?... Il y en a tant en ce moment !

— Le citoyen officier plaisante... haletait le pauvre diable. Mais êtes-vous bien sûr de rencontrer Le Rémouleur, citoyen ? Et si, pendant que vous le cherchez là-bas, il venait ici...

— Eh bien ! tu le recevrais, fit le cavalier.

— Nous prends-tu pour un maladroit comme toi ? reprit le chef. Nous ne manquons jamais nos coups, nous, et tu peux être certain que là où nous irons, Le Rémouleur y sera aussi.

Tous les policiers partirent d'un long et bruyant éclat de rire ; le cabaretier tira du profond de sa poitrine un grand soupir de soulagement.

— Tiens ! lui fit en lui jetant une pièce d'or sur le comptoir celui qu'il appelait citoyen officier, voilà pour achever de te rassurer.

Le cabaretier s'empara de la pièce et, la considérant attentivement :

— Une livre sterling ! s'écria-t-il.

— L'or anglais te fait peur aussi ? Tu crains de passer pour un conspirateur, pour un agent de l'Angleterre ?...

— Oh! non! Mais je n'ai que des assignats à vous rendre...

— Qui te demande tes papiers? Garde-les pour récurer tes poêles à frire et garde la pièce aussi.

— Ah! merci!... citoyen officier... murmurait le cabaretier confondu...

Mais le chef ne l'écoutait plus : il faisait signe à ses hommes de partir : en une seconde il était obéi et lui sortait le dernier.

Arrivé sur le seuil, il se retourna :

— Maintenant, ferme ta boutique, dit-il au cabaretier; mais rappelle-toi d'ouvrir et de ne pas nous faire attendre si nous repassons par ici cette nuit. Nous frapperons trois fois comme cela...

Et il appliqua trois coups de poing formidables sur la devanture du cabaret.

— Et si nous avons fait prisonnier Le Rémouleur, tu pourras faire sa connaissance, puisque tu as tant envie de le voir...

Et il sortit rejoindre ses hommes. Le cavalier était remonté en selle ; après des poignées de main et quelques paroles échangées avec le chef, il partit au galop dans la direction contraire à celle par où il était venu. Il remontait la grand' route vers Nogent.

Puis, les policiers se séparèrent en deux groupes, dont l'un prit à gauche la grand' route et l'autre, ayant le chef à sa tête, prit le chemin de droite qui conduisait à Ville-Evrard.

— Tout est bien convenu, bien entendu? fit le chef.

— Bien entendu et bien convenu. Sois tranquille,

répondit celui qui paraissait avoir le commandement du premier groupe.

— A tout à l'heure! donc.
— A tout à l'heure!

II

SUR LA GRAND' ROUTE

Il était près de minuit, et tout le long du mur de Ville-Évrard la grand' route était absolument déserte. L'obscurité y était d'ailleurs profonde et les nuages, toujours bas et immobiles, ne laissaient tamiser aucune clarté de lune ni percer aucun scintillement d'étoile.

Bientôt des rires, des éclats de voix, des claquements de fouets, des imprécations de cochers annoncèrent l'approche des deux berlines. Nous savons déjà qu'elles ont quitté Chelles sans encombre. Tout, depuis, avait donc continué de bien marcher, car voici qu'elles arrivaient devant Ville-Évrard juste à l'heure fixée.

Elles avaient déjà longé la moitié du mur quand, à un claquement de fouet du premier cocher, elles s'arrêtèrent toutes deux, et Lagrimaudière lestement descendit de son siège.

— C'est ici ? demanda de l'intérieur une voix de femme.

— C'est ici, répondit l'ancien comédien, et je vous prie de descendre pour que nous procédions à l'accomplissement de ce terrible accident.

Et il ouvrit la portière. Ce fut Maubreuil qui sortit le premier ; puis, il saisit dans ses bras la Saint-Huberti, qui riait aux éclats, et la déposa à côté de lui sur la grand' route. Bientôt tous les voyageurs étaient hors des berlines et vinrent se grouper autour de la première. La Saint-Huberti riait toujours.

— Me voici en belle tenue pour me présenter en un château, disait-elle. Voyez, monsieur de Maubreuil : je suis toute fripée comme si je sortais d'une malle.

— Madame, dit Lagrimaudière, vous allez m'obliger de vous rappeler à la situation. Il ne faut plus rire, maintenant. Et vous, mes enfants, à l'ouvrage !

— Que faut-il faire ?

— Nous allons conduire la voiture jusqu'à l'extrême bord de ce fossé — de celui de droite dont un talus forme l'autre rebord ; car là on peut tomber sans risquer de se faire mal, tandis que de l'autre côté, on tomberait contre la muraille du parc ; or, je ne suppose pas que madame d'Antraygues veuille pousser la vraisemblance jusqu'à se procurer des contusions ou des ecchymoses, se fouler la jambe ou le poignet, et s'endommager le visage de meurtrissures...

— Vous avez raison de ne pas le supposer, répondit-elle.

— Quand nous aurons déposé la voiture sur la crête même du fossé, vous, messieurs, vous en soulèverez la caisse, tandis que je dévisserai la boîte d'une roue de l'arrière. Ce travail fait, je jetterai cette boîte, là, dans le champ, le plus loin que je pourrai... Pas de crainte qu'on s'avise, cette nuit, de l'y chercher; l'y trouver, c'est autre chose ! Puis, j'enlèverai la roue, que je laisserai rouler au fond du fossé; et, en même temps, vous lâcherez la voiture, qui s'affaissera sur le talus, si elle ne s'y verse tout à fait...

— Et le cheval?... questionna-t-on.

— Ah ! le cheval !... dame !... il sera entraîné, naturellement ; et, en se débattant, il cassera les brancards... Tant mieux ! L'accident n'en paraîtra que plus authentique. Remarquez que cette nuit, si sombre, nous est admirablement propice... La réputation de votre cocher — et il salua magnifiquement — n'en souffrira pas !... Le moyen de discerner le fossé en une telle obscurité !... Vous y êtes, messieurs ?

Et il en fut fait comme l'avait dit le comédien, les choses se succédèrent tout juste telles qu'il les avait prévues. La berline se renversa au bord du fossé; le cheval, en se débattant, brisa les brancards et y tomba lui-même... Enfin Lagrimaudière s'y précipita à son tour et reparut tout couvert de terre, nu-tête, défait et sa houppelande à moitié déchirée...

— On ne comprendrait pas, dit-il en riant, que je ne sois pas tombé de mon siège. Il faut que l'illusion soit complète... — Maintenant, à vos rôles, madame et messieurs...

— Faut-il aussi nous jeter dans le fossé? murmura la Saint-Huberti.

— Non, madame, ce n'est pas nécessaire. Il est certain, dit-il en riant, que lorsque l'accident se produisit, ces messieurs vous prirent dans leurs bras et vous transportèrent sur la route. Mais eux, ils y ont, au moins, piétiné, dans le fossé, et il serait incompréhensible que leurs chaussures n'en eussent rien gardé. — La paroi et le plafond même de la tranchée doivent porter les traces de leurs pas, de leurs glissades — bien appuyées même... car ils vous en ont remontée, madame, ne l'oubliez pas...

Et tous s'élancèrent en riant dans le fossé, y courant, le montant et le redescendant, tandis que Lagrimaudière restait sur la route avec la Saint-Huberti.

— Et maintenant, camarade ! lui disait-il familièrement, distinguez-vous ! il faut crier comme si on vous assassinait, tomber en syncope et y rester aussi longtemps qu'il faudra, et surtout savoir en sortir au moment opportun.

Cependant, le cheval, en des efforts pour se dégager des traits et des brancards rompus, donnait de terribles secousses à la voiture qui menaçait de tomber au fond du fossé, les roues en l'air.

— Dépêchez-vous ! cria Lagrimaudière, et tandis qu'avec Mazeline et deux ou trois de vous, messieurs, nous essaierons de relever le cheval, vous — criez, hurlez, vociférez, courez sur la route, ouvrez et fermez bruyamment les portières, brisez les carreaux, appelez au secours, empressez-vous auprès de madame, et apprêtez-vous à la soutenir et à la porter, car elle va défaillir !

III

L'HOSPITALITÉ

Un vaste vestibule, pavé de losanges de marbre blanc et noir, et à hautes colonnades — entre lesquelles s'élevaient des statues dont les bras soutenaient des lampadaires — partageait en deux le rez-de-chaussée du château : par deux issues se faisant face et terminées chacune par de larges perrons, ce vestibule s'ouvrait d'un côté sur une immense pelouse entourée d'arbres ; de l'autre, sur une large avenue qui longeait, parallèlement au château, le mur de la ferme dissimulé par un épais rideau de grands arbres et d'arbustes.

Quand on entrait dans le vestibule par cette avenue, on avait à gauche, d'abord un corridor qui menait à un autre vestibule, puis un grand et somptueux escalier, et enfin la porte de la salle à manger ; à droite, le même corridor, qui aboutissait au salon, et enfin la porte de la salle de billard.

Le salon occupait tout le derrière de la maison

avec un petit boudoir qui se trouvait entre cette pièce et la salle de billard : Ce salon prenait vue par quatre fenêtres sur une autre pelouse, — au delà de laquelle s'apercevait le canal, bouqueté de trois îles boisées, — et, un peu à droite, sur un quinconce de grands arbres dans lequel on accédait du dehors par un pont fermé d'une grille à chacune de ses extrémités et établi par-dessus une tranchée maçonnée, où étaient cultivées des plantes plus frileuses et même des figuiers dont les feuillages affleuraient à peine le pont, tant la tranchée était profonde en cet endroit. — C'était, on s'en souvient peut-être, dans la partie du parc très boisée attenant à ce quinconce que devaient se tenir prêts les hommes du Rémouleur.

Ajoutons, pour préciser la vision aussi exacte que possible des lieux, que les fenêtres étaient à peine élevées d'un mètre au-dessus du sol, tout autour du château, et que toutes celles qui donnaient sur l'avenue de la ferme — sauf la dernière de droite qui appartenait au salon, et les deux dernières de gauche qui étaient celles des cuisines — étaient les fenêtres du corridor qui reliait l'une à l'autre les deux parties du rez-de-chaussée.

Le premier étage répétait les mêmes dispositions : par exemple, au salon, à la salle de billard et au boudoir correspondaient les chambres du citoyen Crassous et de sa femme, un petit cabinet de toilette commun entre les deux chambres et un second boudoir réservé à la « citoyenne » Julie. De l'autre côté, étaient le cabinet de travail, la bibliothèque et deux ou trois chambres d'amis. Au second, se trouvaient encore d'autres chambres d'amis et les logis de la domesticité.

Or, ce soir-là, exceptionnellement, les châtelains de Ville-Evrard n'étaient pas, à cette heure, encore retirés dans leur appartement du premier. Julie Crassous s'était sentie inquiète d'une de ces vagues appréhensions féminines, indéfinissables, et en quelque sorte instinctives. Elle avait cru s'en distraire en rêvant sur sa harpe quelques-uns de ses airs favoris.

Les cheveux très noirs et très abondants, relevés à la grecque sur le haut de la tête et dont une tresse, annelée de boucles, ceignait comme d'un bandeau le front large souligné de deux sourcils noirs comme la chevelure et d'une courbe fine et déliée, elle présentait encore, par son teint mat de rose séchée, son nez de beauté presque classique, le rouge ardent et passionné de ses lèvres, le type achevé de la femme du Midi : et ses grands yeux noirs, ombragés de longs cils, des yeux de brebis, profonds, pensifs et tristes, éclairaient toute sa physionomie de bonté et de douceur.

Assise auprès de la cheminée où flambait un grand feu de bûches, elle était vêtue d'un peignoir de cachemire paille floqueté de nœuds de rubans roses ; et, sous la frange du peignoir relevé par ses jambes croisées, ses pieds, qu'elle avait très petits, apparaissaient chaussés de cothurnes dont les rubans s'enlaçaient au-dessus des chevilles et montaient le long du mollet.

Elle cessa tout à coup de chanter pour suivre

d'un regard inquiet son mari, qui se promenait de long en large à travers la pièce, s'arrêtant quelquefois tout songeur.

— Comment ne veux-tu pas, mon ami, lui dit-elle, que je sois inquiète, à te voir si préoccupé toi-même?

— Mais tu sais bien, lui répondit-il en souriant, que ces préoccupations n'ont rien de personnel... Ce sont toujours les mêmes... J'ai très sincèrement secondé Barras au 18 Fructidor... Coup d'Etat?... oui, pardieu, coup d'Etat!... Fallait-il laisser les royalistes faire le leur contre nous et, avec la complicité de Pichegru et de l'étranger, nous imposer la contre-Révolution?... Nous les avons devancés, voilà tout. C'était notre droit. C'était notre devoir! Ce que j'ai fait, je le referais... Mais, halte là! reprit-il en reprenant sa promenade, voici qu'après avoir frappé à droite, la politique du Directoire oscille à frapper à gauche. Je ne veux pas de ce jeu de pendule!... Nous n'avons pas trop, pour résister à la réaction, de ce qui nous reste d'énergies et de forces révolutionnaires... on essaie encore de les diviser, de les affaiblir, de les décourager, dans l'espérance de les anéantir demain. Le soir même, après la fête nationale offerte à Bonaparte, je l'ai dit à Barras : « Que croyez-vous faire? Vous ménager, entre ces deux extrêmes, un parti neutre de modérés, d'indifférents, dans lequel vous comptez concilier, par la corruption, quelques éléments des deux autres?... Craignez de réussir plus que vous ne voudrez! Et regardez autour de vous : celui qui en profitera, c'est vous-même qui l'avez créé... » Et comme il fixait sur moi des yeux qui semblaient vouloir me sonder : « Eh ! ai-je dit en haussant les épaules, je lis son nom dans vos yeux comme vous le lisez sur mes lèvres... Le tyran que vous nous préparez s'appelle Bonaparte !... — Je le crains comme vous, me répondit-il, et n'avez-vous pas remarqué, ajouta-t-il avec colère, l'insulte qu'il nous a faite pendant le repas ? Il a affecté de ne toucher à aucun plat comme s'il eût craint d'être empoisonné, et c'est un mot d'ordre parmi ses amis de faire courir le bruit que nous voulons, à tout prix, nous défaire de lui... — Eh bien ! alors, repartis-je, agissez ! — Et comment ? — Mettez-vous hardiment à la tête de la Révolution. — Je le ferais volontiers... mais je ne serais pas suivi. Les excès de la Révolution ont fatigué tout le monde, même les républicains. Le mot de Tacite n'a jamais été si vrai : « Tout est prêt pour la servitude. ». La discussion s'engagea là-dessus, et fut assez vive. Nous nous quittâmes fort courroucés l'un et l'autre : « Ce que vous n'osez pas faire, nous le ferons ! lui déclarai-je. — Qui, vous ? me fit-il. — Tous ceux qui ne veulent pas que tant d'efforts, tant d'héroïsme — tant de sang aussi — n'aient été qu'un sacrifice inutile offert à la fortune d'un seul homme ! » Et, en effet, ma décision est prise : nos amis ont été de suite avertis, et demain soir je réunis ici même ceux de la région, du moins les plus influents et les plus énergiques. Nous aviserons sur ce qu'il y a à faire.

Il s'arrêta devant sa femme, et, souriant :

— Voilà de quoi je suis préoccupé, ma chère Julie !... et de rien autre chose !

— Et voilà aussi ce dont je suis inquiète, dit-elle, en se levant et en allant accoter sa harpe contre le mur : encore une conspiration ? Encore des troubles ? Encore un coup d'État !... Et si vous êtes vaincus, mon cher ami ? Y songes-tu ? Si ce n'est la mort, c'est la déportation ; et je crois que je préférerais la mort et pour toi et pour moi...

— Et à rester inactif, ferais-je mon devoir et risquerais-je moins ?

— Non ! va ! fais ton devoir, mon ami, fit-elle en s'appuyant de ses deux bras croisés sur l'épaule de son mari. Tu l'as fait jusqu'ici : je t'aiderai à le faire jusqu'au bout... et que les destins prononcent !

Et elle souriait, recevant amoureusement en ses grands yeux levés le profond regard de tendresse qu'il y versait longuement...

Tout à coup ils frémirent tous deux — d'un même choc — leurs regards échangèrent la même expression d'anxiété, et les bras de Julie, comme d'eux-mêmes, se désenlacèrent de l'épaule de son mari...

Immobiles, ils écoutaient...

— Tu as entendu ?... dit-elle, haletante. Tu entends !

— Oui...

— Des cris... des appels de femme, n'est-ce pas ?

— Ils se rapprochent... Je vais appeler...

Elle le retint :

— Écoute encore... des pas !... des voix maintenant !... Oh ! mon Dieu !... mon Dieu !... Qu'est-ce qui appelle... Qu'on aille voir... mais pas toi, pas toi, je t'en prie... Reste... Ne me quitte pas... J'ai peur...

— Sois tranquille, ma chérie ! fit-il.

Et il se dirigeait vers la porte, qu'il ouvrit ; aussitôt les cris éclatèrent plus distincts, car c'étaient bien des cris, des sanglots de femme lointains encore, semblait-il. Mais tout près du château, dans l'avenue, des pas se hâtaient dans un tumulte de voix pressées...

Un domestique apparut à l'entrée du corridor, sur le seuil de la porte.

— Tu as entendu ? lui fit Crassous en allant au-devant de lui.

— Oui, et j'accourais... Ils sont là... Que faut-il faire ?

— Ouvrir, pardieu !

En ce moment, on frappait à la porte du vestibule : « Ouvrez ! » clamait une voix.

— C'est la voix du jardinier, fit le domestique en se retournant, il accompagne quelqu'un sans doute ; puis, en se dirigeant vers la porte : « Qu'y a-t-il donc ? » questionna-t-il.

— Oh ! rien ! un accident de voiture, répondit la même voix. Des gens qui demandent qu'on veuille bien les recevoir en attendant qu'on répare leur berline...

Cependant le domestique ouvrait, et Crassous, qui s'était encore avancé de quelques pas dans le corridor, voyait son jardinier s'avancer vers lui, suivi de deux personnages qui le saluèrent profondément...

L'un nous est bien connu : c'est Lagrimaudière. Nous allons faire bientôt connaissance avec l'autre.

— Oui ! citoyen, un accident... un simple accident... fit Lagrimaudière, jouant en conscience par la tenue, l'attitude et l'accent, son rôle de cocher, voici : nous ramenions à Paris, un camarade et moi, des particuliers qui ont passé la journée à Chelles. Je conduisais la première voiture... De quoi ma sacrée bête a-t-elle eu peur, là tout juste, devant le mur de votre parc...? Je ne sais... V'là tout à coup qu'elle s'emballe. Et avec ça, une nuit noire, le ciel est de poix... Je ne voyais rien à dix pas de mon siège... nom de Dieu ! — Excusez, pardon, citoyenne. — Est-ce qu'une de mes roues, tout juste celle de derrière, ne se démanche pas ? la voiture s'abat au fond du fossé. Je pique une tête dedans (dans le fossé, s'entend) ! Et ma rosse en fait autant et du coup elle me casse mes brancards... Il n'y a qu'une dame dans la société. Par guignon, c'est moi qui l'avais dans ma voiture... Elle se crut perdue... V'là qu'elle crie, qu'elle appelle au secours comme si on l'assassinait, tandis que les citoyens qui étaient avec elle dans ma caisse l'en tirent comme ils peuvent — sans mal. Ça m'empêche pas qu'elle tourne l'œil, bat des bras et des jambes, se trouve mal... Les femmes ? Vous savez !... Donc, attaques de nerfs et syncope ; puis, sur-attaques de nerfs et sur-syncope. Et, sacrédieu ! ma voiture en panne... Le village ?... Trop loin ! Et rien, rien, ni le moindre cordial, ni le moindre flacon de sels pour la ranimer, lui faire revenir les esprits, la réconforter !... Alors, quoi... La seule habitation propre, c'est ce château. Allons-y, que je fais. Nous nous risquons, moi et le citoyen. Nous sommes à une grille. Ce brave homme accourt, et il désignait le jardinier. « Le propriétaire de ce château ? que je lui demande. — C'est le citoyen Crassous, député aux Cinq-Cents, qu'il me répond. — Le citoyen Crassous ! le patriote ! Oh ! notre affaire est bonne ! » Alors, je raconte not' cas à ce brave homme : « Attendez, je passe un vêtement. » Et le voici qui ressort peu après, ouvre la grille, puis : « Suivez-nous », qu'il nous dit. Et nous voici.

Pendant cette explication, dite avec une hâtive volubilité, Julie Crassous s'était avancée jusqu'à la porte du salon : Lagrimaudière la salua profondément.

— Vite, mon ami — dit-elle à son mari — envoyez chercher cette dame... Nous tâcherons de lui donner tous les soins dont elle aura besoin... Elle pourra, au moins, d'abord se reposer et se réchauffer... Et je compte que les citoyens qui l'accompagnent voudront bien accepter, avec elle, notre hospitalité...

Ce fut le personnage que nous avons vu entrer avec Lagrimaudière qui répondit :

— Il y aurait trop d'indiscrétion à accepter, citoyenne, dit-il en s'inclinant, nous sommes en assez nombreuse compagnie, et il faut trop de temps pour réparer les avaries de notre voiture...

— Deux heures au moins, interrompit Lagrimaudière.

— Vous entendez, citoyenne ? continua-t-il. Ce serait une trop grande importunité de vous imposer notre société tout ce temps-là. Nous acceptons avec reconnaissance l'hospitalité pour la dame qui est avec nous. Nous resterons dehors à nous promener dans votre magnifique parc, si vous permettez.

— Nous ne saurions supporter cela, citoyen, insista Crassous : dites à vos amis que nous les attendons tous... Et vous, mon garçon, fit-il en s'adressant à Lagrimaudière, je mets ma ferme, gens et choses, à votre disposition. Ordonnez, et prenez tout ce qui vous sera nécessaire...

— Je n'attendais pas moins de la générosité du citoyen Crassous, déclara Lagrimaudière. Je cours porter la bonne nouvelle à nos voyageurs... Ils doivent être près du château, d'ailleurs. Et s'adressant à l'autre : « Quant à toi, citoyen, tu peux rester : ils sont assez pour amener la dame ; et pendant ce temps-là, tu expliqueras, tout au long, notre accident au citoyen et à la citoyenne sa compagne ! »

— Il a raison, dit Crassous, restez, citoyen. Mon jardinier va accompagner votre cocher, et en même temps prévenir la ferme. Vous, dit-il à son domestique, courez également réveiller et prévenir vos camarades. Qu'ils viennent vite.

Lagrimaudière se brisa en deux dans un immense salut et il sortit avec le jardinier, tandis que le domestique grimpait précipitamment l'escalier du vestibule et que Crassous indiquait à son hôte la porte du salon où l'attendait sa Julie souriante, avec un aimable geste d'invitation.

IV

LA TRAHISON

L'homme que Crassous venait d'introduire en son salon était d'assez haute stature, d'épaules carrées, fortement musclé, et, en ses attitudes un peu gauches, d'une roideur qui révélait le militaire : première impression que confirmait d'ailleurs un examen plus attentif. Un front bas, bombé, d'une intelligence un peu étroite et massive ; des yeux gris, peu lumineux, sous la proéminence d'arcades sourcillères plantées de poils roux ; le nez court, épaté, aux larges narines qui flairaient — presque canin — enfin la moustache rousse, en brosse rude, sur une bouche fortement bridée aux commissures, et ce qui transparaissait du menton, épais et lourd, sous la haute cravate, composaient une physionomie d'énergie brutale sans doute, mais surtout tenace, et dont la dureté s'excusait pourtant par une apparence de franchise.

En entrant dans le salon, il salua à nouveau la maîtresse de la maison, la remerciant de son empressement à secourir des inconnus et à leur accorder une si aimable hospitalité. L'entretien se mit naturellement sur l'accident : il raconta qu'ils étaient allés — quelques amis — passer la journée chez un camarade à Chelles ; ils s'en revenaient fort gaiement, quand le cheval de la première voiture s'emballa et la versa, avec tous ses voyageurs, dans le fossé.

Mais nous ne reproduirons pas son récit, le lecteur le connaissant déjà, car l'accident s'accomplit exactement tel que l'avait préparé Lagrimaudière.

Cependant la domesticité s'éveillait, le château s'emplissait de bruits de portes, d'appels et de pas hâtés.

— Vous permettez, citoyen, fit Julie, que j'aille donner quelques ordres.

Et elle se dirigea vers le vestibule par le corridor, dont les portes étaient ouvertes.

Les deux hommes restèrent seuls. Crassous tendit la main à son hôte et lui dit :

— Vous savez qui je suis, citoyen ; mais moi, je ne veux pas savoir qui vous êtes. Dites bien à vos amis que je veux ignorer leurs noms, — absolument ! Il ne faut pas que, pour un service si insignifiant, ils se croient tenus vis-à-vis de moi à quelque obligation qui les gêne s'ils ne sont pas de mon parti ; et s'ils en sont, il ne vaut pas vraiment d'accroître tant soit peu les sympathies qui nous lient déjà... Quels qu'ils soient donc, suppliez-les d'oublier mon nom sitôt qu'ils se seront éloignés de cette maison...

— Ma foi ! répondit l'autre d'un ton dégagé, il

y a, je pense, des uns et des autres parmi nous, et je serais fort embarrassé de vous dire quelle opinion domine...

— La condition subsiste donc — doublement — ajouta Crassous en souriant. Mais les voici, sans doute...

En effet, un piétinement confus et des rumeurs de voix s'approchaient.

— Allons à leur rencontre.

Et il s'engagea dans le corridor avec son hôte. Quand ils arrivèrent au vestibule, sa femme était déjà devant la porte ouverte, entourée de trois ou quatre domestiques, hommes et femmes, qui portaient des lumières.....

Le piétinement s'était arrêté, et les rumeurs étaient stationnaires, au bas du perron, tandis que le jardinier, qui avait tout à l'heure amené Lagrimaudière et sa compagne, en montait vivement les marches...

— Voici ces gens, citoyenne et citoyen, — dit-il à Julie et à son mari — peuvent-ils entrer ?...

Julie s'avança de quelques pas en dehors, sur le haut du perron, et, accompagnant son invitation du geste de ses deux paumes ouvertes :

— Citoyenne, dit-elle, veuillez, vous et vos amis, considérer cette maison comme la vôtre.

Cependant, le jardinier s'était rapproché vivement de Crassous :

— Vous n'avez plus besoin de moi ici, citoyen ?... lui demanda-t-il.

— Non, répondit-il, tu as prévenu les gens de la ferme ?

— Oui, et déjà ils sont partis avec le cocher et je vais aller les rejoindre sur la grand'route, voir leur donner un coup de main, n'est-ce pas ?

Et, sur la réponse affirmative de son maître, le jardinier redescendait le perron tout en hâte et disparaissait, à droite, en courant.

En ce moment, dans les lumières convergentes des lampes tenues par les domestiques, apparaissait, gravissant lentement les marches, affaissée et fléchissante, entre Maubreuil et Lamœllan, qui, chacun, la soutenaient d'un bras passé derrière la taille, la Saint-Huberti, la tête appuyée à l'épaule du premier, négligemment enveloppée d'un châle bleu lapis à larges franges d'or, sur lequel, le long de ses cuisses, gisaient, comme morts, ses deux bras abandonnés. La tête couverte d'un fichu, on ne voyait de son visage qu'une partie du front sur lequel s'emmêlaient en désordre quelques mèches blondes de cheveux et les yeux battus à demi-clos de langueur où, en spasmes subits, se révulsaient, par instants, les prunelles effarées — presque agonisantes — ; la respiration inégale haletait et la gorge se contractait en sanglots étouffés.....

Julie appela deux servantes qui se tenaient là, attendant ses ordres.

— Vite, leur dit-elle quand la Saint-Huberti fut entrée sous le vestibule, conduisez madame dans le boudoir. Tout y est prêt ? demanda-t-elle. Vous, mon ami, fit elle à Crassous, occupez-vous de ces messieurs.

Et tandis qu'une des servantes ouvrait une porte

à droite dans le vestibule, elle marchait à côté de la Saint-Huberti, qui, d'un long regard, lui témoignait sa reconnaissance, avec le geste désespéré de ne pouvoir parler encore. La seconde servante suivait le groupe, qui disparut bientôt dans le boudoir.

Crassous s'était mis en devoir aussitôt d'accueillir les cinq autres invités ; après leur avoir souhaité la bienvenue, il les conduisait au salon, où les domestiques disposaient une collation, les invitait à prendre des sièges et à se considérer — comme les y avait conviés sa femme — comme en leur propre maison.

— Permettez-moi tout d'abord de vous remercier, lui dit un de ceux qui étaient le plus proches de lui, et que nous connaissons déjà pour l'avoir vu, chez madame de Cimery, en entretien avec d'Antraygues — l'abbé Caupine — et ensuite d'admirer ! Votre château est certes, citoyen, un des plus magnifiques des environs de Paris ; mais quelque chose le surpasse encore en magnificence, c'est votre hospitalité.

— Vous l'apprécierez encore plus, cette hospitalité — intervint celui de la bande qui s'était présenté le premier avec Lagrimaudière — quand vous saurez avec quelle générosité l'exerce le citoyen Crassous.

Et il transmit à ses amis le désir formel qu'il lui avait exprimé de rester tout à fait ignorant de leurs noms.

— C'est une hospitalité vraiment antique ! — s'écria Caupine — mais vous aurez beau faire, citoyen, dit-il à Crassous : vous n'éviterez pas notre reconnaissance, et elle sera proportionnée à vos mérites. Je le jure pour mes amis comme pour moi !.....

Et il s'inclina profondément, leur adressant, par-dessous, un sourire ironique, qui se répercuta discrètement sur toutes les lèvres.....

Leur hôte, juste, les quittait à ce moment. Une porte du salon venait de s'ouvrir, et de Maubreuil et Lamœllan entraient.

— Et notre malade, comment va-t-elle ? demanda Crassous en se dirigeant vers eux.

— Aussi bien que possible, répondit Maubreuil ; mieux qu'on ne pouvait l'espérer !... Grâce aux soins si aimables et si diligents de la citoyenne Crassous.

— Ces deux dames, reprit Lamœllan, nous ont même chargés de vous dire qu'elles vont bientôt nous rejoindre ici.

Puis, élevant la voix de façon à être entendu de tous, il ajouta :

— Nous espérons donc n'avoir plus longtemps à abuser de votre hospitalité.

Crassous allait répondre, mais, par la porte entr'ouverte du boudoir, sa femme venait de l'appeler.

De Maubreuil et Lamœllan causèrent quelque temps confidentiellement. Cependant Caupine s'était emparé du bras de l'homme à l'allure militaire, et, tout en inspectant curieusement le salon, il l'entraîna loin du groupe :

— Voyons, vous, lui disait-il confidentiellement, mon cher Desponelles, auquel le commandement de l'entreprise a été confié en votre qualité d'ancien maréchal des logis des armées du Roy, vous êtes-vous bien rendu compte de toutes les circonstances ? avez-vous bien étudié les lieux ? tout exactement prévu ? C'est une de ces fenêtres qu'il faut ouvrir, n'est-ce pas ? — et il désigna d'un coup d'œil les trois fenêtres de face du salon. Bien ! et ce signal sera donné quand Lagrimaudière viendra nous avertir que la voiture est réparée ?

— Naturellement, nous en aurons besoin pour détaler, une fois la chose faite.

— Fort juste ! Et les gens du Rémouleur sont à leur poste ?... Vous les avez vus ?

— Je ne les ai pas vus.

— Non ! Il ne veut pas qu'ils nous connaissent. Vous savez ses recommandations — Caupine sourit — mais le jardinier, qui est dans nos confidences, nous a prévenus tout à l'heure, Lagrimaudière et moi.

— *Optimé !* Vous n'êtes pas inquiet, un peu, de quelques-uns de nos amis ?..... Chacun fera son devoir ?......

Le maréchal des logis sembla hésiter à répondre et, comme ils se retournaient juste pour reprendre de leur mieux leur promenade, ils se trouvèrent en face de Lamœllan et de Maubreuil, qui venaient vers eux.

— Messieurs ! fit Lamœllan, et sa voix un peu tremblante traduisait l'effort d'une émotion mal contenue, nous croyons devoir vous rappeler, M. de Maubreuil et moi, les engagements expressément pris.....

— Lesquels, mon cher enfant, repartit le prêtre, doucement.

— Il ne sera fait aucun mal ni à M. Crassous ni à sa femme.

— Puisque c'est promis, mon cher enfant... Vous ne doutez pas de nos amis ?...

Maubreuil échangea un regard avec Lamœllan.

— C'est que M. Lamœllan — dit-il avec une ironie hautaine — estime que nos amis ne sont pas nombreux ici. M. l'abbé Caupine ne veut pas y comprendre sans doute ceux du Rémouleur...

— Mais alors pourquoi vous adressez-vous à moi, mes chers enfants ?...

— Pour vous dire, monsieur, ajouta Maubreuil, que M. Lamœllan a donné sa parole, comme moi — et celles-là sont des paroles de gentilshommes qui seront tenues.

— L'honneur n'est pas seulement gentilhomme, monsieur ! protesta Desponelles avec colère.

— J'en suis persuadé, monsieur — repartit ironiquement de Maubreuil — nous le constaterons tout à l'heure.

V

LE GRAND AIR D' « ARMIDE »

. . . .

On avait achevé de prendre la collation ; disposée sur une table ronde, à dessus de marbre blanc, aux pieds d'acajou simulant des pattes de griffon, dont les ongles étaient de cuivre, placée au milieu du salon, sous le flamboiement d'un lustre à innombrables branches, où chaque tige de bronze épanouissait une fleur de cuivre, en un broussaillement de feuilles, de cuivre également. La vaste pièce était encore éclairée par des candélabres, du même style, disposés à chaque coin de la cheminée, et sur deux consoles, dont les tablettes en marbre rouge étaient soutenues par des pieds en bois d'acajou incrusté de dessins de cuivre, et appliqués dans les intervalles de trois fenêtres.

Le reste de l'ameublement se composait de fauteuils et de chaises de bois vernissé d'un blanc tendre avec des filets or et bleus, et dont les sièges et les dossiers étaient des tapisseries, représentant des paysages d'idylles et des scènes de bergeries sentimentales et de galanteries champêtres.

D'amples rideaux de lamas bleu, bordés d'une frange d'or bruni, étoffaient les hautes fenêtres ; devant la première, en entrant, laquelle faisait face au corridor, Desponelles et Caupine étaient groupés en un entretien qui semblait fort animé, avec l'ancien valet du duc d'Orléans et le perruquier de la princesse de Lamballe, Ligny et Mouchinet ; en un autre groupe, au fond à gauche, entre la troisième et la dernière fenêtre, Maubreuil et Lamœllan causaient avec un troisième personnage, le vicomte Cunet de Collery, et ils semblaient tenir en observation le premier groupe ; le citoyen Crassous était le centre d'un troisième groupe, qui se trouvait entre les deux précédents, près de la table.

Et, devant la cheminée, Julie, assise en un fauteuil, accompagnait sur sa harpe la Saint-Huberti qui, debout auprès d'elle, chantait... Elle chantait un des passages de l'*Armide* de Gluck, où naguère son double talent de chanteuse et d'actrice lui avait valu, par toutes les villes d'Europe où elle avait passé, des traînées d'ovations dont la rumeur n'était pas encore tout à fait éteinte, même à cette distance et malgré le fracas de tant de terribles événements. Et elle avait choisi le passage où Armide se désole de l'abandon de Renaud, qui va la quitter :

Renaud, ciel ! ô mortelle peine !
Vous partez, Renaud, vous partez.
Démons ! suivez ses pas ! volez et l'arrêtez !...

> Hélas ! tout me trahit et ma puissance est vaine.
>   Renaud, ciel ! ô mortelle peine !
>   Mes cris ne sont pas écoutés !
>   Vous partez, Renaud ! vous partez !
> Si je ne vous vois plus, croyez-vous que je vive ?
> Ai-je pu mériter un si cruel tourment ?
> Au moins comme ennemi, si ce n'est comme amant,
>   Emmenez Armide captive.
> J'irai dans les combats, j'irai m'offrir aux coups
>   Qui seront destinés pour vous.
>   Renaud !... pourvu que je vous suive,
> Le sort le plus affreux me paraîtra trop doux !...

Toutes les conversations s'étaient tues pour l'écouter ; tous les regards étaient fixés sur elle, et ils exprimaient autant d'étonnement que d'admiration. Jamais, peut-être, elle n'avait mis plus de passion à rendre les fureurs, les angoisses, les désespoirs de la magicienne, dont l'art restait impuissant à retenir son infidèle. Et, sensiblement, c'était à Maubreuil qu'elle s'adressait. N'était-il pas le Renaud qui menaçait, lui aussi, de la quitter pour aller rejoindre, au-delà des frontières, l'armée des princes ? Et par la bouche d'Armide, elle s'offrait elle-même à le suivre...

— Monsieur de Maubreuil, dit à voix basse et tristement de Lamœllan, je crains fort que vous n'ayez beaucoup de peine à vous défaire de votre magicienne. Souvenez-vous que la femme est le piège où trébuchent souvent les plus belles destinées.

Mais, en ce moment, Saint-Huberti finissait au milieu de frénétiques applaudissements, et tous se précipitèrent vers elle pour la féliciter et lui serrer la main.

— Oh ! madame ! s'écriait Julie Crassous qui venait de se lever, jamais je n'ai été si émue; laissez-moi vous embrasser pour le bonheur que vous m'avez donné...

Saint-Huberti sembla hésiter : mais son regard rencontra celui de Maubreuil, et elle se laissa embrasser par Julie, sans quitter des yeux ceux du jeune homme.

— Citoyenne, dit Crassous à la chanteuse, j'ai toujours regretté de n'avoir pas eu la bonne fortune d'entendre la Saint-Huberti dans ce rôle qui fut un de ses triomphes. Je n'en ai plus regret maintenant. Il est impossible qu'elle-même réunît un art aussi assuré à une âme aussi passionnée...

— De tous les compliments qu'on peut me faire, répondit-elle en souriant, celui-là m'est le plus sensible... Je suis, en effet, une élève de la Saint-Huberti.

Crassous allait répliquer, quand un coup fut frappé à la porte.

— Entrez ! fit-il, un peu impatienté.

La porte s'ouvrit, et un domestique s'effaça pour laisser passer Lagrimaudière, qui s'arrêta sur le seuil. Jamais il n'avait été si tragique. Il attendit quelques minutes que toutes les voix se fussent tues : puis il promena son regard sur tous les voyageurs et d'une voix solennelle :

— Tout est prêt, citoyens ! déclara-t-il lentement.

A ces mots, tombés dans le silence, tous les conjurés s'entre-regardèrent, tandis que Crassous et sa femme manifestaient une véritable contrariété. Cependant, les groupes s'étaient, comme par un mot d'ordre, reformés tels qu'ils étaient tout à l'heure et avaient repris leurs positions, le premier près de le fenêtre, devant l'entrée du corridor où se tenait Lagrimaudière ; le second, au milieu de la pièce, près de la table. Et, pendant que Crassous se dirigeait vers Lagrimaudière pour lui adresser quelques questions, Maubreuil et Lamœllan s'étaient rapprochés vivement de Julie Crassous, debout entre eux, et ayant à côté d'elle la Saint-Huberti.

Ce mouvement sembla avoir excité quelque colère dans les deux autres groupes qui tenaient toutes leurs têtes tournées vers les deux jeunes hommes. Mais, sans un mot ni un geste échangés, un colloque de regards, pourrait-on dire, s'était établi entre Maubreuil et la Saint-Huberti. Celle-ci paraissait inquiète, résister, hésiter... Tout à coup elle parut se décider enfin et elle se rapprocha de Julie si près qu'elle la frôlait...

— La voiture est réparée ? demandait Crassous à Lagrimaudière...

— Oui, citoyens, fit l'autre, et, non sans quelque impatience, il ajouta :

— On n'attend plus que ces messieurs. Je leur ai déjà dit que tout est prêt.

Desponelles et Caupine étaient, évidemment, les chefs de l'expédition. Tous les yeux, maintenant fixés sur eux, leur demandaient le signal, semblaient s'étonner de l'attendre encore. C'est qu'eux-mêmes étaient inquiets de l'attitude de la Saint-Huberti et des deux jeunes hommes ; précisément, Junet de Collery, un moment hésitant, venait de se joindre à eux.

Et, cependant, Lagrimaudière s'impatientait : mais, face à face avec Crassous qui se disposait à lui parler, il ne pouvait manifester son impatience que par des jeux ambigus de gestes et de regards, comme au théâtre.

Enfin, après s'être brièvement concertés à voix basse avec Caupine, Desponelles leva la main. Aussitôt, ceux des deux groupes et Lagrimaudière, d'un mouvement unanime, avec une ponctualité toute militaire, sortirent leurs masques et se les assujettirent. La Saint-Huberti aussi. Mais, à côté d'elle, les trois jeunes hommes restèrent visages découverts.

Crassous ne pouvait voir que Lagrimaudière.

— Qu'est-ce à dire, monsieur? lui cria-t-il en marchant sur lui.

Mais, en une attitude ironique d'un Scapin bernant Géronte, le comédien le salua, et l'invita, d'un geste, à se retourner.

A la vue de tous ces masques, qui, par leurs trous, dardaient sur lui d'implacables regards de haine, Crassous se sentit perdu. Plusieurs projets à la hâte, ensemble, éperdûment, se pressèrent sous son crâne. Courir à une fenêtre!... Impossible. Ils lui barraient son passage... Une seule ressource! Appeler ses gens! Et il se rua sur la porte. Mais, Lagrimaudière l'arrêtait d'un bras tendu, tandis que, de l'autre main — tragiquement et muet — il écartait sa houppelande, soulevait son gilet et montrait deux pistolets passés dans sa ceinture.

Tout cela en une seconde...

L'épouvante avait été si subite que sa femme en

restait comme foudroyée... Immobile, et un geste d'appel suspendu, livide, la bouche ouverte, les yeux démesurément dilatés en une expression de folie, elle regardait et ne semblait plus voir, les mains tremblantes autour de sa gorge, dans un geste désespéré, comme pour en arracher des cris qui l'étouffaient et avortaient en sanglots. Lamœllan et Maubreuil, à côté d'elle, la surveillaient... Tout à coup, elle réussit à pousser un cri terrible et voulut s'élancer vers son mari. Les deux jeunes hommes, doucement, la retenaient, mais elle se débattait, criant :

— Ils vont tuer... les brigands !... Au secours ! au secours !

— Madame, nous vous en supplions, dirent Maubreuil et Lamœllan, vous allez tout perdre... Ayez confiance... Nous répondons de votre vie.

Mais elle se débattait toujours.

— Laissez-moi... Ces brigands... Au secours ! au secours !

En ses efforts, pour se délivrer des bras qui l'étreignaient, elle se détourna et aperçut les visages, sans masques, des trois jeunes hommes. Un éclair d'espérance traversa ses yeux : « Oh !... vous n'en êtes pas, vous, de ces brigands... au secours... Sauvez-nous... sauvez-le. » Et elle voulait les entraîner vers son mari, qu'en ce moment même Lagrimaudière repoussait de la porte. Mais, à la vue de la Saint-Huberti, masquée, elle aussi, elle se rejeta, avec un cri étranglé d'effroi, vers les trois jeunes hommes.

La Saint-Huberti essayait de la rassurer :

— N'ayez pas peur de moi, madame, disait-elle. Je suis une amie.

— Non! madame, répétaient les jeunes gens, fiez-vous à nous. Il ne vous sera fait aucun mal...

Mais elle, désignant à son mari la porte du boudoir derrière elle : « Ici... ici!... criait-elle... Viens!... »

Crassous s'élança; mais aussitôt ceux du second groupe, postés près de la table, au milieu de la pièce, l'enveloppèrent, se saisirent de lui et le tinrent enfin immobile sous la menace de leurs poignards levés.

— Hâtez-vous! mille tonnerres! hurlait Lagrimaudière, n'entendez-vous pas?

En effet, au dehors, éclataient de confuses clameurs, dans un bruit sinistre comme un ronflement de vent d'orage dans une forêt; des pas se précipitaient dans le couloir, la porte du salon était heurtée d'une violente secousse et une voix criait, haletante :

— Au secours! citoyen Crassous... le feu!... la ferme brûle... le feu!...

Et tout à coup la voix expirait en un râle suivi du son mat d'un corps qui tombe...

Desponelles et Caupine tiraient les rideaux, ouvraient les fenêtres, poussaient les volets : une immense lueur frissonnante emplissait toute la nuit — blanche, avec des flamboiements rouges épaissis de traînées de fumées, elle ondulait sur le massif obscur des quinconces, à droite, tout proche; sur la vaste pelouse, et, au loin, sur le bois profond et les îles du canal — épanouissant, au-dessus de tout cela, des gerbes d'étincelles rouges, dans un pétillement presque de fusillade auquel se mêlait un grondement grossissant d'écluses... — Trois hommes tout à coup surgirent dans la baie de la fenêtre, enjambèrent la balustrade et bondirent dans le salon...

Ils étaient vêtus du frac blanc de la légion de police et en portaient le bonnet. Ils avaient le sabre à la main et la ceinture armée de pistolets et de poignards. Ils étaient masqués.

— Ça y est! fit l'un d'entre eux.

— Le feu?... interrogea Caupine.

— C'est la ferme qui brûle... Autant de pains que les Parisiens ne mangeront pas. Ventre affamé n'a pas d'oreilles; gare au Directoire, quand les Parisiens seront devenus sourds... ajouta-t-il en bouffonnant; et il s'avança vers le groupe qui captivait Crassous.

La vue de l'uniforme de police rendit à celui-ci un suprême espoir.

— Julie!.. cria-t-il, la police!... nous sommes sauvés! il tenta un nouvel effort pour se dégager inutilement, et les poignards s'abaissèrent jusqu'à le toucher presque, tandis qu'un ricanement lui répondait...

Cependant, le policier était maintenant près de lui et le considérait : c'était le chef que nous avons vu tout à l'heure avec ses hommes au cabaret de Neuilly, et qui n'était autre que Le Rémouleur avec sa bande d'élite.

— Oui! oui... dit-il, tu as raison, citoyen Crassous... la police! mais la vraie... celle qui s'eschargée elle-même de punir les brigands tels que toi... On va s'amuser... Laissez-le crier si ça lui fait plaisir... Je défie bien à ses gens de venir le secourir, n'est-ce pas, vous autres ?...

Cette question du Rémouleur s'adressait à d'autres de sa bande qui venaient de faire irruption par la porte du corridor, tous en agents de police. Il y avait parmi eux Mazeline, l'autre cocher, qui s'arrêta au passage à causer avec Lagrimaudière, et le *Jardinier* qu'ils amenaient devant leur chef.

A la demande de celui-ci, tous s'étaient mis à rire.

— Voilà, dit l'un d'entre eux, en présentant le jardinier, un brave homme qui nous a rendu de fameux services : il s'offre à nous guider dans le château, qu'il connaît de la cave au grenier...

— Très bien! Tu sais, dit Le Rémouleur, on ne perd pas sa peine avec nous et nous ne payons pas en assignats...

Crassous, tenu couché sur la table et entouré de cinq à six conjurés qui le menaçaient de leurs poignards, releva la tête d'un effort et jeta un cri : « Misérable... » qui fut aussitôt étouffé par la paume ouverte que Le Rémouleur lui abattit violemment sur la bouche...

— Citoyen député, bouffonna-t-il, tu n'as pas la parole... Pour le moment, attends que Le Rémouleur t'interroge !...

Un long soupir sangloté attira l'attention du Rémouleur vers le fond de la pièce; Julie venait de défaillir entre les bras de la Saint-Huberti et des jeunes hommes qui la soutenaient, inerte comme un cadavre, et la menaient vers le canapé...

— Pourquoi donc, interrompit le bandit, ces messieurs ne sont-ils pas masqués?...

— Témérité de jeunes gens!... fit l'ex-brigadier Desponelles, en haussant les épaules...

— Une témérité qui nous compromet tous à la fois, répondit Le Rémouleur; et, d'un signe, il appela ses hommes qui vinrent se ranger auprès de lui. Il ne cessait d'en venir maintenant, par la fenêtre, par la porte... Le salon peu à peu s'en emplissait. L'œil hautain, le geste bref, la voix saccadée, il commandait :

— Messieurs, disait-il aux conjurés, votre tâche est terminée maintenant; à nous le reste de la besogne! Nos hommes s'entendront mieux que vous à garder votre prisonnier et à l'interroger. Vous pouvez, en toute conscience, leur en faire remise...

Mais tout à coup il s'interrompit, et il se fit un grand silence. M. de Maubreuil avait quitté ses amis et il s'avançait, droit sur Le Rémouleur, les yeux directement fixés sur les siens.

Tous ses traits, d'énergies encore heurtées et que son extrême jeunesse n'avait pas, semblait-il, tout à fait débrouillés encore, étaient contractés en l'expression d'une volonté violente et tenace, en laquelle on sentait l'effort d'une colère qui se contentait et blêmissait tout le visage. Le front était haut, large et carré entre les deux ailes de la coiffure poudrée à l'oiseau royal; les joues étaient tendues et les lèvres, à peine teintées d'un premier duvet châtain, étaient closes, presque serrées; le menton, carré comme le front, s'appuyait sur une ample cravate noire de mousseline bouffante.

Il portait avec la désinvolture d'une très grande élégance et en se balançant un peu, en une sorte d'ondulement de grand fauve, un frac bleu à courtes basques, un long gilet de mousseline brodé à plumetis et doublé de rose pâle sur lequel battait un lourd pendant de breloques, des culottes collantes gris-perle, et des bottes noires à revers jaunes.

Il tenait à la main droite son gourdin et affectait de montrer la crosse d'un pistolet bombant sous son gilet.

Il s'était fait un grand silence.

Quand il fut arrivé près du Rémouleur, Maubreuil, au lieu de lui parler, s'adressant à ceux qui gardaient Crassous :

— Messieurs, fit-il, je voudrais, avec votre permission, dire un mot à monsieur Crassous...

— Qu'avez-vous à lui dire ? objecta impérieusement le Rémouleur.

— Vous n'êtes pas de trop pour l'entendre, répartit Maubreuil avec hauteur.

— Vous le prenez bien haut, monsieur, s'écria le chef des chauffeurs.

— Vous vous trompez, monsieur : je le prends de haut ; ce n'est pas la même chose. M'accordez-vous la demande, messieurs ? fit-il à ses compagnons d'aventure.

Ils se consultèrent du regard. Le Rémouleur se taisait, couvrant Maubreuil d'un regard de haine.

— A une condition, répondit un des gardiens à Maubreuil, ce sera bref et il ne vous répondra pas.

— Entendu, messieurs...

Ils laissèrent donc Crassous se remettre sur pied, tout en le tenant étroitement serré entre eux, comme dans un étau où il ne pouvait bouger, et le dos tourné au canapé où la Saint-Huberti et les deux autres gentilshommes s'empressaient autour de sa femme...

Maubreuil se découvrit et salua.

— Monsieur, fit-il, vous ne douterez pas de notre répugnance à certains actes ; pourtant, nous ne nous excuserons pas... L'atrocité du temps ne permet pas le choix des moyens ; elle légitime tout d'un parti contre un autre. Mais, monsieur, ne craignez rien pour celle qui vous est chère ; nous répondons d'elle sur notre honneur et notre vie, c'est ce que mes amis m'ont chargé de vous dire...

Les regards du malheureux exprimaient de la reconnaissance, presque de la joie. Il voulut parler... aussitôt des mains hâtives lui fermèrent la bouche.

— Qu'on le bâillonne, s'il ne veut se taire, ordonna le Rémouleur.

Crassous se résigna ; de longues larmes lui coulèrent le long des joues, et ses regards suivaient le jeune homme qui, après un nouveau salut, se préparait à rejoindre ses amis.

Cependant, des hommes du Rémouleur s'étaient précipités sur Crassous qui leur fut abandonné sans résistance...

Maubreuil, qui avait déjà fait un mouvement vers ses amis, s'arrêta.

— Monsieur ! fit-il au Rémouleur, un mot, s'il

vous plaît, et il ajoutait à voix basse : Inutile que ce malheureux nous entende...

— A vos ordres, monsieur de Maubreuil! répondit le bandit avec une affectation de courtoisie imperceptiblement ironique; et faisant signe à ses gens de l'attendre, il s'éloigna de quelques pas avec le jeune homme.

Cependant Lagrimaudière et Mazeline se concertaient à voix basse avec Desponelles et Caupine, auxquels se joignaient un à un leurs autres amis qui se dégageaient peu à peu de la bande du Rémouleur. Ils formaient groupe entre la porte et la fenêtre, par où l'on voyait resplendir l'incendie tout rouge maintenant, et dont les flamboiements furieux s'offusquaient, par rafales, d'épais tourbillons de fumée noire. Mais on n'entendait plus aucun cri du dehors, seulement le ronflement des flammes coupé, par instants, d'un bruit d'écroulement, comme des charrettes de pierres qu'on déchargerait.

— Monsieur, fit Maubreuil, je crois utile de vous rappeler les conditions que nous avons mises à notre concours : monsieur Crassous aura la vie sauve.

— Parole donnée est tenue, monsieur!

Le jeune homme ne put réprimer un sourire. Le Rémouleur fit un geste de colère, et, presque menaçant :

— Vous en doutez? monsieur !

— Et si j'en doutais, en effet? répartit Maubreuil.

Mais le bandit s'apaisa et haussa les épaules.

— Ce doute viendrait un peu tard, monsieur, répondit-il en ricanant : il fallait l'avoir avant.

Vous êtes encore un enfant, monsieur de Maubreuil. Quelques expéditions comme celles-ci vous formeront...

« C'est un joli début pour votre âge... Si vous n'étiez pas un enfant — insista-t-il devant un geste du jeune homme — vous comprendriez que, si la vie du citoyen Crassous est menacée, ce n'est pas par moi, ni les miens, mais par vos amis, vos amis seuls... Oui, monsieur de Maubreuil...

« Veuillez ne pas oublier que je suis un chef de bande, moi. Un homme d'affaires! Je ne puis me payer des vengeances politiques — pour le plaisir seul, comme vos amis. Que me rapporterait la mise à exécution du couple Crassous ?... De perdre une bonne rançon, que je puis en tirer... Serait-ce pratique ?

Il se tut une seconde et reprit, plus ironique :

— Croyez-vous maintenant à ma parole ?... Oui. Merci ! Eh bien ! je vous en donne une autre : c'est de défendre la vie de vos protégés contre ces messieurs.

Et, sans détourner la tête, il désignait du regard à Maubreuil Lagrimaudière, Caupine, Mazeline et deux ou trois autres, qui les tenaient tous deux en observation.

— Je crois donc, monsieur, que vous voilà complètement rassuré, ajouta Le Rémouleur, et que vos chevaleresques amis et vous voudrez bien nous rendre la citoyenne Crassous qui, elle aussi, fait partie de notre « bénéfice » : Vous ne trouveriez pas loyal de nous en priver...

Maubreuil allait se rebiffer, mais il se maîtrisa :

— Vous voyez, monsieur, dans quel état est la pauvre femme? dit-il. Heureusement pour elle. Mais elle peut reprendre ses sens. Il serait humain de lui épargner le spectacle qu'elle aurait ici...

Le Rémouleur réfléchit un instant :

— Fort charitable et très juste, reprit-il. Voici l'arrangement que je vous propose. Les voitures, réparées, attendent devant la première grille du parc. Trois ou quatre de mes hommes vont y mener la citoyenne et, fouette cocher! l'emmèneront à l'asile où son mari la rejoindra... plus tard... Cela vous va, monsieur de Maubreuil?...

— Oui et non, monsieur, ou plutôt à une condition. C'est que, mes amis et moi, nous accompagnerons madame Crassous...

— Madame de Saint-Huberti aussi?

— Assurément, monsieur, reprit sèchement Maubreuil.

— C'est une bien bonne personne que madame de Saint-Huberti. On la disait d'un caractère si jaloux... Comme on calomnie les artistes!

— Nous ne sommes pas ici pour bouffonner, monsieur, s'écria Maubreuil. La condition est acceptée?...

— Jusqu'à la voiture seulement!... Car vous comprendrez, monsieur, qu'il ne me convient de révéler à personne, pas même à vous, veuillez m'excuser... Où je les mettrai à l'abri de toute curiosité, en attendant le paiement de leur rançon.

Le jeune homme hésita une minute; puis : Je vais consulter mes amis, se décida-t-il.

— Et vous savez, monsieur de Maubreuil, fit d'un ton insoucieux Le Rémouleur, pas de bêtises ! Oui, ne poussez pas la galanterie jusqu'à des coups de tête qui ne seraient pas raisonnables... j'aurai là mes hommes, ceux que vous verrez — et ceux que vous ne verrez pas — à moins que vous ne me donniez votre parole...

— C'est une chose que je ne donne qu'à mes pairs, répondit Maubreuil.

Les yeux du Rémouleur flambèrent par les trous de son masque, et c'est tout frémissant d'une rage sourde qu'il répondit :

— Nous nous reverrons, un jour, en d'autres circonstances, monsieur le comte Marie-Armand de Guerry de Maubreuil ! Et vous me rendrez raison, j'espère...

Maubreuil se détourna vivement et l'interrompant :

— Quand vous serez démasqué de visage et de nom, peut-être..., lui jeta-t-il, si le nom et le visage en valent la peine !...

Puis, laissant Le Rémouleur immobile, crispant ses poings furieusement de l'effort qu'il faisait pour se contenir, il continua à s'avancer vers ses amis qui l'attendaient anxieusement.

Tous, conjurés et bandits, avaient suivi curieusement cette scène, dont ils avaient à peine saisi quelques paroles ; et ces derniers tâchaient de lire un ordre muet dans le regard de leur chef, prêts à l'exécuter de suite. Mais, tout à fait maître de lui maintenant, sauf de sa voix qui tremblait encore un peu :

— C'est vous, dit-il au jardinier, qui vous êtes offert pour nous guider dans le château ?

— C'est moi.

— Par quelles pièces faut-il commencer la perquisition ?

— Par le bureau et la bibliothèque. C'est là que se trouvent l'argent et les papiers.

— C'est bon ! — puis, s'adressant à ceux de ses gens qui s'étaient emparés de Crassous — emmenez-moi ce citoyen, vous autres, et suivez cet homme où il vous conduira. Et toi, ouvre la marche ! Je vais vous rejoindre. Attendez-moi pour l'interrogatoire. Je veux le soigner !

Le jardinier obéit et, suivi des hommes qui portaient Crassous étendu immobile comme une planche, il s'engagea dans le corridor.

— Et, maintenant — ordonna-t-il à ses autres acolytes, en faisant signe à l'un d'entre eux qu'il retenait auprès de lui — vous, éparpillez-vous dans le château : saccagez, pillez tout, fouillez partout consciencieusement — mais gare ! vous savez ! pas de voleurs !

Et pendant que les uns s'en allaient par le corridor et que les autres, par la porte du fond, pénétraient dans le boudoir, le Rémouleur donnait tout bas des ordres à l'homme qu'il avait appelé près de lui.

Mais Lagrimaudière, Caupine, Desponelles et Mazeline s'étaient détachés du groupe des royalistes et s'approchaient du Rémouleur. Ce fut Lagrimaudière qui prit la parole :

— Pardon ! fit-il. Vous n'avez pas oublié nos

conventions. Tout est à vous, ici, nous vous l'abandonnons, excepté les papiers... *Je dois*, et il souligna le mot, assister à l'interrogatoire, comme vous dites...

— Et moi, s'insinua Caupine doucereusement, j'aurais même quelques questions à ajouter à cet interrogatoire.

— Soit, vous n'avez qu'à suivre mes hommes. Mais, pas trop de zèle, monsieur l'abbé ! Je vous prête mon « otage ». Je ne vous le livre pas. Le Père Éternel ne me paierait pas sa rançon.

— Et la femme, qu'en faites-vous ? demanda Lagrimaudière.

— Je suis en train de traiter l'affaire avec ces messieurs...

Lagrimaudière se retira, il s'arrêta en passant devant la fenêtre.

— Quel lugubre mais sublime spectacle que celui de l'incendie ! s'écria-t-il. Je suis sûr que celui-ci doit se voir à deux lieues à la ronde. Et, se tournant vers Le Rémouleur, négligemment : « Ne pensez-vous pas, monsieur, qu'il y ait eu imprudence à l'allumer si tôt ? »

— Si fait, murmura le bandit, pensif. Je ne voulais l'allumer qu'en partant. Je ne sais qui s'est si hâté... Bah ! advienne que pourra ! fit-il avec une insouciance de fataliste ; et il répéta son dicton favori : *A l'azar, Baltazar !*

Il ne resta bientôt plus dans le salon que lui avec son acolyte, et, auprès du canapé où gisait toujours inanimée Julie Crassous, les trois jeunes hommes et la Saint-Huberti.

Ils avaient eu le temps de se concerter, leur décision était prise ; et à cette demande que leur jeta Le Rémouleur à travers le salon :

— Eh bien !... messieurs ?...

— C'est entendu, monsieur, répondit Lamœllan, monsieur de Maubreuil se porte garant de votre parole.

— C'est bien de l'honneur qu'il me fait ! ricana le Rémouleur... Vous voulez conduire cette personne jusqu'à la voiture ?

— Nous le désirerions, en effet, repartit Lamœllan.

— Je croirais superflu de vous répéter les recommandations que j'ai faites à M. de Maubreuil ; il a dû vous en faire part ?...

Les deux compagnons de Maubreuil firent un signe d'assentiment.

— Alors... c'est bien. Qu'il en soit fait selon vos volontés, messieurs, et la vôtre, madame, ajouta-t-il galamment à l'adresse de la Saint-Huberti.

Puis, désignant son affilié à côté de lui : « Nos hommes ne connaissent que la consigne : ils seraient capables de ne pas vous laisser passer jusque-là. Cet homme vous servira de guide. C'est un garçon de toute confiance. » Et, sans plus s'occuper d'eux, il disparut par le corridor.

Quelques secondes après, les trois jeunes hommes, portant Julie Crassous qu'ils avaient placée pour plus de commodité dans un fauteuil, et accompagnés de la Saint-Huberti, descendaient du perron dans le jardin, précédés de « l'homme de confiance » du Rémouleur.

VI

OU REPARAIT LE CAPITAINE DE L'ARMÉE DE SAMBRE-ET-MEUSE

Protéger pendant le pillage du château Julie Crassous contre Le Rémouleur et ses « chauffeurs », ce n'était là que la première partie du plan qu'avaient combiné les jeunes gens — la plus aisée. D'ailleurs, elle était presque réalisée déjà, la syncope de Julie l'avait heureusement facilitée, car ce qu'ils avaient craint surtout c'était ses résistances désespérées à être séparée de son mari, et à fuir pendant qu'il restait abandonné aux bandits qui le soumettraient à toutes les tortures, s'il hésitait à leur livrer tout son argent et ses papiers. Mais, maintenant, la difficulté était de se débarrasser des hommes auxquels Le Rémouleur avait, — il les en avait avertis — confié la garde des voitures, car il fallait par ruse ou par surprise s'emparer d'une d'elles. Et ils s'étaient à l'avance distribué les rôles. Cunet de Collery monterait dans la voiture avec les deux dames. Maubreuil et Lamœllan sauteraient sur le siège, et ventre à terre sur la route de Paris!... Ils ne s'arrêteraient plus qu'au Palais-Royal, chez Solange de Cimery prévenue et qui les attendait.

C'était là en effet qu'ils comptaient cacher Julie jusqu'au jour où Le Rémouleur, ayant achevé ses négociations pour la rançon des Crassous, elle serait rendue à son mari. Certes, les angoisses de l'attente lui seraient terribles, mais combien moins que celles auxquelles l'exposeraient, jeune et belle surtout comme elle l'était, les hasards d'une captivité au milieu de tels bandits. Le premier affolement passé, son affection pour son mari plus encore que la raison la contraindrait à se résigner, de crainte qu'une imprudence compromît ou ajournât la délivrance de Crassous et ne poussât Le Rémouleur à l'une de ces colères ou de ces représailles devant lesquelles il n'avait pas la réputation d'hésiter.

Les jeunes gens étaient bien décidés à épier toute circonstance qui leur paraîtrait favoriser leur dessein, et à en profiter coûte que coûte. Mais, surveillés par l'homme du Rémouleur, ils ne pouvaient se communiquer leurs impressions que par coups d'œil brefs et furtifs.

— Messieurs, leur dit-il, au moment où ils se mettaient en marche, l'incendie de la ferme est en son plein : la chaleur est terrible de ce côté du château, par où vous êtes venus, elle pourrait réveiller cette dame. Nous allons sortir du vestibule par l'autre porte et prendre l'autre avenue. Cela nous fait faire un petit détour, mais c'est plus prudent.

Les jeunes gens consentirent et ils s'engagèrent dans le corridor. Près de la porte, en travers, gisait, le visage contre les dalles, tout étendu dans un margouillis de sang, le cadavre d'un domestique ; la tête, par derrière, était toute béante d'un coup forcené qui l'avait ouverte en deux. Les jeunes gens et la Saint-Huberti durent le franchir. Mais un pire spectacle les attendait dans l'antichambre. D'en face, par la porte ouverte, l'incendie qui avait enflammé les faîtes des arbres le long du mur de la ferme, y projetait des flammèches ; déjà les boiseries craquaient, s'écaillaient de leurs peintures, et les lampes qui étaient restées allumées brûlaient pâles en ces reflets d'un rouge sombre ; trois ou quatre cadavres étaient épars, affreusement massacrés, en attitudes diverses : l'un, celui d'une femme de chambre, avait toute la face broyée par une bûche encore toute sanglante, qui gisait à côté d'elle... et d'en haut, par la cage de l'escalier, descendaient des bruits de pas, de voix, des gémissements aussi dans un tumulte de portes ouvertes et de meubles violemment brisés.

Vivement, la Saint-Huberti posa son châle sur la figure de Julie, d'une pâleur de cierge, yeux clos, d'un bleu noir de meurtrissure tout autour, et les lèvres tremblantes à demi-ouvertes sur les dents serrées.

— Oh ! la malheureuse !... si elle s'éveillait !... s'écria-t-elle... Passons vite, messieurs ; et, elle-même se voilant la face de ses deux mains... Pouah ! quelle horreur ! ajouta-t-elle avec dégoût.

Les jeunes gens se hâtèrent.

— Ah ! dame ! observa philosophiquement l'homme du Rémouleur, on ne fait pas d'omelette sans casser des œufs. Alors si vous voyiez un champ de bataille, madame !...

— Vous avez été soldat ?... demanda Maubreuil.

— Sous le roi !... fit l'homme fièrement.

— Et dans quelle guerre avez-vous servi ?

— Contre la canaille, donc... au 10 août ! — et au 13 vendémiaire, j'étais du bon côté.

— Ah ! ah ! et maintenant au service du Rémouleur ?

— Et au vôtre, messieurs ! répondit l'homme ironiquement.

Cependant les jeunes gens traversèrent le vestibule : arrivés en haut du perron, ils en descendirent les marches lentement, en redoublant de précautions, pour éviter toute secousse. L'homme les descendit en même temps ; mais en bas, au lieu de les précéder comme ils s'y attendaient, il se mit, au contraire, derrière eux.

— A gauche, leur dit-il, messieurs, et ensuite tout droit : plus tard, il y aura encore à tourner à gauche, mais je vous avertirai...

Ils se regardèrent à la dérobée. L'homme à coup sûr avait reçu ordre de se méfier.

Ils marchèrent quelque temps dans l'ombre du château, puis, à gauche, encore obliquèrent tout à coup pour se retrouver dans la pleine lumière de l'incendie. Mais bientôt ils prenaient, entre des arbres, une allée qui les conduisait à une grille : elle était ouverte. Ils longèrent une grande avenue entre des constructions dont toutes les fenêtres et les portes étaient rompues et à travers lesquelles des hommes du Rémouleur couraient avec des torches enflammées et des tisons ardents — et ils parvinrent à une seconde grille, ouverte également : au-delà, sous la nuit, de grands arbres — le long d'un chemin qui descendait à droite vers la grand'route et qu'ils reconnurent pour l'avoir monté tout à l'heure après l'accident — ils aperçurent la forme de deux voitures et deux ou trois ombres qui se mouvaient autour.

— Veuillez attendre ici une seconde, messieurs, dit leur guide aux jeunes gens ; et il fit quelques pas au-devant d'une de ces ombres, qui s'était détachée pour venir à sa rencontre. Mais, tout en s'entretenant avec elle, il ne cessait d'observer les jeunes gens, qui affectaient, d'ailleurs, la plus grande tranquillité.

— Rien de louche ? demandait l'homme à son acolyte.

— J'ai, à tout hasard, un camarade qui veille au coin du parc sur la grand'route...

— Bien.

Et ils continuèrent à parler à voix basse. Puis, revenant vers les jeunes gens :

— Votre mission est terminée ici, messieurs, leur dit le lieutenant du Rémouleur.

Mais Lamœllan intervint : « Excusez-nous, monsieur, répondit-il fort poliment ; madame, et il désigna la Saint-Huberti, souhaiterait préparer elle-même et disposer l'intérieur de la voiture pour que madame Crassous, dont l'état fait maintenant pitié, puisse accomplir aussi confortablement que possible le voyage, peut-être assez long, qu'elle va faire... Ce sont là des soins dont une femme seule est capable à l'égard d'une autre femme... »

L'homme réfléchit un instant.

— Messieurs, répondit-il, nous sommes douze compagnons ici. A mon premier appel, nous serions le double. Si vous avez quelque aventure en tête, vous feriez bien d'y renoncer comme le chef vous en a prévenus. J'ai confiance en votre sagesse, et la preuve c'est que je m'empresse de satisfaire au désir de madame d'Antraygues, et il souligna le nom...

» Eh! vous autres, ordonna-t-il, amenez la voiture ici! »

La berline s'approcha : trois ou quatre individus l'escortaient, dont l'un conduisait le cheval, qu'il arrêta devant les jeunes gens, tourné dans la direction de la grand'route.

— Vite, madame, fit brièvement l'homme à la Saint-Huberti. Nous n'avons pas de temps à perdre. Et il gardait la main sur la portière qu'il venait d'ouvrir ; ses gens se rangèrent derrière lui.

Lamœllan et Cunet de Collery occupaient un côté de fauteuil. Maubreuil et la Saint-Huberti étaient de l'autre. Ils se disposaient à soulever Julie, sur laquelle la Saint-Huberti venait de se pencher.

— C'est presque un assassinat, monsieur, dit-elle à l'homme, d'emmener une femme en cet état... Voyez! elle ne donne presque plus signe de vie... son cœur bat à peine... Et que voulez-vous qu'elle devienne quand, à son réveil, elle se trouvera parmi vous... Elle en mourra!...

— Elle mourrait tout aussi bien ici, répliqua-t-il. Mais dépêchons, madame, sinon... je la fais mettre en voiture par mes hommes...

— Vous voudrez bien, messieurs, intervint Maubreuil, nous compter pour quelque chose, et nous faire l'honneur de vous rappeler que nous ne sommes pas sous vos ordres...

— Je n'en reçois moi-même que d'une seule personne, répondit l'autre ; et ceux-là je les accomplis quels qu'ils soient et contre qui que ce soit...

Cependant, la Saint-Huberti, ayant d'un geste recommandé le silence à Maubreuil, s'avançait vers la voiture et se disposait à y monter.

L'homme l'arrêta.

— Comment, fit-elle, voulez-vous que je dispose le coussin de la voiture et y installe madame Crassous, d'en dehors !...

L'homme s'inclina galamment :

— Nous n'y perdrons rien ; nous aurons deux otages au lieu d'un !

Et la Saint-Huberti entra dans la voiture. Après quelques dispositions prises, elle se mit à la portière, attendant Julie Crassous que lui apportaient les jeunes gens : Cunet de Collery et Lamœllan la soutenaient de leurs épaules rapprochées et de leurs mains croisées sous elle ; ils marchaient à reculons vers la voiture, tandis qu'au contraire Maubreuil y faisait face, les bras enlacés aux genoux de la pauvre femme...

La nuit était fort sombre en cet endroit ; les lueurs de l'incendie, qui éclairaient toute la voûte du ciel, y rendaient plus intense l'ombre prolongée des maisons du commun et des hauts murs du parc, que dominait une lisière épaisse de grands arbres où abondaient les conifères et autres essences persistantes. Soufflant en tumulte le long de la grand'route et dans les ramures violemment entrechoquées, le vent, qui venait de se lever, activait encore le ronflement furieux des flammes.

Les trois jeunes gens, à la portière, introduisaient avec de lentes et infinies précautions dans la voiture Julie, que la Saint-Huberti s'évertuait à y étendre le mieux possible. Mais l'homme était sur ses gardes : toujours à la portière avec deux de ses acolytes, il avait envoyé le troisième surveiller par l'autre portière, tandis que le quatrième tenait toujours le cheval par la bride, et il pressait la Saint-Huberti et les jeunes gens d'en finir. Pourtant, son attention parut distraite tout à coup :

— Satané vent ! bougonna-t-il, on ne sait ce qu'on entend. — Et à voix basse : — Ecoutez, vous autres.....

A ce moment, un strident coup de sifflet perça la nuit, subitement et brutalement interrompu ; il venait de la grand'route.

D'un mouvement instinctif, les jeunes gens se resserrèrent. L'homme restait muet sous les regards des siens fixés sur lui ; il attendait.

— Plus rien ? Nom de Dieu !... Il aura été surpris, fit-il.

— Sûrement, opinèrent les gens.

— Vite, ordonna-t-il, toi, glisse-toi prudemment le long des murs et va voir ce qui se passe là-bas, et toi, cours prévenir au château.

Les deux hommes désignés obéirent en toute hâte.

Puis, s'adressant aux jeunes gens :

— Un danger nous menace, dit-il. Messieurs, vous avez été nos associés. Nous sommes solidaires. Nous comptons sur vous ; c'est une question d'honneur, ajouta-t-il.

— Ces questions-là, monsieur, répondit Maubreuil, nous nous réservons de les apprécier nous-mêmes : et, par exemple, nous estimons que notre honneur est de rester auprès de ces dames, quoi qu'il arrive.

— Serait-ce une trahison, messieurs ?

— Rassurez-vous, monsieur, intervint Lamœllan, nous saurons concilier nos devoirs vis-à-vis de ces dames et vis-à-vis de nos associés, comme vous dites — associés d'une nuit, ajouta-t-il.

Mais c'est à peine si celui à qui il répondait l'écoutait, tout attentif qu'il était à un bruit sourd et grossissant qui arrivait dans le vent. Tous, maintenant, étaient muets.....

—Vous entendez, monsieur ? demanda Lamœllan. On dirait un galop de chevaux.....

— Et c'en est un, en effet, monsieur..... Gare ! s'écria-t-il, mes garçons ! la gendarmerie !......

Et, en effet, celui qu'il avait envoyé tout à l'heure « voir ce qui se passait là-bas », rebroussait chemin vers lui à toutes jambes.

— Alerte ! alerte ! criait-il, essoufflé.

Et, comme il approchait :

— La gendarmerie, n'est-ce pas ? lui cria l'homme.

— Eh! bien pis, balbutia le bandit qui n'était plus qu'à quelques pas, les hussards du général Lemoine.

— Sacré tonnerre de Dieu! hurla le chef, qu'une dizaine de bandits sortis d'un peu partout entouraient maintenant.

— Que faisons-nous, lieutenant? lui demandèrent ses hommes tous à la fois.

— Prenons les voitures et foutons le camp, proposa l'un.

— Abandonner le capitaine et les camarades..... quel est le lâche gredin qui propose cela? demanda-t-il.

Tous se turent.

— Et puis? quoi? les voitures, répondit l'envoyé tout pantelant encore, n'entendez-vous pas de quel train ils viennent..... Ils les auraient bien vite rattrapées, les voitures!...

— Au château! ordonna celui qu'ils appelaient le lieutenant, replions-nous avec nos camarades autour du capitaine. Il est averti, maintenant, il a déjà avisé... Et vous, messieurs, venez-vous? fit-il aux jeunes gens.

— Notre parole nous enchaîne ici, monsieur, répondit Maubreuil; vous le savez!...

— Gare à vous! fit l'autre menaçant, ou vous allez vous faire fusiller, ou vous serez des traîtres. Et dans ce cas, c'est nous qui nous chargerons de vous. Le capitaine sait trouver son monde!...

— Nous nous sommes déjà donné rendez-vous, répondit Maubreuil, mais il y manquera.

— Pourquoi, fit l'autre, s'il vous plaît?

— Parce qu'il faudra y paraître sous son vrai visage et sous son vrai nom.

— Lieutenant! lieutenant! criaient les bandits, les voici!

Et ils coururent vers la grille.

— Ces messieurs nous rendront bien le service de les retenir un peu, dit-il en suivant ses gens.

Et on l'entendit bientôt qui disait à ses hommes :

— Fermez la grille, cela les arrêtera toujours quelque temps.

Et dans la rumeur du vent, dans la rage de l'incendie, les jeunes gens, restés seuls, écoutaient grandir le galop des chevaux, si proche maintenant, qu'ils entendaient, au milieu du cliquetis des armes heurtées, des fourreaux battant contre la selle et les étriers et des souffles ardents des bêtes, la voix des officiers qui donnaient des ordres.

Junet de Collery tenait par la bride le cheval de la voiture; Maubreuil et Lamoëllan, à côté de lui.

— Messieurs..... monsieur de Maubreuil — sanglotait la Saint-Huberti — de grâce, ne nous abandonnez pas,.. Vous êtes bien là, monsieur de Maubreuil?

— Oui, madame.

— Nous sommes perdus, cette fois...

— Chut... madame... les voici!

En effet, cinq ou six hommes en avant-garde arrivaient sur les jeunes gens, qui déjà distinguaient leurs shakos hauts et évasés, leurs dolmans flottant sur l'épaule et le canon du mousqueton ou la lame du sabre.

— Qui vive ! leur crièrent les soldats, ralentissant tout à coup l'allure de leurs montures.

Ce fut Lamœllan qui répondit :

— Approchez, messieurs ; vous verrez que nous ne sommes pas des ennemis.

Et il avança, les deux mains ouvertes, pour témoigner qu'il n'avait point d'armes ; il fut aussitôt enveloppé d'un groupe de cavaliers, tandis qu'un autre groupe entourait la voiture.

— Qui êtes-vous ? Que faites-vous là ? lui demanda le brigadier qui commandait l'escouade.

— Nous avons en cette voiture deux dames, dont l'une malade. Nous nous apprêtions à partir pour Paris.

— Vous vous sauviez..... Ça se comprend..... riposta le brigadier, désignant du sabre la ferme qui brûlait.

— Voulez-vous nous faire parler à votre officier ?

— Naturellement, fit le brigadier, le voici. Mais, je vous préviens, on n'en conte pas au capitaine Lamogère.

Au commandement : « Halte ! » tous les cavaliers stoppèrent, se tassant en une profonde masse obscure sur le chemin, dont elle emplissait toute la largeur.

— Amenez l'homme ! ordonna le capitaine, entouré de ses officiers.

Trois cavaliers se détachèrent du premier rang de la troupe ; celui du milieu portait, jeté sur le cou de son cheval, en travers, le corps d'un homme fortement garrotté et que les deux autres cavaliers — le pistolet au poing — tenaient relié aux arçons de leur selle par des cordes qui lui captivaient les pieds et les mains.

— Mettez-le à terre! commanda le capitaine.

Aussitôt, le cavalier laissa glisser l'homme qui, d'abord, faillit tomber et resta vacillant un instant : il portait, comme les autres gars de la bande du Rémouleur, l'uniforme de la légion de police ; — les jeunes gens comprirent que c'était lui qui, posté en sentinelle à l'angle du parc sur la grand'route, avait jeté ce premier coup de sifflet d'alarme, qui avait été tout à coup interrompu...

— Pied à terre, tous ! — ordonna le capitaine — qui resta à cheval en train de donner ses derniers ordres à son lieutenant. — Lieutenant, vous allez prendre le commandement des hommes. Ceux-là me suffiront — dit-il en désignant ceux des hussards qui entouraient la voiture et les jeunes gens, et, arrêtant son regard sur ceux-ci — je vais m'occuper un peu de ces gaillards-là, moi...

— Ils ne sont pas masqués, capitaine, observa le lieutenant.

— Tiens! c'est vrai!

Et le capitaine considéra encore un instant les jeunes gens, puis il hocha la tête :

— Pour sûr, dit-il à mi-voix, ils ne sont pas de la bande du Rémouleur, ceux-là! Il y a de la politique là-dessous, lieutenant... Enfin, nous allons voir. Eh bien, les garçons ? nous sommes prêts ? demanda-t-il.

— Oui, capitaine, lui répondirent ensemble plusieurs voix.

En effet, les chevaux avaient été attachés aux

arbres, et les hommes s'étaient rassemblés, prêts à partir.

— C'est bien, fit le capitaine. Il est à craindre, lieutenant, que nos gens soient déjà prévenus... Cerner ce diable d'immense parc...? Il y faudrait cinq cents hommes... Que vous en pinciez quelques-uns, ce sera toujours autant de pris! et, par eux, la police en pincera d'autres, si elle a intérêt à le faire... Enveloppez le château, fouillez tout autour, ce que vous me rabattrez par ici, je le recevrai... Mais pas de meurtre inutile, n'est-ce pas, lieutenant ? Cet homme va vous guider... Pour lui, par exemple, pas de quartier : au moindre geste suspect, cassez-lui la tête... Tu entends ? fit-il au prisonnier resserré entre les trois hussards qui lui avaient délié les pieds, mais le tenaient par les cordes passées à ses poignets... Au contraire tu as ta grâce si Le Rémouleur est pris... Convenu, hein ?...

Le bandit inclina la tête, en signe d'assentiment...

— Maintenant, partez, lieutenant!... Je vais tâcher d'avoir le fin mot de tout cela...

Et tandis qu'à la tête de ses trente ou quarante hussards le lieutenant, ayant à côté de lui les trois cavaliers et leur prisonnier, se dirigeait vers la grille, le capitaine descendait de cheval, appelait le brigadier et s'entretenait à voix basse avec lui.

Pendant ce temps, les trois jeunes gens avaient tout loisir d'observer le capitaine, mais aucun d'eux ne le faisait avec une attention si passionnée que Maubreuil.

Le capitaine Lamogère était un homme d'une trentaine d'années ; de taille moyenne, svelte, déliée et nerveuse; il avait la face tournée vers les jeunes gens, qu'il examinait attentivement, tout en écoutant le rapport que lui faisait le brigadier. De dessous son haut shako, sans visière, de longues tresses pendaient des tempes sur la poitrine, encadrant son visage, d'une pâleur bistrée, et allongé ; quoique profondément enchâssés dans les orbites, les yeux vifs et de regards aiguisés étaient adoucis d'une songerie presque triste; le nez à la don Quichotte se busquait aventureusement sur les moustaches noires longuement effilées et retroussées à la cavalière ; et toute la physionomie exprimait à la fois une énergie, mêlée de candeur et troublée, eût-on dit, de la vague nostalgie d'illusions déçues...

Pendant que Maubreuil tâchait de se préciser à soi-même ce qu'il trouvait de déjà vu en cette physionomie, et quand et où il l'avait vue, le capitaine s'avançait vers lui et ses amis, suivi de son brigadier.

— Messieurs, leur dit-il, ne vous donnez pas la peine de mentir. Ce serait inutile. Nous savons tout par l'homme que nous avons surpris et arrêté sur la grand'route. Vous êtes, vous aussi, de la bande du Rémouleur. Mais que faites-vous ici, avec deux dames dans votre voiture, pendant que vos camarades, après avoir incendié cette ferme, pillent le château ?...

— Capitaine, répondit Lamœllan, vous vous trompez. Nous ne sommes pas de la bande du Rémouleur.

— Il est vrai que vous n'êtes pas déguisés en policiers et que vous ne portez pas de masques. Mais, si vous n'en êtes pas, que faites-vous ici?

— Le brigadier a dû vous le dire, capitaine, répondit Lamœllan. Une de ces dames est fort malade et nous voulions l'emmener à Paris, dans cette voiture, pour lui donner les soins que réclame son état — très grave, capitaine !

— Mais quand nos hommes sont venus, vous n'étiez pas seuls, ici? Il y avait avec vous des gens du Rémouleur... Si vous n'êtes pas de la bande, pourquoi étaient-ils avec vous?

— Justement pour s'opposer à notre départ, capitaine, répliqua Maubreuil à son tour.

— Mais vous ne me ferez pas croire, monsieur, que vous vous trouviez par hasard, à cette heure, en cet endroit?... Ce chemin de traverse ne dessert que le château de Ville-Evrard... Comment êtes-vous ici avec ces deux voitures?...

» La question vous embarrasse? fit le capitaine... Croyez-moi, monsieur. Je ne suis pas un policier et ne m'entends pas à des embuscades de paroles. Répondez franchement. Cela vaudra mieux pour vous...

Il avança encore d'un pas sur eux.

— D'ailleurs, cette réponse, tenez! je la ferai pour vous... voulez-vous? J'ai servi dans la dernière guerre de Bretagne et de Vendée, sous le général Hoche — et il porta, dans un salut militaire, la main à son shako ; — je sais comment entendent la guerre les blancs et les ci-devant. J'ai achevé de m'instruire ici, depuis trois mois que j'appartiens à la division du général Lemoine... Non, vous n'êtes pas de la bande du Rémouleur! fi donc! Vous êtes trop bien nés pour cela, messieurs!... Mais vous êtes ses complices.

— Précisez, capitaine, fit Lamœllan, mettant la main sur le bras de Maubreuil qui allait répondre.

— Volontiers. Vous êtes des royalistes, messieurs; des émigrés, sans doute, retour de l'étranger. Et vous avez trouvé glorieux de vous associer à des bandits pour assassiner un représentant républicain. Ai-je deviné, messieurs?

Cette fois, Lamœllan ne put retenir Maubreuil.

— Au moins, songez à ce que vous allez dire! lui recommanda-t-il.

— Tranquillisez-vous, monsieur, repartit Maubreuil; et, tout vibrant, mais se contenant : « Capitaine, dit-il, on n'en appelle jamais en vain à la franchise d'un gentilhomme français... Vous nous demandez si vous avez deviné juste, capitaine? Oui et non. Oui, nous nous sommes associés à un coup de main de celui qu'on appelle Le Rémouleur, contre le citoyen Crassous, prêtre rénégat et député jacobin... Mais assassins, non, capitaine! Nous avons exigé qu'on respecte la vie du citoyen Crassous!... et elle sera respectée...

— Alors, il vit encore, messieurs?... fit le capitaine. Mes hommes n'arriveront peut-être pas trop tard... Ils pourront le sauver?

— A moins qu'au contraire, objecta Lamœllan, leur arrivée ne le perde...

— Mais, messieurs! s'écria le capitaine, si vous teniez vraiment à sauver la vie de Crassous, pourquoi n'être pas restés pour le protéger?

— Parce que, repartit Maubreuil, notre honneur nous obligeait à sauver une vie que nous estimions plus précieuse...

Le capitaine ne disait rien, mais interrogeait anxieusement du regard le regard de Maubreuil, qui ajouta :

— Oui, capitaine... celle de madame Crassous.

— Je comprends, messieurs ! s'écria le capitaine, et une joie illumina toute sa figure. C'est elle que vous avez là, dans votre voiture.

— Madame Crassous... oui, capitaine, répondit Maubreuil, et nous nous proposions d'aller demander asile pour elle à une amie chez laquelle on pourrait la rappeler à la vie, si cela est encore possible. Car la pauvre femme ne donne plus aucun signe de sentiment.

Le capitaine se tut un moment : il paraissait troublé d'un doute.

— Vous me permettrez bien de la voir pourtant, n'est-ce pas, messieurs ? fit-il.

— Vous la connaissez, capitaine ? interrogea Maubreuil.

— Oui, je lui fus présenté le 20 frimaire au Luxembourg, après la fête offerte par le Directoire au général Bonaparte.

— Vous ne pourriez, par cette nuit, capitaine, la distinguer dans la voiture. Faites allumer la lanterne, pour plus de certitude...

Le capitaine donna l'ordre ; le brigadier revint avec la lanterne allumée. Maubreuil la prit de ses mains et précéda le capitaine vers la berline.

— Il y a une autre dame avec elle, et aux soins de qui nous l'avons confiée, dit Maubreuil.

Et il ajouta négligemment :

— Celle-là, d'ailleurs, vous la connaissez aussi.

— Vous m'intriguez, monsieur, répondit le capitaine qui s'arrêta, considérant longuement, à la lueur de la lanterne, le visage de Maubreuil.

— Oui, continua celui-ci, vous l'avez rencontrée précisément le soir de ce même 20 frimaire, à l'hôtel des Victoires, après ce duel que vous eûtes, à propos de Bonaparte, avec un officier de l'armée d'Italie.

— Qui donc ?... s'écria le capitaine... celle que nous acclamâmes déesse de la Patrie ?... notre belle chanteuse de la *Marseillaise ?* qui nous lâcha à la porte du théâtre Montansier...

— Elle-même, capitaine !

— Je me rappelais bien, en effet, avoir rencontré déjà votre visage quelque part... Vous étiez dans la salle du restaurant ? avec elle et deux autres personnages... Des ci-devant — nous ne nous trompions pas ! — que nos camarades obligèrent à crier : Vive Bonaparte !

Et, comme ils approchaient de la berline, la portière tout à coup s'ouvrit et la Saint-Huberti en descendit, venant silencieusement se poser, devant le capitaine, dans la lumière projetée de la lanterne.

Et, après un court silence :

— Est-ce bien elle, capitaine, demanda-t-elle, votre déesse de la Patrie et votre chanteuse de la *Marseillaise*, celle qui restera toute sa vie, capitaine, enivrée du bercement de vos épaules ?...

Le capitaine sourit :

— Vous eûtes pourtant grand'hâte de vous délivrer de ce bercement, madame ! fit-il.

— Ah ! ne m'en veuillez pas, capitaine, répondit-elle. Songez donc... On se battait à la porte du théâtre... On se battait dans le théâtre... Quelques-uns de vos camarades avaient dégainé... C'était effrayant. Vous étiez un peu... surexcités !... Oh ! c'était bien excusable !... Cette fête, ces ovations au général Bonaparte, à l'armée ! Moi, j'ai eu peur !

Le capitaine était devenu grave.

— Non ! ce n'était pas excusable, madame. — Nous vous appelions citoyenne ce soir-là ! Cela aura toujours été une aimable illusion d'une heure... Jugez si je dois être étonné, madame, de retrouver ici, par cette nuit, en de telles circonstances, près d'une ferme en feu et d'un château où l'on assassine et où l'on pille, celle qui, pendant cette heure, aura été, pour nous, vraiment, la vision de la Patrie !...

— Regardez dans cette voiture, capitaine... Vous ne vous étonnerez plus et vous pardonnerez !

— Donnez, brigadier ! ordonna-t-il, et, prenant des mains du hussard la lanterne que lui tendait celui-ci, il s'avança vivement vers la berline et se pencha dans la baie de la portière.

— Prenez garde, capitaine ! lui recommandait la Saint-Huberti, une trop vive clarté pourrait la réveiller, et ce serait trop cruel qu'elle vît et qu'elle entendît...

Et le capitaine, tenant la lanterne à moitié dissimulée par le panneau de la voiture pour que la lueur n'en tombât pas sur le visage de l'évanouie, regardait... Madame Crassous était étendue au fond de la berline, les pieds allongés sur la banquette, et les épaules et les reins soutenus par des coussins. Pâle, les cheveux défaits, la bouche demi-ouverte sans presque de respiration, ses deux mains reposaient sur ses genoux, sous un châle soigneusement disposé... Sans les vagues balbutiements des lèvres et de brèves palpitations des paupières, et, par moments, des sanglots étouffés, toute son attitude eût semblé d'une morte... Et elle offrait, en effet, toute la beauté suprême de la mort...

— Pauvre... pauvre femme !... Oui, c'est bien elle, murmura le capitaine, en se retirant.

Puis il remit la lanterne au brigadier et resta quelque temps, la tête baissée, songeur.

Les jeunes gens et la Saint-Huberti, groupés devant lui, muets, s'évertuaient anxieusement à deviner sa pensée sur son visage.

Enfin, relevant la tête, et les tenant immobilisés sous ses regards qui allaient de l'un à l'autre longuement, et étudiant sur eux l'effet de chacune de ses paroles :

— Oui, sans doute, dit-il avec lenteur, sans doute, je vous crois, vous avez sauvé la citoyenne Crassous des assassins... mais — et il s'interrompit pour reprendre plus lentement encore — mais qui m'assure que l'entente — que vous avouez — avec ces bandits n'a pas pour objet l'enlèvement de la citoyenne Crassous...

— Et pourquoi cet enlèvement, capitaine? demanda Lamœllan.

— Mon Dieu ! monsieur, fit le capitaine, quand on est jeune et aventureux — et il n'est même pas nécessaire d'être jeune pour ça — on enlève une femme... parce que c'est une femme tout simplement. Mais — et il avança d'un pas pour planter de plus près encore son regard dans les yeux du jeune homme — quand on est affidé à des bandes comme celle du Rémouleur, quand on est coreligionnaire politique de messieurs les compagnons de Jéhu et du Soleil, on enlève la femme d'un député républicain comme le citoyen Crassous pour en tirer une rançon ou s'en servir comme d'otage. Lequel des deux cas est le vôtre, messieurs ?

— Oh ! capitaine... fit avec reproche la Saint-Huberti.

— Cette fois, dit-il en s'inclinant courtoisement, mon devoir est mon excuse !...

Lamœllan et Maubreuil se disposaient tous deux en même temps à répondre.

— Pardon, monsieur, fit le capitaine à Lemœllan, je vous serais obligé de laisser parler monsieur, par bénéfice d'âge : il est le plus jeune.

Maubreuil fit un pas au-devant du capitaine, salua, et avec le geste de se présenter lui-même :

— Marie-Armand de Guerry de Maubreuil, déclama-t-il.

— De Guerry de Maubreuil ! répéta le capitaine Lamogère.

Il se fit un silence. Ce fut le capitaine qui le rompit :

— Je connais ce nom, reprit-il froidement. Un Guerry de Maubreuil, après le combat des Quatre-

Chemins, fit égorger plusieurs de nos soldats prisonniers. Je retrouvai le même Guerry de Maubreuil quelque temps après, au château de Châtenay. Je le fis fusiller.

— Est-ce un avertissement, capitaine? demanda Maubreuil.

Un sourire effleura les lèvres du capitaine.

— Non, monsieur... C'est pour constater que nous ne sommes pas l'un pour l'autre des nouveaux venus, répondit-il. Mais je vous ferai remarquer que je ne vous avais pas demandé votre nom.

— Vous nous avez demandé de la franchise, capitaine ! En serait-ce et auriez-vous confiance en notre loyauté si nous restions des anonymes devant vous ?

Lamœllan s'avança.

— Monsieur de Maubreuil a raison, fit-il, et, s'inclinant : — Le comte Picot de Lamœllan, aide de camp de Georges Cadoudal.

Puis ce fut autour de Junet de Collery de saluer et de décliner ses noms.

— Très bien, messieurs ! — déclara le capitaine, en riant ; — nous sommes en pleine Vendée... Je m'en doutais... Mais, pour l'honneur de votre cause et de vos noms, j'aurais mieux aimé vous rencontrer avec vos paysans, qu'avec les gens du Rémouleur...

— Et moi? et moi? intervint étourdiment la Saint-Huberti, est-ce que je ne me nomme pas aussi, moi?...

— Oh! non! non! pas vous! protesta vivement le capitaine : je vous en supplie, madame! restez

13.

pour moi la citoyenne inconnue du 20 fructidor.

— Cela vaut mieux, en effet, soupira la Saint-Huberti.

— Nos vies et nos libertés sont en vos mains, capitaine, reprit Maubreuil ; mais vous n'attendez certainement de nous ni révélations ni dénonciations. Il est possible qu'on ait eu la pensée de se servir de madame Crassous comme d'otage ou de rançon...

— Et du citoyen Crassous aussi, sans doute, interrompit le capitaine.

Maubreuil hésita un moment, et consulta du regard ses amis :

— Du citoyen Crassous, aussi !

— Alors ! ils ne l'auront pas assassiné. Nous sommes arrivés à temps ! Continuez, monsieur.

— Mais nous avions, ces messieurs et moi, avec la complicité de madame, résolu de délivrer madame Crassous. Nous n'avions qu'un moyen : profiter d'une de ces voitures que nous savions ici pour l'emporter à Paris chez une amie sûre. Le projet n'était pas facile à réaliser : on nous surveillait. Nous parvînmes à la faire sortir du château, à l'amener ici, à l'installer dans la voiture avec madame... Et quand vos hommes sont venus, capitaine, nous allions tenter le dernier acte de notre entreprise.

— Mais, pour y réussir, il aurait fallu batailler avec les gens du Rémouleur, qui étaient là avec vous, n'est-ce pas, messieurs ? interrogea le capitaine.

Maubreuil s'inclina sans répondre.

— C'est bien ce que nous avions compris d'après les brefs aveux du gaillard qui s'est laissé surprendre sur la grand' route, continua le capitaine ; c'était héroïque, mais fou, et nous sommes arrivés à temps pour vous aussi, messieurs. Comment vos autres amis ne vous portaient-ils pas aide en cette circonstance ?... car vous n'êtes pas seuls, perdus parmi toute cette bande !

Les jeunes gens restèrent muets.

— Remarquez, messieurs, que je ne vous demande pas de répondre. Amenez l'autre voiture, ordonna-t-il à ses hommes.

Et, pendant que ceux-ci obéissaient :

— Messieurs, dit le capitaine, vous êtes libres. Aussi bien, fit-il en riant, je vous ai sauvés tout à l'heure, sans le vouloir. Je ne vais pas maintenant défaire ce que j'ai fait. J'offre vos libertés à la citoyenne du 20 fructidor.

— Oh ! capitaine, s'écria la Saint-Huberti, vous êtes une âme vraiment généreuse ! Comment vous témoigner jamais toute notre reconnaissance ?

— En vous rappelant quelquefois, citoyenne, le capitaine Scévola Lamogère. Et vous, messieurs, je ne vous demande qu'une chose : si jamais des républicains tombent en votre pouvoir, traitez-les comme un républicain vous a traités aujourd'hui.

— Nous vous le promettons, capitaine, firent ensemble les trois jeunes hommes.

— Faites à autrui ce que vous voudriez qui vous fût fait à vous-même, murmura le capitaine.

— Ah ! vous citez l'Évangile, capitaine, fit Lamœllan triomphalement.

— Non, répondit Lamogère ; l'Evangile a dit : « Ne faites pas à autrui... » Je mets à l'actif ce qu'il laisse au passif. C'est toute la Révolution, cela, monsieur !

Le brigadier venait d'amener l'autre voiture.

— Il faut nous séparer, messieurs.

— Et madame Crassous ? demanda madame Saint-Huberti.

— Je m'en charge, citoyenne, répondit l'officier. Laissez-moi achever votre sauvetage. Soyez tranquille, là où je la ferai conduire, elle sera en sûreté, et j'espère que, lorsqu'elle rouvrira les yeux, ce sera pour voir son mari à côté d'elle...

— Vous permettez au moins, capitaine, que nous lui disions un dernier adieu...

Sur un geste de Lamogère, la Saint-Huberti entra dans la voiture et déposa un baiser sur le front de madame Crassous, tandis que, derrière, les trois jeunes gens levaient leurs chapeaux et saluaient...

Le capitaine les accompagna à leur voiture :

— Je vais vous donner deux hommes pour vous escorter... dit-il. Oh ! ne craignez rien. Mes soldats, encore une fois, ne sont pas des policiers. Mais les routes sont peu sûres. Ils vous laisseront, d'ailleurs, à la barrière de Paris où vous auriez peut-être, sans eux, quelque difficulté à rentrer.

— Voulez-vous me permettre de vous serrer la main, capitaine ? fit la Saint-Huberti.

L'officier s'empara de la main qu'elle lui tendait et y apposa un long baiser.

— Merci, citoyenne, fit-il.

» Et vous aussi, messieurs, ajouta-t-il, les mains offertes aux jeunes gens, qui les étreignirent chaleureusement ; quittons-nous comme des ennemis loyaux qui se rencontreront demain peut-être en des combats sans merci.

» Oui, sans merci, continua-t-il, presque tristement, car la Révolution doit vaincre ou périr. »

La Saint-Huberti était entrée dans la voiture, où Lamœllan prenait place à côté d'elle, tandis que Maubreuil montait sur le siège avec Junet de Collery qui ramassait les brides.

Deux hussards, à cheval, attendaient, à quelques pas, sur la route.

— Allons, messieurs ! bon voyage, fit le capitaine.

Puis, après une courte hésitation, il ajouta :

— Je ne puis pourtant vous laisser partir sans vous exprimer un regret. Le permettez-vous ?

— Lequel, capitaine ? Parlez, répondit Maubreuil.

— C'est de voir à quelle illusion vous sacrifiez tant de courage, tant de vies et tant de ruines...

— Nous pourrions vous retourner le regret, capitaine, riposta Lamœllan. Nous croyons travailler utilement pour notre cause comme vous pour la vôtre.

— Pardieu, oui ! vous le croyez ! s'écria le capitaine. Vous affaiblissez la Révolution, c'est vrai, et la France aussi en même temps, au bénéfice de qui ?

— Nous ne le cachons pas, capitaine, des Bourbons !

— C'est là précisément votre erreur, reprit gravement le capitaine. Vous nous ruinez vous et nous à la fois pour un tyran qui se fortifiera de nos luttes et s'élèvera par elles...

— Un tyran ?

— Rappelez-vous le 20 fructidor.

Lamœllan baissa la voix :

— Bonaparte ?

— Mais, capitaine, intervint légèrement Maubreuil, son triomphe serait celui de l'armée; ce serait le vôtre...

— Avant d'être soldat, je suis républicain, monsieur, répondit Lamogère. L'armée est le bras de la nation. Malheur à nous, le jour où elle en serait la tête...

— Capitaine !... capitaine !

A cette voix haletante qui l'appelait, le capitaine se retourna vivement.

En ce moment, un hussard accourant apparut à la grille qu'il franchissait...

— Des prisonniers qu'on vous amène...

— Partez ! dit le capitaine aux jeunes gens. Il ne faut pas qu'ils vous voient ici. Adieu !

Et, Junet de Collery ayant lâché les brides, la voiture dérapa vers la grand'route, au grand trot, escortée d'un hussard à chaque portière.

Le roulement s'entendait encore quand une dizaine de hussards amenèrent devant le capitaine deux hommes vêtus l'un et l'autre de longues houppelandes de cochers et flanqués, de chaque côté, de soldats qui portaient des paquets.

— Capitaine, dit le chef de l'escouade, voici deux individus qui ont demandé à vous parler en confidence.

Un des prisonniers, le plus grand, fit un large pas au-devant du capitaine, leva son chapeau avec un immense geste solennel et s'inclina profondément; l'autre était frêle, petit et furtif, et se dissimulait le mieux qu'il pouvait derrière l'ampleur de son compagnon.

— Ah! ah! fit le capitaine en les regardant, vous êtes les cochers des deux voitures qui étaient là?...

L'homme à la longue houppelande et au geste immense éclata de rire :

— Vous n'y êtes pas, mon commandant, fit-il, oh! pas du tout !

Le capitaine fronça les sourcils :

— Vous faites le badin, monsieur... Il serait imprudent de continuer, je vous en avertis...

— Le badin?... oh! non! mon commandant. Cocher... d'occasion!... et pas heureux pour mon début... Naguère, en mon ancien métier, je soulevais tout mon public à moi, comme la lune, dit-on, fait de la mer... Cette nuit, mon public, je l'ai fichu dans le fossé. Et c'est même ce qui a été la cause de tout... Ne vous impatientez pas, je vous en prie, capitaine...

Et, faisant une prose dramatique, il déclama :

— Yves-Marie-Joseph Rubin Lagrimaudière, âgé de vingt-sept ans, natif de Rennes, département d'Ille-et-Vilaine, ci-devant province de Bretagne.

Puis, balayant la terre de son chapeau, il ajouta :

— Qui se met à vos ordres, commandant !

— Ah! ah! ah! modula le capitaine en considérant l'ancien comédien, c'est vous le sieur Lagrimaudière, mouchard... ?

— Oh! capitaine, protesta Lagrimaudière avec

indignation ; agent de la sûreté, pour servir la République.

— Et celui-ci ?... fit le capitaine désignant l'autre.

Lagrimaudière haussa légèrement les épaules, d'un air de pitié :

— Mon second !... répondit-il, le sieur Mazeline... ex-dominicain, je crois...

— Lagrimaudière, Mazeline... oui, murmura le capitaine, ce sont bien les deux noms que m'a cités le général Lemoine quand il m'a ordonné de me rendre ici à deux heures du matin... Trop tard, sans doute ?... Le citoyen Crassons est sauvé ?

— Hélas ! capitaine !... gémit Lagrimaudière.

— Hélas ! répéta Mazeline derrière lui.

— Comment ? Misérables ! s'écria le capitaine en marchant, menaçant, vers les deux agents de police, vous l'avez laissé assassiner ?

— Que pouvions-nous à nous deux, capitaine ?

— Mensonge ! criait le capitaine. Vous n'étiez pas seuls ! Et ceux que vous avez amenés dans ces deux voitures, ils n'étaient pas de la bande du Rémouleur, ceux-là !

— Non ! ils étaient bien pires. Le Rémouleur avait intérêt à l'épargner, puisqu'il en espérait une rançon, tandis qu'eux...

— Alors, ce sont eux qui l'ont tué ?

— Écoutez, capitaine, de grâce, écoutez, suppliait Lagrimaudière. Le citoyen Crassous devait être épargné, enlevé, caché quelque part jusqu'à ce qu'il fût racheté. Nous savions où, et il n'y serait pas resté longtemps... Suffit ! n'embrouillons pas les choses... Mais quand vos hommes sont venus :

alerte, bagarre, débâcle, vous comprenez? Emporter le citoyen Crassous, impossible! Et s'il tombait entre vos mains, il devenait un témoin gênant... Alors...

— Alors... on l'a tué? Et qui? Vous avez vu? Vous connaissez les assassins?...

— Je les connais...

— Nous les connaissons, intervint d'une voix douce Mazeline qui se glissait le long de Lagrimaudière et se tenait devant le capitaine, humblement, tout recroquevillé en sa vaste houppelande. Nous avons leurs noms et d'autres encore, même avec leurs signatures. Nous sommes gens de précautions...

— Oui, et bien d'autres! s'exclama le comédien. J'ai là, citoyen officier, — et tout glorieux il désignait le portefeuille et le paquet que portaient les deux hussards auprès de lui, — j'ai là toutes les preuves de la grande conspiration, des preuves manifestes, péremptoires, indiscutables; oui, capitaine... grâce à votre serviteur, on sait tout.

Le capitaine, qui tout à l'heure donnait de vives marques d'impatience, était devenu, tout à coup, très attentif...

— Une conspiration, s'écria-t-il... Et vous en avez trouvé des preuves chez le citoyen Crassous?...

— Naturellement... puisqu'il en était le chef ou du moins l'un des chefs...

— Et le but de cette conspiration?

— Sur le nom du citoyen Crassous, vous devez bien vous en douter, capitaine... C'est un exagéré... Il voulait nous ramener à la Constitution de 93...

rétablir le gouvernement de patriotes... purifier, comme il est dit dans ces papiers, le Directoire... C'était presque Babeuf qui recommençait... Oui, capitaine... Et ce ne sera pas une gloire minime, pour celui qui vous parle, d'avoir déjoué, par sa perspicacité et son activité, les projets liberticides des nouveaux Catilina.

— De sorte, observa très posément le capitaine, que, s'il faut vous en croire, c'est vous qui avez monté toute « l'affaire » de cette nuit?

— S'il faut m'en croire? mais oui, capitaine, il faut m'en croire! fit modestement Lagrimaudière... D'un seul jet de filet je ramène à la police quelques bandits du Rémouleur, qui paient pour les autres en attendant qu'on prenne leur chef lui-même.

— Alors, il s'est échappé? interrompit le capitaine.

— Diable!... oui, et tant mieux. Il peut encore rendre des services.

— Continuez, monsieur, fit le capitaine.

— Je ramène en même temps quelques ci-devant et émigrés des plus exaltés et des plus dangereux, qui seront arrêtés demain, et pêle-mêle, capitaine, dans le tas, des documents qui permettront au Directoire de se sauver lui-même, en sauvant la patrie... N'est-ce pas un coup de maître?

Le capitaine le regarda, et froidement :

— Oui, de maître... gredin.

Puis, brièvement :

— En voilà assez, monsieur. Vous êtes couvert par vos fonctions. Je ne puis rien contre vous. Je le regrette. Ce serait, croyez-le, avec plaisir que je vous ferais loger, par mes hommes, une dizaine de balles dans le ventre...

— Capitaine!... se récria Lagrimaudière, sautant de quelques pas en arrière, à la grande joie des soldats qui riaient.

— Rassurez-vous, puisque je ne le puis pas! Mais il y a une autre personne dont vous ne me parlez pas... Aviez-vous aussi mission de faire assassiner la citoyenne Crassous, comme son mari?

— Je proteste, capitaine; je n'ai pas fait assassiner le citoyen Crassous...

— Vous avez laissé faire : c'est la même chose. Mais cela s'éclaircira dans son temps. Eh bien! la citoyenne Crassous?

— Sauvée, capitaine, sauvée... Je l'ai confiée à des hommes sûrs... Tenez... il y avait deux voitures, là, tout à l'heure! L'autre est déjà loin... La citoyenne Crassous est en sûreté, capitaine.

— Elle ne peut être en sûreté que chez les amis ou les parents de son mari. Et c'est là que je vais la faire conduire sous l'escorte de quelques-uns de mes hommes. Oui, messieurs, la citoyenne Crassous n'est plus en votre pouvoir. Vous y perdez un otage, mais la vérité y gagne un témoin...

Lagrimaudière et Mazeline se regardaient.

— Enchanté! enchanté!... — manifestait bruyamment le comédien désappointé; — les choses tournent encore mieux que je ne l'espérais...

— Vraiment? fit le capitaine ironique.

— Mais alors, qui donc est parti dans la première voiture?

— MM. de Maubreuil, Lamœllan et de Collery, répondit le capitaine.

— Vous les avez vus, capitaine?... et ils vous ont donné leurs noms?

Le capitaine fit un signe affirmatif.

— Mais — insista le policier — ils n'étaient pas seuls?...

— Non...

Mazeline sourit félinement :

— Vous pouvez bien penser, citoyen Lagrimaudière, que si M. de Maubreuil est dans cette voiture, madame Saint-Huberti y est aussi...

— Madame Saint-Huberti? répétait le capitaine, comme se parlant à lui-même.

Puis, s'adressant à Lagrimaudière :

— La Saint-Huberti, appuya-t-il, la chanteuse?

A chaque question, Mazeline et Lagrimaudière répondaient, à la fois, du même hochement de tête confirmatif. Mais, voyant la surprise du capitaine, en laquelle il y avait en plus de la surprise quelque chose qu'ils ne discernaient pas, Lagrimaudière se mit à rire :

— Je vois ce que c'est, dit-il à son compagnon : la mâtine ne se sera fait connaître que sous son nom de comtesse d'Antraygues!... Et comme, naturellement, le capitaine n'est pas au courant des histoires de ce monde-là, il ne sait pas que la comtesse d'Antraygues et la Saint-Huberti sont la même aventurière...

Mais le capitaine Lamogère venait de tourner brusquement le dos aux deux policiers : il causait avec ses hommes, et quatre d'entre eux, avec le même brigadier, qui avait abordé tout à l'heure le groupe des jeunes gens, se détachaient du groupe et se dirigeaient vers leurs chevaux.

— Hum! hum! dit Lagrimaudière bas à Mazeline, il a un drôle d'air, ce capitaine...

— Pourquoi, souffla mystérieusement Mazeline, n'a-t-il pas retenu M. de Maubreuil et les autres? Il les connaît donc?

— Oui, ça c'est louche! réfléchit Lagrimaudière. Mais qu'est-ce qu'il fait? Voilà qu'un de ses hussards est monté sur le siège. Les autres entourent la voiture... il leur donne l'ordre de partir... Et nous?

— Oh! nous!... observa Mazeline, il semble s'en ficher pas mal.

— Mais ce n'est pas possible... et les papiers?...

Et il courut vers le capitaine qui, au bruit, se détourna de causer avec le brigadier auquel il faisait des recommandations secrètes :

— Capitaine!... Capitaine!...

— Qu'y a-t-il?

— Vous savez ce que c'est que la consigne, capitaine. Il faut que cette nuit même nous portions les papiers au ministère de police... La situation de la citoyenne Crassous est, sans doute, intéressante. Mais le service public avant tout, capitaine!

— Parfaitement, messieurs, répondit le capitaine. Tout est prévu. L'un de vous, monsieur, et il désigna Mazeline, montera sur le siège, à côté du hussard qui est déjà installé, comme vous pouvez voir. Vous, sieur de Lagrimaudière, vous entrerez avec vos papiers dans la voiture ; mais vous permettrez bien qu'un de mes hommes y prenne place avec vous. Les trois autres galoperont à la portière, pour vous préserver de toute rencontre...

— Très bien, capitaine. Voilà des précautions militairement prises, observa Lagrimaudière.

— Merci du compliment ! répondit le capitaine ironiquement, Pour que le service public ne souffre pas, mes hommes vous mèneront tout d'abord au ministère de police. Mais, là, n'ayez pas la fâcheuse pensée de les faire « filer » pour savoir où ils conduiront la citoyenne Crassous. Car je regretterais que vous eussiez à apprécier, par votre propre expérience, jusqu'à quel point mes précautions sont, en effet, militairement prises...

— Un conflit entre la police et l'armée ! s'écria Lagrimaudière, affectant de bouffonner. Ce serait grave...

— Cela le serait d'abord pour vous. Et maintenant, prenez vos papiers, commanda l'officier d'un ton bref, et partez. Votre présence ici déshonorerait même les bandits du Rémouleur...

— Citoyen capitaine ! se rebiffa Lagrimaudière, majestueux...

Mais le capitaine, se détournant à peine, lui jeta, par-dessus l'épaule, en accentuant chaque mot :

— Adieu, monsieur... le mouchard !

— Nom de Dieu ! nom de Dieu ! gesticula derrière lui Lagrimaudière d'un air exaspéré et prêt à courir vers lui.

Mais, se calmant tout à coup :

— Mazeline, déclama-t-il, offrons encore ce nouveau sacrifice à la Patrie.

Puis, tout bas, de façon à n'être entendu que de Mazeline :

— Tu as beau avoir des galons, toi, tu me paieras ça !

Bientôt après, le capitaine regardait partir la voiture avec les trois hussards qui galopaient à la portière.

Et, quand ils eurent passé :

— Au château, maintenant, commanda-t-il.

Il distribua ses hommes en deux troupes, en laissa une pour veiller les chevaux et garder la bifurcation de deux chemins, qui, on s'en souvient sans doute, l'un venant de la grand' route et l'autre du village, se rencontraient devant la ferme ; et, avec l'autre escouade, il remonta vers la grille, dans la direction du château.

VII

LE CRUCIFIX DU BON PÈRE CAUPINE

Revenons maintenant aux événements qui s'étaient passés à Ville-Evrard, depuis le départ des jeunes gens et de Julie Crassous.

Les bandits, guidés par le jardinier, avaient transporté Crassous au premier étage, en son cabinet de travail qui, séparé seulement de la salle de la bibliothèque par quelques colonnes, ne formait avec elle qu'une seule et vaste pièce. Là, sur les ordres du Rémouleur, le patient fut assis sur un fauteuil, les mains liées derrière le dossier, une corde passée autour du torse, et lié encore au siège du fauteuil par une autre corde qui lui entortillait plusieurs fois les cuisses; enfin, les jambes elles-mêmes et les pieds étaient liés aussi. Il était ainsi réduit à la plus complète immobilité. Il ne pouvait remuer que la tête.

— Monsieur, lui dit Le Rémouleur avec une courtoisie affectée, nous serions désolés de vous endommager ; pourtant, nous y serions bien contraints si vous vous montriez tant soit peu récalcitrant. Vous n'ignorez pas que l'hôte qui s'est invité à l'improviste chez vous, cette nuit, n'est autre que Le Rémouleur. Et j'espère que ma réputation suffira à vous faire réfléchir.

» Vous ne devez pas ignorer, en effet, que Le Rémouleur tient tout ce qu'il promet. — J'ajouterai, continua-t-il, monsieur le député, que vous n'êtes pas mon seul otage. Une autre personne répondra pour vous... Oui ! je comprends à vos regards ce que vous pensez... Vous croyez ces jeunes gens... que la citoyenne Crassous n'est plus en mon pouvoir ? — Illusion, cher monsieur ! — Cela vaut mieux pour vous, bouffonna-t-il ; les jeunes gens sont entreprenants et, dame ! ton ex-religieuse est encore jolie, citoyen apostat !... »

Pendant que le bandit outrageait sa victime, ses hommes avaient peu à peu rempli toute la pièce. Ils faisaient le cercle derrière le fauteuil de Crassous, riant, et, comme une meute, attendant le regard du maître pour se ruer à la curée.

Lagrimaudière, toujours solennel, se tenait à côté du Rémouleur, en des poses de magistrat instructeur.

Il avait près de lui son inséparable Mazeline et, un peu en retrait, Desponelles et Caupine, autour desquels se pressaient les conjurés royalistes.

Les deux bandes ainsi se faisaient presque vis-à-vis, ayant à leur centre le prisonnier, Le Rémouleur, Lagrimaudière et son acolyte.

Crassous semblait décidé à ne pas répondre ; ses

yeux étaient fixés dans le vide avec une effroyable fixité, comme s'ils ne voulaient rien voir de ce qui se passait autour d'eux. La paupière seule était vivante en ce visage : elle s'ouvrait et se fermait par rapides convulsions. Une seule fois, le regard du malheureux avait paru s'animer et s'était détourné vers Le Rémouleur, quand celui-ci avait annoncé que madame Crassous était encore en son pouvoir. C'était sa suprême espérance qui lui était enlevée. Mais bientôt, il reconquit toute son énergie de volonté, et reprit son attitude d'impassible résignation.

Les bras croisés, Le Rémouleur le considérait avec de profonds regards de haine, où grandissait une colère féroce...

— Je vais t'interroger... et tant pis pour toi si tu ne réponds pas. Et tu te repentiras encore plus, je t'en préviens, si tu me fais des réponses fausses et que tu cherches à me tromper.

Et, appelant le jardinier :

— Viens çà, toi, fit-il.

Et le misérable vint à côté de lui, à la place qu'il lui désignait du doigt.

— A vos postes, vous autres, commanda le bandit à ses hommes.

Aussitôt deux vinrent se placer derrière le fauteuil de Crassous et deux de chaque côté.

— Et maintenant, gare ! la petite fête va commencer, dit Le Rémouleur en riant.

Et s'adressant à Crassous :

— Où mets-tu ton argent, tes bijoux ? demanda-t-il.

— L'argent est là, répondit le jardinier; et il montrait du doigt le bureau au milieu de la pièce et un grand secrétaire à une encoignure, entre le mur et la cheminée.

— Et les papiers ? intervint Lagrimaudière en s'avançant.

— Dans les mêmes meubles; il doit y en avoir aussi dans la bibliothèque... Voyez, elle est à deux compartiments; celui de dessous forme buffet... c'est là... Pour les bijoux, ajouta-t-il, c'est naturellement dans la chambre de madame qu'il faut les chercher.

— Tu n'as pas d'autres renseignements à nous donner? interjecta Le Rémouleur.

— Pour l'argent, les bijoux, les papiers, non...

— Eh bien ! que deux ou trois d'entre vous suivent cet homme... Donc toi, dit-il au jardinier, mène-les dans la chambre de la religieuse... Il n'y a pas apparence que tu y trouves beaucoup de crucifix...

— Qu'en sait-on, monsieur ? dit avec une politesse pleine d'onction l'abbé Caupine en s'approchant du Rémouleur. Je ne suis pas de votre avis. Je suis persuadé, au contraire, que, malgré elle, par ces craintes secrètes qui préparent parfois des remords prochains aux âmes les plus perverses, elle aura conservé quelques reliques de son ancien état... Ces reliques, je me permets de les réclamer; je vous prie donc d'autoriser ces messieurs à me les remettre. Il faut éviter, je vous prie, de fâcheuses profanations. Je vais les suivre, s'il vous plaît !

— Suivez-les, monsieur, qui, sans doute, êtes un

ancien curé, vous aussi, dit Le Rémouleur, qui ajouta en riant : Nous n'avons rien à craindre ! nous avons notre aumônier...

Les bandits rirent. Le jardinier sortit avec deux d'entre eux, et l'abbé Caupine, le dernier, qui, arrivé près de la porte, se retourna et salua Le Rémouleur :

— Je vous remercie, monsieur !

— Ah çà ! vous autres, maintenant, ordonna le chef, allez ! fouillez dans ces deux pièces : vous à la bibliothèque ; vous ici, au secrétaire et au bureau... Après, nous verrons !... De l'ordre ! pas de bousculade ! pas de hâte !... Plus on se presse, mes garçons, moins on va vite...

Lagrimaudière fit signe à Mazeline de passer dans l'autre pièce avec une partie de la bande ; lui, resta dans le cabinet, surveillant les autres qui s'étaient déjà mis à fracturer les deux meubles.

Alors, Le Rémouleur revint à Crassous :

— Pardon de t'avoir fait attendre, citoyen, dit-il. Ça va marcher, et il ne dépend que de toi que nous ayons bientôt fini. Un politique comme toi, un conspirateur... de plus, ancien curé, toi aussi... tu dois être un homme prudent, discret... Donc, tu as de l'argent et des valeurs autre part que dans tes meubles... Tu dois avoir des cachettes... Dis-nous-les et ne te fais pas prier. Nous n'aimons pas ça, nous autres !

Il se fit un silence, pendant lequel tout le monde tenait les regards rivés sur Crassous ; les bandits eux-mêmes interrompirent leurs opérations et ils attendaient.

Enfin, Crassous abaissa les yeux et, les tournant vers Le Rémouleur :

— Non ! monsieur, fit-il lentement ; tout ce que vous cherchez est ici, dans ces meubles. Je n'ai pas de cachette.

— Tu mens ! s'écria Le Rémouleur. Nous savons que tu en as.

— Vous pouvez me torturer, continua le patient, mais vous ne pourrez tirer de moi un mensonge.

— C'est ce que nous allons voir ! hurla le bandit, menaçant.

— Si je vous indiquais des cachettes où vous ne trouveriez rien, vous me tortureriez pour vous avoir trompés, n'est-ce pas ? Je suis entre vos mains... faites !...

L'accent de sincérité et l'inaltérable résignation de Crassous avaient étonné. Le Rémouleur lui-même, qui restait incertain. D'un geste, il arrêta l'élan de ses acolytes qui déjà se disposaient à s'emparer de Crassous. Et il réfléchissait.

— Eh bien ! se décida-t-il. Voyons !... et il prit un ton d'ironique bonhomie. — Le diable, dit-il, n'est pas aussi méchant que le font les curés. Vous le savez vous-même, n'est-ce pas ?... Il y a avec lui des accommodements — comme avec le bon Dieu. Le Rémouleur n'est pas pire que le diable... Jurez-moi qu'en effet, vous n'avez point de cachettes ; que tout votre argent, or, bijoux, assignats même — nous ne sommes pas dégoûtés, tout sert quand on a des relations, comme moi ! — est ici, et je vous laisse tranquille...

14.

Le malheureux ne put, cette fois, réprimer un mouvement de joie...

— Oh! reprit le bandit qui l'observait, ne nous méprenons pas. Je vous laisse tranquille. Mais je ne vous lâche pas... Nous aurons, avant de nous séparer, de petites affaires à régler entre nous et avec les citoyens vos amis. Mais, enfin, c'est déjà une jolie chance de se tirer des mains des chauffeurs sans déchirures ou ecchymoses à la peau... Vous jurez?...

— Vous avez ma parole, répondit Crassous, retombé à sa morne résignation.

— La parole!... Ça ne me suffit pas... Je suis superstitieux... Vous devez l'être un peu, vous aussi. Je suis sûr que vous ne mentiriez pas sur la tête de madame Crassous, par peur de lui porter malheur, et vous auriez raison, car ce serait moi qui me chargerais de réaliser votre crainte... Ainsi, ça y est... Vous jurez sur la tête de la citoyenne Crassous que vous avez dit la vérité, rien que la vérité, ainsi qu'on dépose en justice?...

— J'ai dit la vérité!...

— Tu ne veux pas faire ce serment?

Crassous avait fermé les yeux pour recueillir, en un suprême effort, toutes les énergies de son âme. Comme leur vie entière apparaît aux mourants dans l'instantanéité d'une seule vision, il revit, sous ses paupières closes, en la réflexion d'une pensée qui les concentrait tous, la rapide succession des événements de cette terrible nuit... Certes, il avait dit la vérité; il n'avait nulle cachette; mais cette vérité, cela lui semblait un sacrilège de l'attester devant ces bandits sur la tête de sa femme. Et pourtant si, par là, il avait l'espérance d'épargner à la malheureuse les tortures que Le Rémouleur appliquait à ses victimes avec une féroce ingéniosité de bourreau, qui n'avait pitié ni de l'âge ni du sexe, et l'avait rendu la terreur de tout le pays? Et le misérable Crassous n'avait pas d'illusions à se faire : sa dernière espérance venait de lui être arrachée. Ces jeunes gens avaient échoué dans leur entreprise de sauver sa femme ou lui avaient menti. Elle était, comme lui, au pouvoir du bandit. Mais il croyait deviner que celui-ci ne voulait la mort ni d'elle ni de lui. Il comprit qu'ils étaient l'une et l'autre, entre ses mains, une rançon dont il espérait tirer parti..... Ces opérations-là étaient d'ailleurs dans ses habitudes.

— Eh bien! j'attends! répétait Le Rémouleur.

Crassous rouvrit les yeux; le bandit était toujours devant lui, les bras croisés; mais, déjà, le pillage avait commencé : les uns s'occupaient à forcer les tiroirs du bureau; les autres s'étaient emparés des chenêts, dans la cheminée, et en défonçaient, à grands coups, le secrétaire et le buffet de la bibliothèque. Lagrimaudière allait d'un meuble à l'autre dans le cabinet; et, dans l'autre pièce, Mazeline, accroupi, mettait en tas des papiers que les bandits enlevaient par brassées du buffet, après avoir d'abord constaté s'il ne s'y trouvait mêlé ni argent, ni valeurs.

Crassous, d'une voix profonde, lentement, mais nettement articulée :

— J'ai dit la vérité... Je le jure sur la tête de ma chère femme, Julie Crassous.....

— Allons! c'est bon! fit Le Rémouleur, le voilà redevenu raisonnable... Je vous le répète, ça m'aurait ennuyé de vous endommager l'un et l'autre. Vous m'êtes très précieux..... Maintenant, vous n'avez plus qu'à prendre un peu patience. Nous avons autant de hâte que vous d'en finir... L'heure avance.

Et, laissant Crassous seul, lié et garrotté sur son fauteuil, il se dirigea vers ceux de ses hommes qui commençaient à visiter les tiroirs du bureau, dans lesquels, à leur grande joie, ils avaient trouvé des sacs de monnaie et des liasses de papiers, assignats, billets et mandats.

— Si! si! répondit le chef à l'air de doute de quelques-uns de ces hommes qui jetaient des regards obliques du côté de Crassous; il dit vrai! il sait trop ce qu'il risquerait pour elle et pour lui à vouloir nous tromper.

Et il ordonna qu'on déposât sur la table du bureau tout l'argent et toutes les valeurs trouvées dans les tiroirs et dans ceux du secrétaire. Quant aux lettres et papiers, fidèle à sa promesse, comme il le fit remarquer à Lagrimaudière, il les faisait disposer sur la cheminée et sur les autres meubles de la pièce.

Lagrimaudière les parcourait rapidement et les disposait, en tas, sur la tablette d'une console, près de la porte : il exultait, faisait de grands gestes, frappait, du revers de la main, sur les papiers qu'il lisait, d'un air de conviction, et, à chaque instant, répétait :

— La voilà prouvée, la grande conspiration!...

Et, aux royalistes qui l'entouraient :

— Voilà, messieurs, qui va joliment dépister le gouvernement, ajoutait le comédien. Au moment où toute sa police est à nos trousses, je la fais retourner tout à coup, et la lance, juste, dans la direction opposée... Après le 18 Fructidor contre les royalistes, il va falloir maintenant faire volte-face..... faire un 18 Fructidor contre les républicains.

Et il affectait de rire aux grands éclats.

— Car c'est ça, messieurs ! ajoutait-il. Un pendant, je vous dis, à Babeuf : les coups vont se détourner de droite pour pleuvoir à gauche. Et, pendant ce temps-là, on nous laissera tranquilles, nous... On nous demandera même notre alliance... Mais, affirma-t-il gravement, il faudra faire nos conditions, messieurs !... des conditions léonines... Avant six mois le roi sera de retour !...

Et, se tournant vers les royalistes qui se pressaient derrière lui pour tâcher de lire quelque chose sur les fameux papiers :

— Vive le Roi, messieurs ! cria-t-il.

— Vive le Roi ! répétèrent d'une voix les royalistes.

Mais, riant et faisant allusion à son travestissement et à celui de ses hommes :

— Ah çà ! messieurs, plaisanta Le Rémouleur, vous oubliez que nous sommes de la police !

Tous se mirent à rire :

— Eh bien ! messieurs — continuait Lagrimaudière sur le même ton de boniment — ai-je eu assez de flair ?..... Et dire que c'est ce brave homme de républicain, fit-il en désignant Crassous, qui va nous fournir, lui-même, toutes ces munitions pour le dernier assaut à la République.....

Les regards des royalistes se portèrent tous, ensemble, vers Crassous. Il conservait la même impassible et muette résignation : étranger, en apparence, à tout ce qui se passait autour de lui. Un à un les royalistes l'entourèrent, pendant que Legrimaudière surveillait les perquisitions des bandits et que son « second » Mazeline, était occupé, lui aussi, à classer des papiers dans la bibliothèque ; mais silencieusement, posément, méthodiquement, sans gestes et presque sans mouvements.

Mais si Lagrimaudière était satisfait de ses fouilles, Le Rémouleur ne l'était pas moins des siennes : non seulement ses hommes exhibaient des liasses d'assignats, mais des sacs de pièces d'or et d'argent dont il constatait le contenu, en appréciant la valeur, approximativement, au poids.

Et il disposait avec ordre sur la table les sacs et les liasses de billets, afin qu'en cas d'alerte et de surprise le butin ne fût pas perdu et que chacun de ses hommes pût en prendre sans risquer de ralentir et d'embarrasser sa fuite.

— Allons ! dit-il, allons, mes garçons, bonne campagne ! Il y a là, en pièces, au moins cinquante mille livres. De plus, ces tas d'assignats... et aussi des mandats sur des banques. Nous examinerons cela à loisir. Le citoyen Crassous, par reconnaissance, voudra bien nous donner sa signature si nous en avons besoin.

Cependant, Desponelles abattait sa main, de

toute sa pesanteur, sur l'épaule de Crassous.

— Eh bien, citoyen tonsuré, je suis sûr que tu aimerais mieux encore être à l'autel, en train de chanter ta messe.

— Ah! brigand! lui fit un autre, lui mettant le poing presque sur la face, on te tient enfin! Vois comme ils te profitent, ces biens que tu as volés.

— Et le sang que tu as versé, scélérat, crois-tu que tu ne vas pas le payer aussi?

Mais leur attention fut tout à coup détournée par un bruit à la porte. C'étaient le jardinier et ceux qu'il avait conduits à la chambre de madame Crassous qui rentraient de leur expédition. Ils avaient l'air assez désappointés, et montraient à leur chef, qui s'était retourné vers eux, dans leurs paumes ouvertes, à peine quelques bracelets, bagues et broches, qui ne semblaient pas d'une grande valeur.

— Paraît qu'elle n'avait pas renoncé à son vœu de pauvreté, l'ancienne nonne! remarqua l'un des bandits en déposant piteusement son maigre butin sur le bureau devant Le Rémouleur; il n'y en a pas pour mille écus, de tous ces bijoux.

— Et celui-ci, vous ne le comptez pas! cria derrière eux l'abbé Caupine triomphalement.

Il éleva de tout son bras tendu, au-dessus de tous, un crucifix d'argent, dont le Christ était d'ivoire.

Et il s'avança, solennel et dominateur, promenant son regard sur tous, largement, autour de lui.....

Les royalistes saluèrent et s'inclinèrent. Quelques

bandits se signèrent, tandis que, dans l'autre pièce, Mazeline, toujours occupé à classer les papiers, s'agenouillait vivement, le front contre terre. Auprès de lui quelques bandits ricanaient. Lagrimaudière, avec un vague geste de salut, haussait les épaules et retournait à l'inspection de « ses documents ».

Le Rémouleur, à moitié assis sur le bureau, regardait le prêtre venir à lui.

— Je le disais bien, monsieur, dit ce dernier en s'adressant à lui, que chez les plus pervers, ceux qu'entraînent aux pires moments la vanité de mal faire et l'orgueil de l'impiété, le remords s'atteste encore par quelque relique secrète... Cette femme est bien coupable, bien criminelle même... doublement, par ses propres crimes et pour s'être associée à ceux de ce malheureux. Eh bien! elle avait conservé ce crucifix! Nous l'avons trouvé, dissimulé, par terreur sans doute, car elle n'aurait plus osé soutenir la vue de son Dieu outragé et renié — honteusement dissimulé parmi de profanes parures...

Et, rabaissant le crucifix, il le coucha câlinement sur son bras gauche comme une nourrice tient son nourrisson; et il le couvrait de longs regards amoureux, en le berçant :

— Oh! mon Dieu! mon Dieu! faisait-il. Toi qui as donné ton sang pour les péchés du monde et qui as voulu revêtir notre humanité pour la sauver; oh! mon Jésus! mon Jésus!... il n'est plus temps d'être le bon Jésus qui appelle les publicains, pardonne aux Samaritains et guérit de ses mains les plaies du corps comme de son pardon les lèpres de l'âme !... Non! non! — et il l'érigea de nouveau dans un geste furieux. — Tu dois être maintenant le Dieu terrible, le Dieu qui annonçait à ses ennemis les grincements de dents dans les flammes qui ne s'éteindront pas, qui chassait les marchands du Temple et renversait sur eux leurs étals et leurs marchandises; le Fils qui marchait devant les colères de son Père qui est aux cieux et disait de lui-même qu'il n'était pas venu apporter la paix, mais la guerre...

» Nous entendons aujourd'hui le bruit des chariots et des chevaux qui accourent contre les impies avec le grondement des grandes eaux! Comme tu l'as prédit, les enfants sont en armes contre leurs pères, les frères se combattent entre eux, et tu nous as donné toi-même l'exemple de renoncer à toutes les charités et à toutes les affections de la chair quand tu as repoussé ta mère, en lui disant : « Femme! qu'y a-t-il de commun entre vous et » moi? »

Puis, prenant le Christ de ses deux mains, le tendant au-dessus de sa tête levée, dans un geste d'offertoire, il fit une génuflexion et, à pas lents, toujours dans la même attitude, il s'avança vers Crassous, les yeux fixés sur lui...

Et, arrivé près de lui, il s'arrêta :

— Prêtre infâme! apostat! renégat! Reconnais-tu le Dieu que tu as adoré, le Dieu que tu as servi, le Dieu qui t'avait accepté parmi les siens, le Dieu que tu as trahi, le Dieu que tu as vendu, Judas!... Mais voici — et il désigna Le Rémouleur et ses hommes qui achevaient de dévaster le bureau et les autres meubles — voici qu'il t'arrache, vivant, d'entre les mains, les deniers de ta trahison... Voici qu'il t'a lié et garrotté lui-même sur le siège de ton supplice d'où tu vois, impuissant, venir contre toi toutes ces vengeances. Et voici qu'il a livré en même temps, à toutes les horreurs de la captivité, la vierge adultère qui avait juré de lui être une épouse fidèle et qui s'est prostituée à toi, sur la nappe de l'autel, dans sa robe de fiançailles... Tu as méconnu ton Dieu dans sa bonté. Reconnais-le, maintenant, misérable, dans sa colère !...

Et, se penchant sur le patient, il lui inclina le crucifix sur le visage.

— Demande-lui pardon de tes reniements et de tes apostasies !... Ouvre devant lui les ténèbres de ton âme où déjà l'enfer est réalisé, et où, comme au fond d'un puits marécageux, grouillent, s'enlacent et pullulent, comme des nœuds de vipères emmêlées parmi des pullulements de scorpions, tous les péchés et tous les crimes dans l'ordure de l'impiété... Demande-lui pardon... Non pour toi : tu es infailliblement et éternellement perdu... mais pour la leçon et l'exemple des malheureux que tu as corrompus et pervertis par l'illusion de tes fausses et éphémères prospérités... Qu'ils sachent que tu as reconnu toute ton infamie et que, s'il t'a été impossible de t'en racheter, du moins tu l'as avouée, en tâchant de revenir à ton Dieu par une irréalisable pénitence !...

Crassous, sous le crucifix que la rage du prêtre rapprochait de plus en plus de sa figure, reculait la tête.

— Voyez... le misérable ! s'écria l'abbé Caupine. Voyez en quel état le met la présence de son Dieu...

Déjà, toute l'horreur de la damnation est marquée sur ses traits... Embrasse-le... ce crucifix, cette image du divin supplicié... Embrasse-le... et puisse-t-il brûler tes lèvres — qui l'ont renié d'un baiser plus abominable que celui qu'il a reçu de Judas, au jardin de l'Angoisse!

Et Desponelles et ses amis, exaltés encore par la fureur du prêtre, criaient autour de Crassous :

— Oui!... qu'il l'embrasse!... qu'il l'embrasse!...

Alors, approchant encore plus le crucifix du malheureux, le prêtre frénétiquement repartit :

— Embrasse-le donc, scélérat!...

Aussitôt Crassous poussa un cri de douleur : le prêtre lui appliquait de toutes ses forces le crucifix en plein visage.

— Tu l'embrasseras malgré toi, apostat!

Et il l'appuyait encore, avec plus de rage...

Mais voici que Le Rémouleur et ses gens suspendirent chacun tout à coup sa besogne et s'entre-regardèrent silencieusement... Lagrimaudière s'interrompait d'entasser ses « dossiers »; vis-à-vis de lui, dans l'autre pièce, Mazeline, comme à l'affût, l'interrogeait des yeux, et on entendait, au dehors, un tumulte de gens qui accouraient et, dans la confusion, des mots haletés :

— Alerte!... alerte!...

Puis, au rez-de-chaussée, de brefs murmures de voix et des bruits de pas qui montaient l'escalier...

Le Rémouleur fit un signe; ses hommes se jetèrent sur la table et eurent vite enlevé et fait disparaître les liasses de valeurs et les sacs dont elle était couverte, et il s'élança lui-même vers la porte; il y rencontra d'autres chauffeurs qui accouraient, effarés :

— Trahis ?... leur demanda-t-il.

— Oui, les soldats ! répondirent-ils.

Et ils étaient suivis de celui qu'il avait donné pour guide aux jeunes gens.

— Les hussards du général Lemoine, souffla-t-il.

— Nombreux ?

— Oui.

— Alors, résister, folie ! fit Le Rémouleur.

Et ayant recouvré tout son sang-froid :

— Prenez chacun votre charge de butin, mes garçons, et sauve qui peut !

— Qu'y a-t-il ? qu'y a-t-il ? demandaient les royalistes.

— Quelqu'on de vous le sait, ce qu'il y a, car le traître est des vôtres, certes, messieurs, répondit Le Rémouleur. Chacun est ici pour sa peau ; arrangez-vous comme vous pourrez. Et vous, mes amis, par le parc. Il n'est pas probable qu'ils l'aient cerné... *A l'azard, Balthazar !*

— Et l'homme ? lui demanda un de ses bandits en lui désignant Crassous.

— Ah ! bah ! fit avec un geste d'insouciance Le Rémouleur... Tout le monde saura bien que c'est notre bande qui a fait le coup... Un témoignage de plus ou de moins, qu'est-ce que ça nous fait ?... On ne nous tient pas.

Et il ajouta, en montrant les royalistes :

— Il est plus embarrassant pour eux que pour nous !...

Les tourmenteurs de Crassous prenaient déjà leur

élan pour se disperser et suivre dans sa fuite Le Rémouleur; mais Desponelles et Caupine, étendant les bras pour les retenir :

— Attendez !... attendez... messieurs !... les suppliaient-il.

— Dans la hâte de nous sauver, ne nous perdons pas, messieurs !... leur disait Caupine.

Et Desponelles, précipitant les mots :

— Cet homme a raison — haletait-il. — Laisserons-nous derrière nous un témoin qui nous a vus tous à visage découvert... qui a peut-être entendu nos noms ?... Et savez-vous ce que lui ont dit Maubreuil et Lamœllan !

Et tous restaient en suspens près de leur victime, en un conciliabule hâtif et secret autour de Desponelles et de Caupine.

Le Rémouleur jeta un rapide coup d'œil vers eux et sourit. Mais, comme le capitaine de navire qui ne consent à quitter son bord que lorsque ses passagers et son équipage sont sauvés, il sortit le dernier, non sans avoir adressé un geste de menace à Lagrimaudière, qui feignit de ne pas le voir, en apparence tout affairé avec Mazeline à empaqueter leurs papiers. Et, de fait, ils se précipitèrent à la suite du Rémouleur.

Mais, à la porte, ils se ralentirent un peu ; ceux du groupe Desponelles et Caupine accouraient derrière eux... et passèrent.

— Dans le parc ! dans le parc ! se disaient-ils les uns aux autres.

Alors, Lagrimaudière et Mazeline se retournèrent.

Crassous se roidissait dans les dernières convulsions de l'agonie, un poignard planté dans la gorge jusqu'à la garde.

Les deux compagnons se regardèrent...

— Ah! ça y est! fit Mazeline approbateur. Dommage, ajouta-t-il pensif, qu'on ne puisse savoir qui a fait le coup...

Lagrimaudière haussa les épaules et laissa tomber sur son acolyte un regard de pitié...

— Chacun n'avait-il pas son poignard — comme celui-ci — de bonne marque anglaise authentique — avec la couronne, s'il vous plaît! — Eh bien! celui qui ne l'aura plus ?...

— Juste!

Et Mazeline s'inclina, respectueusement.

Ils avaient traversé le palier et arrivaient à la cage de l'escalier. Tout à coup, d'en bas, monta une clameur de cris de désespoir, de hurlements de rage, d'imprécations, que, seule, dominait la voix de Desponelles :

— Les scélérats! ils ont fermé la porte!

Lagrimaudière s'arrêta et se porta la main à la bouche pour étouffer un pouffement de rire :

— Bien joué!... Pour se venger, car il se doute de quelque chose, notre cher ami aura fermé la porte du vestibule qui donne dans le parc. Il pense à tout, ce bougre-là! Plus moyen de tirer ses grègues que par l'autre porte, en pleine clarté de l'incendie! Juste pour se rencontrer nez à nez avec les soldats qui vont venir de ce côté, s'ils n'y sont déjà... Je crains bien que nos pauvres diables ne soient pincés... Si je n'étais Lagrimaudière, je voudrais être Le Rémouleur !

Quand ils arrivèrent aux dernières marches, un reflux d'épouvante ramenait dans le vestibule les fugitifs, qui, à tout risque, s'étaient précipités au dehors par la porte restée libre, et ils se dispersaient éperdument à travers le château, dans toutes les directions :

— Les soldats ! criaient-ils, les soldats !

Un d'eux s'acharnait à ouvrir une fenêtre du corridor. A peine ouverte, il rentrait affolé, et heurtant Lagrimaudière et Mazeline, qui s'avançaient toujours :

— Le château est cerné, leur jeta-t-il en passant ; et il remonta les escaliers.

Mais Lagrimaudière, superbement :

— Mieux vaut se rendre, déclamait-il, que de s'exposer à être tiré de sa cachette par les pieds ou par la tête.

L'autre était déjà loin, et Lagrimaudière et Mazeline s'avançaient toujours.

En ce moment, juste, des hussards, mousqueton en avant, se rangeaient silencieusement sur le perron.

— Halte !... Là, camarades, fit un brigadier aux deux compagnons ; trop tard pour décamper.

— Citoyen brigadier, répondit Lagrimaudière, nous songeons si peu à décamper, mon ami et moi, qu'au contraire nous vous serions reconnaissants de nous annoncer à votre officier. Nous aurions d'utiles renseignements, je crois, à lui communiquer.

— C'est différent. Mais il n'est pas nécessaire de vous mener à lui. Car le voici...

En effet, le lieutenant, qui venait de disposer ses

hommes tout autour du château, approchait, escorté de plusieurs hussards, dont deux se tenaient de chaque côté du bandit qu'ils avaient fait prisonnier sur la grand'route.

Le brigadier alla au-devant du lieutenant et lui parla bas en lui désignant Lagrimaudière. L'officier donna encore quelques ordres, et, montant le perron, les yeux fixés sur Lagrimaudière et Mazeline, qui l'attendaient sur le seuil du vestibule :

— C'est vous qui voulez me parler ? fit-il en les abordant, — et il les inspectait l'un et l'autre, avec défiance. — Ah ! ah ! vous aussi, vous êtes de cette bande ?...

— Pas précisément, citoyen lieutenant, répondit Lagrimaudière.

— C'est ce que nous verrons. Qui êtes-vous, alors, et que faites-vous ici, si vous n'en êtes pas ?

— Vous serez renseigné de suite, si vous voulez bien m'entendre, lieutenant, comme j'en requiers la faveur. Seulement, ce que j'ai à vous dire ne peut être entendu que de vous seul.

— Voilà des mystères bien suspects... observa le lieutenant.

— Des mystères, peut-être, observa le comédien. Mais ils ne seront plus suspects quand vous m'aurez permis de vous les révéler. Quoiqu'à vrai dire, vous devez déjà en connaître quelque chose... Sinon vous, du moins le capitaine !

L'officier, tout en continuant d'observer les deux associés, achevait de donner des ordres à ses hommes qui commencèrent à se répandre dans le château.

— Procédons étage par étage, leur recommanda-t-il ; d'abord par le rez-de-chaussée : quoiqu'elles soient bien gardées au dehors, fermez toutes les fenêtres, occupez tous les escaliers ; que pas un ne nous échappe. Ceux que vous pincerez, amenez-les ici... A présent, je vous écoute, fit-il à Lagrimaudière.

— Je serai bref, lieutenant, répondit celui-ci ; nous sommes aussi pressés l'un que l'autre.

L'officier considéra le comédien avec étonnement.

— Mais d'abord, continua Lagrimaudière, envoyez de vos hommes là-haut, au premier, lieutenant. Ils y trouveront un homme assassiné.

— Un homme assassiné ! Et qui ?

— Le maître même du château, le citoyen Crassous !

— Et c'est pour me dénoncer l'assassin, sans doute, que vous vouliez me parler en secret... qui sait ? peut-être essayer de détourner les soupçons...

Ce fut avec un sourire que Lagrimaudière soutint le regard scrutateur de l'officier :

— Mon lieutenant, vous faites fausse route. Aucun soupçon ne peut m'atteindre... vous en serez convaincu, tout à l'heure. Quant à vous dénoncer l'assassin, je ne le puis pas ; mais vous aider à le découvrir, si ! Il doit être encore dans ce château.

— Je vais monter moi-même. Suivez-moi !

— Soit, acquiesça Lagrimaudière ; nous nous expliquerons aussi bien là-haut. Même mieux. Je vous rappellerai pourtant, lieutenant, que je suis très pressé...

Au signe du lieutenant, deux hussards accoururent.

— Passez devant! fit-il à Lagrimaudière en lui désignant l'escalier.

Lagrimaudière obéit.

— Je redescends, fit-il à Mazeline.

Et le lieutenant le suivit avec ses deux hommes.

Au bout de quelques minutes, mortellement longues pour Mazeline, seul parmi les allées et venues des militaires qui le guignaient avec défiance, Lagrimaudière redescendait; du haut de la cage de l'escalier, le lieutenant appelait un brigadier, lui ordonnant de prendre quatre hommes avec lui et de conduire au capitaine le citoyen Lagrimaudière et son compagnon.

Pendant que le brigadier formait sa petite escouade, Lagrimaudière abordait fièrement Mazeline toujours en attitude de contrition :

— Eh bien?... Crassous? fit celui-ci au comédien; il est bien mort?

— Oh! f...!... joliment f...! s'exclama Lagrimaudière. Le coup, *père* Mazeline, a été donné d'aplomb, je vous promets, et d'une main furieuse. Moi qui ai vu comment votre collègue Caupine manœuvrait son crucifix, je n'ai pas de doute. L'assassin, c'est lui... D'ailleurs, j'ai donné mon truc au lieutenant. Pincé celui qu'on trouvera sans poignard.

— Quel intérêt y avons-nous... à ce qu'il soit pincé? hazarda Mazeline.

— Quel?... Un énorme!... surtout si c'est l'abbé Caupine!... Non, Mazeline, mon ami, vous ne comprendrez jamais rien à la politique!

— Allons ! commanda le brigadier en s'approchant d'eux, en marche ! Et, d'abord, donnez vos paquets. Nos hommes les porteront : et ils vous seront rendus là-bas, si le capitaine l'ordonne...

— C'est la consigne, mon brave ? déclama Lagrimaudière ; j'obéis. Moi aussi, je suis homme de discipline ! D'ailleurs, vous ne vous en doutez pas, ajouta-t-il avec emphase, eh bien ! sachez qu'une fois de plus, le salut de la patrie vous est confié !...

Les deux soldats qui portaient les paquets vinrent se poster chacun à côté des deux policiers ; deux autres soldats se rangèrent derrière ; et le brigadier avec un autre, devant. Et c'est ainsi encadré que Lagrimaudière et Mazeline parurent, on s'en souvient sans doute, devant le capitaine Lamogère...

VIII

LA DISPERSION

En éclatant dans Paris, la nouvelle de ce qu'on appela *le massacre et le pillage de Ville-Évrard* y produisit une stupeur d'étonnement et d'effroi. Sur les premières vagues rumeurs, on crut d'abord à un nouvel exploit de quelque bande de chauffeurs; mais les circonstances particulières dans lesquelles il avait été accompli, l'audace de l'exécution, la qualité surtout et la situation politique de la victime, éveillèrent bientôt le soupçon de quelque mystère, et ce soupçon s'aggravait au fur et à mesure que se précisaient les détails de l'événement.

Il s'en faut, d'ailleurs, que ces détails fussent très exacts et surtout complets. On ne possédait pas alors les moyens de vérification que le reportage des journaux a mis au service des enquêtes publiques. Et il se mêlait aux on-dit plus d'erreurs encore que de vérité. Mais un fait bien constaté fut que la plupart de ceux qui avaient attaqué le château de Ville-Évrard portaient la veste blanche et le bonnet des soldats de la légion de police. Les habitants de Neuilly-sur Marne racontaient qu'une escouade de dix à douze de ces hommes avait passé une partie de la soirée du 6 nivôse au cabaret du village et que, un peu avant minuit, ils s'étaient dirigés vers le château. Ils prétendaient être à la recherche du Rémouleur.

De ces indices, les ennemis du Directoire inféraient qu'il y avait en cette affaire des « dessous politiques » ; que c'était, au fond, « une expédition de police ».

Les directoriens répondaient en demandant quel aurait été le but d'une telle expédition. Le député Crassous avait été, jusque-là, plutôt un ami du Directoire, qu'il avait énergiquement appuyé contre les royalistes, au 18 fructidor. Et puis, est-ce que, si la police « avait fait le coup », elle n'y aurait pas mis plus de prudence et de précaution ? Et tout d'abord, est-ce qu'elle aurait laissé leurs uniformes à ses hommes afin qu'ils fussent bien remarqués, et en aurait-elle installé une escouade ostensiblement le soir dans le cabaret de Neuilly ?

Une seule chose était manifeste, évidente — on avait voulu compromettre la police, et, avec elle, naturellement le gouvernement. Dans quel intérêt ? Pourquoi ? Parce qu'au fond, en effet, « l'expédition » était bien une expédition politique. Mais, au lieu d'être faite par le Directoire, elle était faite contre lui. — Le Rémouleur en était ? Sans doute : mais savait-on ce qu'était Le Rémouleur ? N'avait-on pas déjà constaté qu'il s'en prenait surtout à ceux qui s'étaient signalés par leur patriotisme et aux acquéreurs de biens nationaux ? — Puis, serait-ce la première fois que les royalistes s'associeraient à des brigands pour assassiner des républicains, voler et piller les caisses publiques et les particuliers ? Les *Compagnons de Jéhu* et du *Soleil* faisaient-ils autre chose dans l'Est et dans le Midi ? Or, dans le cas présent, n'était-ce pas pour eux un coup de maître, un double bénéfice, que de se débarrasser en même temps d'un citoyen aussi actif et énergique que l'était Crassous et de faire soupçonner le Directoire d'un attentat qui pouvait soulever contre lui les colères des patriotes ?

Enfin, le fait que les « faux policiers » étaient masqués n'achevait-il pas de disculper la police ? Quelle stupidité dans cette contradiction de laisser ses hommes en uniforme et de masquer leurs visages ? Tandis que, au contraire, il restait compréhensible que, pour pénétrer au château sans donner l'alarme aux propriétaires et dans le voisinage, et pour tromper et irriter l'opinion après, les gens du Rémouleur et leurs alliés se fussent déguisés en soldats de police et masqués ?

A vrai dire, c'était là le sentiment général : il se trouva encore confirmé quand on apprit que, parmi les prisonniers faits à Ville-Evrard par le capitaine de hussards Lamogère, se trouvaient plusieurs royalistes, dont on citait les noms : Desponelles, ancien maréchal des logis avant 1789, le sieur Caupine, prêtre, que l'on soupçonnait d'avoir été, sous un autre nom, un ami et un conseiller de Stofflet, et l'avocat Rochelle, recruteur, à Paris, pour l'armée de Condé.

Deux ou trois autres avaient été arrêtés en même temps, anciens serviteurs ou familiers des Princes. Cette affaire, disaient encore les journaux, avait révélé la présence dans la capitale d'une foule d'émigrés qui y bravaient audacieusement les lois. Aussi, certains personnages étaient-ils en surveillance, ainsi que les maisons où l'on savait qu'ils avaient l'habitude de fréquenter; et l'on désignait une d'elles, vaguement, dans les environs du Palais-Egalité.

On faisait honneur de la découverte de ce « complot » à la perspicacité et au courage du citoyen Lagrimaudière : il n'avait pas craint, au péril de sa vie, de se mêler aux conjurés pour connaître leur projet. La nuit même du crime, il était avec eux, à Ville-Evrard, et si le capitaine Lamogère était arrivé, avec les hussards, un quart d'heure plus tôt, Crassous était sauvé !

Tel était le langage des journaux du gouvernement, officiels et officieux. Ils consacraient aussi de longs articles apologétiques à Crassous : ils vantaient sa probité, la fermeté de ses convictions, sa clairvoyance politique ! Ils célébraient ses capacités, son zèle et ses vertus civiques. La contre-Révolution avait bien choisi sa victime : elle ne pouvait infliger au parti républicain une perte qui lui fût plus sensible. Mais au moins les amis de Crassous avaient-ils cette consolation que toute la férocité de ses bourreaux n'avait pu être assouvie.

La citoyenne Crassous leur avait été arrachée.

Pendant quelque temps, on avait désespéré de sa vie et de sa raison.

La malheureuse était restée deux jours entiers entre la double menace de la folie ou de la mort. Mais la pitié, le dévouement, l'affection de ceux chez qui elle avait trouvé asile l'avaient enfin rendue toute à elle-même, et au culte « des mânes de son époux », dont elle a juré de connaître et de punir les assassins.

Chez qui elle avait trouvé asile ? les journaux ne le disaient pas.

Avec Lagrimaudière, l'autre héros de la nuit du 6 nivôse était le capitaine Lamogère, et, à ce propos, les journaux étaient pleins de sa biographie.

« Le capitaine Scévola Lamogère, disait *la Décade philosophique*, est né à Mèze (Hérault), en février 1770, fils de parents paysans ; mais son oncle, maire d'un village des environs, soigna son éducation, et il avait décidé que Scévola serait médecin. En 1789, le jeune Mézois prit donc son inscription à la Faculté de médecine de Montpellier.

» La Révolution éclata. Il en embrassa les principes avec enthousiasme.

» Dans la nuit du 1ᵉʳ au 2 juin 1790, la Société des Amis de la Constitution de Montpellier s'étant emparée de la citadelle, une délégation fut nommée pour en porter les clés à la municipalité. Scévola Lamogère fut un des cinq citoyens qui formèrent cette délégation.

» Il continua à prendre une part active aux manifestations et aux agitations patriotiques de la jeunesse de Montpellier. Lorsque, le 20 juin 1792, la municipalité de cette ville ouvrit son registre d'inscriptions pour la création d'un camp de

20,000 hommes sous les murs de Paris, il fut un des premiers volontaires.

» Le bataillon de volontaires ainsi formé partit de Montpellier le 2 juillet, et il rejoignit à Saint-Esprit le bataillon marseillais qui montait, lui aussi, à Paris. Ce furent, on s'en souvient, ces volontaires qui apportèrent les premiers dans Paris la foudre de *la Marseillaise!* Ils s'étaient grossis en route des contingents du Gard, de Vaucluse et du Var. Et ajoutons que la tradition veut que l'hymne patriotique de Rouget de Lisle ait été pour la première fois chantée à Marseille par le volontaire montpelliérain Scévola Lamogère.

» De son séjour à Paris, nous n'en dirons rien. On connaît assez les événements de cette époque, et il est facile de se figurer la part qu'y prit notre jeune et fougueux républicain.

» On sait aussi que le bataillon de Montpelliérains fut versé dans la 32° demi-brigade, qui mérita d'être surnommée l'Invincible.

» C'est de là que partit Scévola Lamogère; nous le trouvons, plus tard, sous-lieutenant à l'armée du Nord; en 1795, il est lieutenant sous Marceau à l'armée de Sambre-et-Meuse, où il se lie d'amitié avec le général Hoche et dès lors s'attache à sa fortune. Il fait, sous ses ordres, la campagne de Vendée de 1796, et quand, en 1797, son général meurt tout à coup d'un mal mystérieux, le capitaine Lamogère est son aide de camp.

» C'est depuis cette époque que le capitaine Lamogère a été incorporé dans la 17° division, commandée par le général Lemoine, qui a connu en Vendée et apprécié le capitaine Lamogère. »

Et l'article finissait ainsi :

« Nous ne pouvons que souhaiter à la France et à la République beaucoup d'officiers comme le capitaine Lamogère. Il est, en effet, de ceux qui les réunissent toutes deux indissolublement dans le même culte.

» Le capitaine a pourtant encore une autre passion, qui, d'ailleurs, se rattache à celle-là : il se dit sûr de l'empoisonnement du général Hoche et s'est promis de le venger ! »

Pieusement, M. le marquis de Valeugelier achevait la lecture de cette notice quand le vieux serviteur, qui vivait seul avec lui, vint lui annoncer M. Marie-Armand de Guerry de Maubreuil.

— Mais, ajouta-t-il, il n'est pas seul.

— Et la personne qui est avec lui, quelle est-elle ?

— C'est une dame, monsieur le marquis.

M. de Valeugelier sursauta et jeta son journal sur le bureau, à côté de lui.

— Une dame !... La mâtine ! ce serait elle ! Fais entrer, pardi !

Et le vieux marquis, d'un regard oblique, examina dans la glace de sa cheminée si sa toilette n'était pas d'un négligé trop cavalier et s'il était présentable.

Cette pièce était, d'ailleurs, un vrai cabinet de petit-maître : sur le vernis bleu-lapis, poudré d'or, des lambris des murs et des panneaux de portes, de capricieuses ornementations de tiges grimpantes, bouquetées de-ci de-là de fleurs à demi épanouies, encadraient des sites bleutés où des bergères et des bergers se lutinaient près de leurs troupeaux, où les déesses d'un Olympe galant taquinaient des faunes et des sylvains de leurs nudités coquettes, espièglement refusées pour agrémenter de plus de piquant le don prochain. Les sièges, canapés, vis-à-vis, dos-à-dos, semés par la pièce avec la fantaisie d'un désordre habilement combiné, offraient tous les styles du dix-huitième siècle, depuis la Régence jusqu'à Louis XVI en passant par la Pompadour.

Le bureau, auprès duquel se trouvait assis tout à l'heure le vieux marquis, était de bois rose et amarante, orné à chaque angle d'une figure de femme qui évoquait quelque héroïne des fêtes galantes de Watteau ; il faisait face à un petit meuble d'ébène incrusté d'écaille et de cuivre ; et à une autre paroi s'appliquait une console en bois sculpté et doré le long de laquelle pendaient des guirlandes de cuivre de fleurs et de fruits entrelacés.

Sur la tablette de la cheminée, une pendule de porcelaine, entre deux vases de Sèvres, se reflétait en une glace encadrée d'une baguette à rubans, et divers bibelots formaient fouillis sur quelques étagères, entre des gravures d'élégantes polissonneries sentimentales.

M. de Valeugelier s'était composé, de ces débris de son ancien luxe, un intérieur où il tâchait de revivre, par illusion, les temps d'autrefois et de sa jeunesse. Aussi, n'y avait-il rien admis qui pût troubler l'évocation de ses souvenirs. Et si, ce jour-là, il avait dérogé au parti pris de ses habitudes pour lire la biographie du capitaine Lamogère dans la *Décade philosophique*, c'est que, depuis l'aventure du 6 nivôse, la violence des événements était la plus forte.

M. de Valeugelier était terriblement inquiet pour M. de Maubreuil : car, la conduite du jeune homme à l'égard de madame Crassous, sa fidélité à la parole donnée ajoutaient des sympathies personnelles à celles que le vieux marquis avait déjà vouées au petit-fils de madame Ménardeau de Maubreuil, en prolongement de l'affection qu'il avait pour celle-ci.

Et M. de Valeugelier lisait passionnément tous les comptes rendus de cette affaire pour voir si le nom de M. de Maubreuil ne serait pas prononcé; jusqu'ici il n'y avait pas encore rencontré la moindre allusion. Mais ce silence ne le rassurait qu'à demi. Simple répit ! Les dépositions des individus arrêtés et surtout celles de ce Lagrimaudière, qui était bien décidément le gredin qu'il avait deviné, finiraient par amener quelque fâcheuse complication.

Le vieux marquis ne s'occupait donc plus que d'une chose : faire sortir M. de Maubreuil de Paris. Mais, en ce moment, les environs de Paris étaient gardés comme les alentours d'une prison. La surveillance de la police n'avait jamais été plus active, et, de jour et de nuit, incessamment, les routes étaient battues de patrouilles de gendarmes et de soldats.

D'ailleurs, aux ouvertures et aux propositions de M. de Valeugelier, le jeune homme n'avait fait que des réponses évasives. Il paraissait plus décidé que jamais de partir pour l'armée des princes. Mais le marquis n'avait pu en arracher un mot de plus. Depuis deux jours, il ne l'avait pas revu. Où était-il caché? Il l'ignorait. M. de Valeugelier s'était même risqué à aller la veille chez madame Solange qu'il avait trouvée dans toutes les transes; elle lui assurait ne rien savoir de M. de Maubreuil, ni de madame de Saint-Huberti, ni de M. d'Antraygues.

Et voilà que le jeune homme se présentait chez lui à l'improviste, avec cette femme que M. de Valeugelier n'avait pas revue depuis la soirée chez madame Solange!

La porte s'ouvrit et le vieux serviteur s'effaça pour laisser passer la Saint-Huberti, suivie du jeune homme.

Courtois jusqu'à la galanterie, selon la mode de son temps, à l'égard de toutes les femmes — c'est le sexte que l'on honore, disait-il, même dans les moins honorables — il s'avança vers elle, la salua cérémonieusement et lui prit la main pour la conduire à un fauteuil.

Elle s'y laissa tomber.

— Ah! monsieur le marquis! soupira-t-elle, nous sommes perdus.

— Qu'y a-t-il donc de nouveau?..... Vous m'effrayez, vraiment, mon enfant..... Parlez..... Parlez, vous, alors, monsieur de Maubreuil.

Mais, sans ajouter un mot, la Saint-Huberti tirait un papier de son corsage et le tendait au marquis.

— Lisez... disait-elle, comme anéantie.

Le vieux marquis prit le papier, le déplia et lut:

« Ma chère Antoinette,

» Je viens de chez qui tu sais. Nous avons eu une longue conversation ; je ne veux ni ne puis pour le moment t'en rapporter que ceci :

» *On sait* que tu étais de l'aventure du 6 ; on est informé de tout. Ma présence à Paris n'est donc plus possible : et l'on ne *peut* plus me couvrir. Car, si on l'essayait, on se découvrirait soi-même.

» On me donne donc l'avis, c'est-à-dire l'ordre, de partir, tout de suite, et on m'en procure le moyen. Mais on ne me laisse même pas le temps de te revoir. Dans deux heures, je serai déjà loin de Paris.

» J'ignore même encore dans quelle direction. On ne me le dira que lorsque je me mettrai en route. Je pense cependant qu'on me laissera aller en Suisse.

» Je suis désolé de fuir ainsi sans te voir, sans m'entendre avec toi. Mais, dès que je serai à la frontière, je t'écrirai.

» On m'a promis qu'on te ferait parvenir la lettre. Je t'envoie celle-ci par quelqu'un *de confiance*.

» Tu n'as pas deux partis à prendre. Je te laisse peu de ressources ; on m'a promis une somme, mais on ne me la remettra que passé la frontière.

» Que feras-tu jusque-là ? Prie, en mon nom, M. de Maubreuil de te venir en aide. Je lui rembourserai les avances qu'il voudra bien te faire. Il en a ma parole de gentilhomme. »

Le marquis, impassible et sans s'arrêter de lire, jeta par-dessus la lettre un regard qui rencontra celui de M. de Maubreuil.

Il continua ;

« Mais, crois moi, ne reste pas à Paris ; je n'ai qu'une confiance limitée dans les promesses qu'on m'a faites de te laisser tranquille, car on m'a avoué que si l'on t'épargnait, toi, à cause de moi, on était décidé d'agir avec la dernière rigueur contre tous ceux qui ont participé à cette affaire.

» Préviens M. de Maubreuil ; qu'il avise et qu'il tâche de quitter au plus tôt Paris, où il ne saurait manquer d'être inquiété bientôt. Préviens-en aussi M. de V..... »

— Ce V..., c'est moi, sans aucun doute ? interrompit le marquis.

La Saint-Huberti fit un signe de tête affirmatif.

— Eh bien ! je suis prévenu, dit-il, la commission est faite.

Et il reprit :

« On sait les noms *de tout le monde :* de qui les tient-on ? J'ai d'abord soupçonné qui tu sais, mais j'ai acquis la certitude, au contraire, qu'il n'a cessé de nous servir..... »

— Encore une énigme dans cette lettre qui en est pleine, s'écria le marquis. De qui est-il question ici ?... le savez-vous, madame ?

— De ce Lagrimaudière, sans doute, répondit la Saint-Huberti.

— Ah ! fit le marquis ; et ayant jeté un coup d'œil sur les dernières lignes de la lettre, il les lut plus attentivement, et les scandant presque mot à mot...

« Si, comme je le souhaite pour lui, M. de Maubreuil se décidait à quitter Paris et la France et à donner suite à son projet de joindre monseigneur le duc d'Enghien, tu pourrais partir avec lui, et nous nous retrouverions réunis à notre poste. Cela simplifierait bien des choses pour tous.

» Fais connaître ta décision et la sienne par les voies ordinaires, à sir Wickam dans une lettre à mon nom qu'il me fera parvenir, car il saura où je serai.

» A revoir, ma chère et bonne Antoinette.

» Ton mari dévoué,

» D'A.....

» *Post-scriptum.* — Brûle cette lettre dès que tu l'auras lue. »

La lecture achevée, M. de Valeugelier replia lentement la lettre :

— Il y a dans cette missive bien des obscurités... Serait-ce une indiscrétion de vous demander de me les éclaircir, chère madame ?

— Sans doute, monsieur le marquis..... autant, du moins, qu'il me sera possible de le faire.

— Est-ce une réserve, belle dame ?

— Oh ! non ! Mais mon mari ne me disait pas tout.

— Et il avait raison, sourit M. de Valeugelier. Trop de confiance est dangereux en ménage..... Alors me permettez-vous de vous demander quelle est cette personne, que *vous savez*, et qui a donné à M. d'Antraygues tant de conseils si pratiques — et prévoyants ?

— Comment, monsieur le marquis, vous ne devinez pas que c'est M. de Barras..... lui-même ?...

— Diable !... M. de Barras ? Son Excellence le Directeur s'intéresse donc bien à monsieur votre mari ?

— Vous n'ignorez pas, monsieur le marquis, que M. d'Antraygues était, ici, un peu en négociateur... Il me semblait qu'il vous en avait fait la confidence.....

— Parfaitement... Il s'agissait de savoir, n'est-ce pas ? — nous pouvons dire tout crûment les choses, entre nous — à quel prix on pourrait acheter à la cause des Bourbons M. de Barras ou le général Bonaparte..... Mais je ne supposais pas que les pourparlers fussent si avancés, au moins avec le premier.....

— Mais, monsieur le marquis, est-ce que M. d'Antraygues n'aurait pas été cent fois découvert, si la police n'avait reçu l'ordre de ne pas le voir ? Est-ce qu'un homme tel que lui peut rester caché longtemps, où qu'il se trouve ? Mais voici qu'à propos de l'affaire de Ville-Evrard on murmure son nom.....

— Et le vôtre surtout, chère madame.

— M. de Barras ne pouvait paraître ignorer plus longtemps la présence de M. d'Antraygues sans s'exposer aux soupçons de quelque intrigue entre lui et le comte de Provence.

— Mais c'est le secret de Polichinelle, cette intrigue ; tout le monde en parle !

— Mon Dieu ! comme on parle toujours en France de ceux qui sont aux affaires... L'indulgence à l'égard de M. d'Antraygues serait une preuve...

— Une forte présomption, au moins... oui !

— Que les ennemis de M. de Barras exploiteraient contre lui. Faire arrêter M. d'Antraygues... Impossible ! Barras s'est déterminé pour le seul projet pratique : le faire fuir.

— Sans doute... sans doute..... — grommelait le marquis, un peu résistant, et la main au menton. Fort admissible, cela.... Mais Barras aurait pu laisser à M. d'Antraygues le répit d'une heure pour venir s'entendre avec nous.

— Et s'il savait mon mari déjà observé, filé ?.....

— Va pour tout cela, fit le marquis résolument. Mais une chose que je ne comprends pas du tout, ma belle dame, c'est que M. d'Antraygues ne vous fixe pas un rendez-vous plus précis ? Il doit bien savoir où il va, que diable !

— Monsieur le marquis ne réfléchit pas qu'il aura écrit cette lettre sous les yeux de M. de Barras, et qu'il ne lui convenait peut-être pas de révéler à celui-ci l'endroit où il compte se rendre en quittant la France.....

— Très bien combiné ! très bien combiné !..... Cependant, il parle de sir Wickam.....

— Eh ! qui ne sait, monsieur le marquis, que sir Wickam est l'intermédiaire de tous nos amis, tant pour les fonds que pour la correspondance ? Remarquez, d'ailleurs, que M. d'Antraygues ne dit pas qu'il sera chez M. Wickam, mais que M. Wickam fera parvenir ma lettre là où il sera.

— Encore un éclaircissement, belle dame... le dernier. Quelle est cette personne de confiance qui a eu la mission de vous apporter cette lettre ?

— Vous la connaissez, monsieur le marquis.

— Ce n'est pas, je pense, le citoyen Lagrimaudière ?

— Non... mais ce petit homme qu'on voyait toujours auprès de lui et qu'on appelle Mazeline, je crois...

— Et ce personnage vous inspire confiance, madame ?

— Oh ! monsieur le marquis... un ancien oratorien, je crois, qui a fait semblant d'abjurer, mais qui est de cœur avec nous...

— Qu'il eût abjuré tout à fait, je ne lui en voudrais pas, madame, au contraire ! — reprit le marquis, qui était resté un voltairien intransigeant, — ce n'est que probité de ne pas enseigner aux autres ce qu'on ne croit pas soi-même... Mais il a *feint* d'abjurer, dites-vous... ? Je le tiens pour un parfait gredin... C'est un double prêtre !

— Oh ! monsieur le marquis ! se récria la Saint-Huberti.

— Mais laissons cela. J'ai à peu près les éclaircissements que je désirais. Il faut maintenant, s'il vous plaît, examiner la situation. La lettre de M. d'Antraygues se résume à ceci : il propose à M. de Maubreuil de vous emmener avec lui hors de France ? C'est bien cela ?

La Saint-Huberti confirma d'un geste.

— Du moment que M. d'Antraygues n'y voit pas d'inconvénient, il est naturel que vous en voyiez encore moins... n'est-ce pas, madame ?

Elle sourit sous le regard ironique du vieux marquis.

Il se retourna vers Maubreuil.

— Et il est encore plus naturel que M. de Maubreuil n'y voie que des avantages...

Maubreuil s'inclina, répondant par un sourire à celui de la Saint-Huberti.

— Parfait! conclut M. de Valeugelier. Je me doutais de cet accord. Et il fit une pose; puis il reprit : « Mes chers enfants — mais il s'interrompit.

— Monsieur de Maubreuil, dit-il, ne restez donc pas debout comme cela derrière le fauteuil de madame. Vous pouvez être aussi près d'elle en prenant un de ces sièges... »

Et quand le jeune homme se fut assis :

— Mes chers enfants, reprit-il, je n'ai point d'autorité pour faire de la morale. J'en ai encore moins le goût. Ce serait d'ailleurs bien inutile. Si je vous disais que je ne vous approuve ni l'un ni l'autre, que je vous blâme même et que vous m'inquiétez, vous attendriez que j'aie le dos tourné pour hausser les épaules, et vous dire du regard : « Ça nous est bien égal! » Je n'ai aucun droit sur M. de Maubreuil; il n'est pas sous ma tutelle. Je n'ai qu'un devoir d'ami, de conseiller. D'après cette lettre, dont l'auteur paraît mieux informé que moi, vous seriez décidé à partir pour l'armée des princes?

— Souvenez-vous, monsieur, que j'en ai toujours eu le projet, répondit Maubreuil.

— Je l'avoue.

— Il me semble que les événements ne me laissent plus d'autre détermination. Il est encore plus facile de s'évader vers la Suisse que vers l'Ouest.

— D'accord... quand on est seul. Mais avez-vous

réfléchi aux dangers de cette route à deux? Dangers surtout pour votre compagne.

— N'estimez-vous pas, monsieur le marquis, intervint la Saint-Huberti, qu'une femme voyageant seule serait encore plus suspecte?

— Je crois absolument le contraire. Mais je vois que, là-dessus aussi, vos décisions sont bien prises. Ne perdons pas de temps. La question d'argent, ma chère enfant, dit-il en s'adressant à la Saint-Huberti, n'en est pas une pour M. de Maubreuil. Je m'étonne de certaine offre qu'il y a dans cette lettre; M. d'Antraygues doit bien savoir que mon jeune ami ne tolérerait même pas l'idée d'un remboursement.

— Et vous avez raison, monsieur, affirma Maubreuil.

— Mais la question, c'est de savoir comment vous pourrez partir, ou plutôt, comment nous pourrons partir.

— Nous... dites-vous, monsieur le marquis? s'écria la Saint-Huberti en lançant obliquement un regard à Maubreuil.

— Oui, nous, vous avez bien entendu... Que penserait de moi ma vieille amie, madame Ménardeau de Maubreuil, si j'abandonnais son petit-fils et ne tâchais de lui tenir lieu de père?... Père peu sermonneur, madame, avouons-le, mais qu'on sera peut-être très aise d'avoir à l'occasion. Ne me faites-vous pas l'honneur d'accepter ma compagnie?

— Quelle pensée! monsieur le marquis. Ne craignez-vous pas de vous infliger bien des fatigues, des émotions?

— Ne me vieillissez pas, ma chère enfant. Je suis encore d'âge à les supporter. Mais la proposition vous déplairait-elle, monsieur de Maubreuil? Vous ne dites rien.

— Je serai franc, monsieur, elle m'a d'abord étonné. Comment n'accepterais-je pas, au contraire, avec gratitude ce nouveau témoignage de votre affection pour les miens? répondit Maubreuil, en se levant et en tendant la main au vieux marquis. Mais, ajouta-t-il, l'évasion sera-t-elle plus facile qu'à deux?...

— Elle n'en sera pas non plus compliquée... Au moins, je l'espère, répondit le marquis.

Il se leva, se dirigea vers la table et reprit la revue où il lisait la biographie du capitaine Lamogère, et il se mit à la feuilleter pensivement.

La Saint-Huberti et Maubreuil l'observaient, intrigués.

— Sans doute, disait-il à mi-voix, on pourrait, à force d'argent, se procurer trois passeports : il y a des gens qui font ce commerce, sans compter les faux passeports fabriqués en Angleterre. Mais, en ce moment, ce commerce doit, lui aussi, être fort surveillé et on ne sait jamais trop à qui on a affaire.

— Précisément, monsieur, nous y avions songé, dit Maubreuil, et j'avais prié madame de Cimery, qui d'ordinaire a toutes facilités pour ces choses-là, de nous en avoir deux, pour madame et pour moi, sur lesquels nous aurions figuré comme sœur et frère, sous des noms d'emprunt, bien entendu...

— Il n'y a pas bien grande ressemblance de famille entre vous, objecta le marquis en souriant.

— Mais cela lui était impossible pour le moment. Elle tenait ces passeports par le sieur Lagrimaudière, qu'elle n'a plus revu depuis le 6 nivôse. Elle nous apprit pourtant que MM. de Lamœllan et Junet de Cuillery avaient réussi à partir tous d'eux, l'un pour l'Angleterre, l'autre pour la Vendée.

— Eh bien ! mes enfants s'écria le marquis, j'ai un moyen plus sûr, je le dirais infaillible s'il était permis d'employer ce mot dans les choses humaines... je vais tout simplement m'adresser au capitaine Lamogère.

— Vous, monsieur ! s'écria la Saint-Huberti.

— Moi-même.

— Et sous votre nom, monsieur? demanda Maubreuil.

— Assurément. Avez-vous eu à regretter de lui avoir fait connaître le vôtre?

— Non, certes; mais le capitaine Lamogère est un républicain des plus accentués.

— Avez-vous éprouvé, monsieur, interrogea sévèrement le vieux marquis, qu'il ne fût pas un honnête homme, qu'il ne tînt pas sa parole?

Maubreuil s'inclina.

— Eh bien ! alors ? Non seulement j'irai, mais j'y vais.

— Vous me nommerez aussi, monsieur, fit Maubreuil.

— Pardi.

La Saint-Huberti se récria :

— Au moins, monsieur le marquis, n'oubliez pas qu'il ne connaît en moi que la citoyenne du 20 fructidor !

— Je le sais, madame; M. de Maubreuil m'a raconté cet épisode.

— Mon vrai nom gâterait peut-être tout!

— Mais où trouverez-vous le capitaine, monsieur? fit de Maubreuil.

— Ne vous inquiétez pas, monsieur; avec une langue, on va jusqu'à Rome, dit le proverbe. En attendant, veuillez accepter, chère madame, l'hospitalité de ce *buen-retiro*, qui, hélas! vous rappellera à des meilleurs temps. Je vais dire à mon vieux domestique de se tenir à vos ordres. Je serai peut-être pour longtemps absent, car je ne veux pas revenir sans avoir vu le capitaine.

La Saint-Huberti s'était levée et s'approchait de M. de Valeugelier.

— Vous m'effrayez, lui dit-elle. C'est d'une étrange imprudence, ce que vous allez faire, monsieur le marquis!...

— Je ne suis pas de votre avis. J'ai confiance dans les honnêtes gens, quelle que soit leur cocarde, et sous toutes, je crains également les coquins.

Et, se regardant en riant:

— Je vais me mettre en tenue moins incivique... A tout à l'heure.

Et le vieux marquis, tout joyeux, gagna la porte en sautillant, et cria à ses deux hôtes, dans un dernier sourire:

— Confiance!

Bientôt, ils entendirent se fermer la porte de l'hôtel, et, par la rue déserte, s'éloigner le pas du marquis et le tapement régulier de sa canne sur le pavé.

Cet hôtel était, aussi, un débris de la fortune du marquis. Avant la Révolution, les Valeugelier possédaient à Paris plusieurs maisons dans les quartiers du centre, et celui-ci — qui avait été, du temps de la Régence, un galant rendez-vous d'amour — dans les environs alors retirés et discrets du Luxembourg.

En partant pour l'émigration en 1792, le marquis avait emporté tout ce qu'il avait réalisé de sa fortune, et il avait laissé à Paris, pour achever d'en sauver ce qui serait encore possible, le vieux serviteur qui maintenant vivait avec lui.

Celui-ci, pendant la Révolution, avait simulé un ardent patriotisme qui lui avait permis de servir, sans éveiller de soupçons, les intérêts de son maître. Ainsi, il avait racheté une partie du mobilier lorsque les hôtels du marquis furent mis en vente comme biens nationaux, et, en même temps, le petit hôtel, qu'il avait aménagé et préparé à recevoir le marquis s'il rentrait jamais en France.

Il y rentra le 9 Thermidor, fatigué de l'émigration et encore plus des émigrés ; et depuis, il vivait avec son domestique, qui lui était un compagnon, sortant peu et ne recevant personne.

Car M. de Valeugelier était plutôt attaché d'habitude, de tradition que de sentiment et de raison à la cause des Bourbons. Ce qu'il regrettait de l'ancien régime, surtout, c'en était la vie élégante, facile et décorative ; l'amabilité des mœurs qui gênait peu les passions, et l'amabilité même des passions, qui ne dépassait guère la galanterie. Mais il eût fait bon marché de tout le reste de l'ancien régime. Il savait bien qu'en 1789 les choses ne pouvaient plus continuer, et que, comme il l'avouait entre familiers, « la monarchie était au bout de son rouleau ». Il se fût très bien accommodé d'une république à la façon des cantons suisses, s'il n'avait eu des devoirs de reconnaissance à l'égard des Bourbons, qui avaient toujours bien traité les siens et à qui ils devaient leur fortune.

Aussi, pour tout concilier, il s'était arrêté à une monarchie libérale dans laquelle le roi eût été un personnage uniquement représentatif, dont la principale fonction eût été d'entretenir une cour comme autrefois, avec une noblesse, sinon ouverte, au moins entre-bâillée, où les parvenus de mérite et d'élégance auraient pu entrer, pour la rajeunir et la renouveler. Les élus de la nation se seraient occupés, à côté, de faire les affaires de la nation. Le roi n'eût guère eu de rapports avec eux que pour les subsides à en recevoir.

Sans doute, avouait-il, au bout de quelques générations, le roi fût devenu absolument inutile, et l'on pourrait plus tard supprimer tout doucement la royauté. Mais la transition eût été ménagée, et le peuple se serait peu à peu habitué à une aristocratie sans privilège, mais qui se serait progressivement recrutée de tous les talents, qui y auraient trouvé un milieu tout préparé pour les aider à éclore, à se développer et à se produire.

M. de Valeugelier n'eût pas été royaliste du tout s'il n'eût détesté les « excès de la Révolution ». Mais il y avait quelque chose pourtant qu'il détestait encore plus, c'était le christianisme qui, à son sens, eût presque suffi à les excuser par la revanche qu'il avait nécessairement provoquée et par l'éducation qu'il avait donnée aux peuples. Sur cette question, il était resté, comme beaucoup d'autres gentilshommes, d'ailleurs, d'un voltairianisme intransigeant, et même Voltaire, avec son idée de l'Être suprême, qu'il faudrait inventer s'il n'existait pas, lui semblait un peu « capucin ». L'homme du marquis, son « véritable ami », comme il l'appelait, était Denis Diderot; mais il avait une profonde antipathie pour J.-J. Rousseau, à cause de la profession de foi du Vicaire savoyard.

On peut juger si, avec un tel esprit, M. de Valeugelier approuvait toujours les actes des émigrés et ceux des Princes. On a vu, d'ailleurs, qu'il avait conservé toute sa liberté personnelle. Les fanatiques du parti ne le regardaient pas avec beaucoup d'affection; mais son nom et sa fortune, qu'il tenait à la disposition des siens, les obligeaient à le subir; lui-même aussi les subissait, il « soupirait », — c'était sa propre expression, — d'avoir affaire à de telles gens; il ne se faisait nullement illusion sur son parti « déchiré de tant de mesquines ambitions » et tout envahi d'intrigants.

Mais le drapeau était là, et l'honneur aussi !

IX

LES TRANSES DE MADAME SOLANGE

Il était déjà nuit close et M. de Valeugelier n'était pas rentré.

La Saint-Huberti, Maubreuil et le vieux domestique s'inquiétaient d'une absence si prolongée.

— Le capitaine Lamogère, disait Maubreuil, est un homme sûr, en qui j'ai toute confiance. Le danger n'était pas de le voir, mais d'arriver jusqu'à lui.

Et il se reprochait de ne s'être pas opposé à la démarche du marquis.

— Cela aurait été bien inutile, monsieur, fit en hochant la tête le vieux domestique ; c'est un gant de velours, monsieur le marquis, mais une main de fer. Quand il a pris une décision, tout ce que l'on peut dire contre, c'est comme autant de coups de marteau qu'on tape sur un clou. Ça l'enfonce davantage.

Enfin on entendit, d'abord au loin, puis se rapprochant rapidement, le tappement d'une canne sur le pavé, puis un bruit de pas qui se pressaient.

— Le voici ! dit le domestique en se précipitant dans l'escalier pour aller ouvrir à son maître, qui apparut bientôt.

— Au moins, dit-il, M. de Maubreuil n'est point parti ?

— Oh ! non ! monsieur le marquis, et même lui et cette dame étaient fort inquiets, comme moi.

Sans en entendre plus, le marquis grimpa lestement, et trouva, au seuil du salon, Maubreuil, qui venait à sa rencontre.

— Ah ! mon cher enfant, dit M. de Valeugelier, en déposant, sur un meuble, sa canne et son chapeau.

J'étais dans toutes les transes de penser que vous vous inquiétiez..... Tout de même, j'espère que vous ne vous serez pas trop ennuyés...

« Mais, ne plaisantons pas. Vous avez hâte, mes pauvres enfants, de savoir si j'ai vu le capitaine Lamogère ? Pas commode de le rencontrer, le capitaine... Je l'ai vu... Si je lui ai parlé ?... Je lui ai parlé. Ce qu'il m'a dit ?... Cela sera un peu plus long à raconter. Mais tout va bien. Maintenant que vous voilà un peu tranquillisés, je vais m'asseoir et vous narrer tout, posément.

M. de Valeugelier était d'abord allé à la Place pour savoir l'adresse du capitaine, s'il n'avait pas la chance de l'y rencontrer. Là, après une longue attente, il avait été reçu par un aide du camp du général Lemoine qui l'avait retourné de toutes façons pour lui faire confesser s'il connaissait le capitaine et quels pressants motifs il avait de lui parler.

Il avait répondu en avouant qu'il ne connaissait pas le capitaine, qu'il ne l'avait jamais vu, et qu'il avait à le voir pour des affaires qui ne souffraient pas de délai. Enfin, impatienté des questions de cet officier, il avait fini par lui dire carrément :

— Non, je ne suis pas connu, je vous le répète, commandant, du capitaine. Ce que j'ai à lui dire est absolument, rigoureusement personnel. Je ne puis le lui dire qu'à lui-même. Mais si, pour un motif ou un autre, et je ne saurais blâmer votre prudence, commandant, ni même vos formalités, si, dis-je, je vous suis suspect — l'officier se mit à rire de se sentir deviné — je vais vous faire une proposition qui nous arrangera tous les deux.

» — J'écoute la proposition, me fit-il, étonné et curieux.

» — Voici, faites-moi escorter par deux hommes, quatre hommes, six hommes.

» — Oh ! vous n'êtes pas si dangereux, m'interrompit-il, plaisantant.

» Je saluai et je continuai :

» — Ils me conduiront au capitaine et si, après que j'aurai pu lui dire quelques mots en particulier, il refuse de m'entendre davantage, vos hommes me ramèneront ici et vous ferez de moi ce qu'il vous conviendra. Mais, dans le cas contraire, naturellement, je serai libre.

» C'était bien le meilleur moyen, vous l'avouerez, mes enfants, d'arriver au capitaine — et la preuve c'est qu'il me réussit.

» — Eh bien ! c'est entendu ! me fit mon commandant. Mais vous vous contenterez bien, n'est-ce pas ? d'une escorte d'honneur d'un seul homme.

» Ma foi ! impertinence pour impertinence :

» — Mon escorte d'honneur, monsieur, répondis-je — c'est ma parole !

» Je dois reconnaître qu'il la prit bien. Il partit d'un éclat de rire :

» — Vous, mon petit vieux ! dit-il, vous êtes un Espagnol ou un ci-devant !

» Il alla donner des ordres, et bientôt me confia à un bel homme de hussard, qui avait ses moustaches retroussées jusqu'aux oreilles, un véritable matamore, et qui mâchait un si terrible patois gascon que je n'y comprenais rien. A cela près, nous nous entendîmes.

» Je gagnais, à mon idée, d'être conduit en berline chez le capitaine : car c'est une des choses que je ne pardonne pas à la Révolution, que les honnêtes gens ne puissent plus y rencontrer de voitures.

» Mais toutes ces négociations, comme vous pensez, avaient demandé beaucoup de temps. Je me morfondais en songeant à vous, et aussi, un peu, par l'inquiétude de ne pas réussir.

» Et, pour surcroît, le capitaine demeure à tous les diables ; on me mena, en effet, après des tours et détours dans des rues et ruelles où je n'avais mis le pied de ma vie, et nous arrivâmes à un quartier qui me donna l'impression de la province la plus reculée et la plus sauvage. Rien que des murs dans lesquels s'ouvraient de petites portes. Nous arrivâmes devant une de ces portes ; le hussard sonna ;

un autre militaire, en petite tenue, nous vint ouvrir; et j'entendis que mon guide annonçait que nous étions envoyés par le commandant de place.

» Qui sait si, sans cela, j'aurais pu voir le capitaine ! Jugez si j'avais eu du nez et comme je m'applaudissais de mon idée triomphale ! et qui allait être triomphante, en effet.

» Nous entrâmes. Une allée : au bout, un perron et une maisonnette. Le planton du capitaine m'ouvrit la porte d'un salon, tandis que mon compagnon m'attendait sur le perron.

» Très modeste logement et plus modeste mobilier, mais proprement tenu, et de cette particulière propreté qui décèle une présence féminine... Et, en effet, j'entendis en haut des voix de femmes... »

— Ah ! le capitaine Lamogère est marié ? observa la Saint-Huberti.

— Je ne crois pas, répondit le marquis.

Et il continua :

« — Le capitaine ne se fit pas attendre ; il eut, naturellement, un geste d'étonnement en me voyant. Je me présentai.

» — C'est bien au capitaine Lamogère que j'ai l'honneur de parler ?

» — Oui, citoyen.

» — Le marquis de Valeugelier, lui fis-je en m'inclinant.

» Pensez qu'il était encore plus étonné. Aussi me hâtai-je d'ajouter :

» — Ami paternel, soulignai-je, comme peut l'être un homme de mon âge, de M. Armand de Guerry de Maubreuil...

» — Ah ! parfaitement ! me fit-il, asseyez-vous, monsieur !

» Il ne me donnait plus du citoyen, et, tandis qu'il m'accompagnait sur un siège, je l'observais. Très bien, ce républicain ! Figure mâle, énergique, un peu songeuse, presque triste. Mais sympathique. Mes enfants, il y a tout de même des hommes parmi ces gens-là !

» Mais il serait trop long de vous raconter toute notre conversation ; elle dura deux heures d'horloge. D'abord, au début, il eut quelque hésitation et m'observa. C'est tout simple ! Il me parla longuement de M. de Maubreuil, me raconta la nuit du 6 et me parut peu enclin à la clémence envers les assassins du citoyen Crassous. En compensation, il m'a promis — car faut-il venir à la conclusion — que votre conduite, monsieur de Maubreuil, à l'égard de madame Crassous, lui créait vis-à-vis de vous une telle obligation, qu'il regardait comme un devoir de s'efforcer à vous être utile. Et à ce propos, ajouta le marquis en se détournant malicieusement vers la Saint-Huberti, il faut que je vous retire une illusion, chère dame, car nous avons parlé de vous aussi, et même longuement : il sait parfaitement votre nom.

— Il n'a pas voulu l'entendre, s'écria-t-elle un peu contrariée, quand je voulais le lui dire.

— Il le sait par le citoyen Lagrimaudière. Je crois qu'il aurait mieux aimé l'ignorer : je vous le dis, c'est un rêveur, ce batailleur, et un tendre, même, je crois !

— Mais mon nom connu ne l'a pas, monsieur le

marquis, prévenu contre moi? demanda-t-elle. Il ne m'exclut pas de ses sympathies pour ceux qui ont sauvé madame Crassous, et dont j'étais?...

— Ne craignez pas cela, madame! répondit le marquis. Bien loin d'apporter aucune exclusion à sa reconnaissance, le capitaine l'étendra jusqu'à moi... C'est entendu. Nous partirons ensemble!

— Et quand? Et comment?

— C'est justement du quand et du comment qu'il va s'occuper. Il y a mis une condition qui m'étonna d'abord un peu, mais que j'ai dû accorder.

— Ah! une condition?... s'écria Maubreuil.

— Oui, il m'a dit qu'il était imprudent, et il a raison, que je retourne chez lui, également imprudent qu'il vienne chez moi. Nous nous sommes arrêtés à un moyen terme. Nous nous rencontrerons demain dans une maison tierce... oui.

Et le marquis regardant, l'un après l'autre, de Maubreuil et la Saint-Huberti:

— Oui... répéta-t-il, chez madame Solange de Cimery.

Le jeune homme et son amie sursautèrent:

— Chez Solange! se récria la Saint-Huberti... C'est un piège, monsieur le marquis!

— Nullement, ce n'est pas un piège, chère madame. Le capitaine Lamogère n'est pas un homme à dresser des pièges. Il y a, au rez-de-chaussée de notre amie, un restaurant où les républicains eux-mêmes fréquentent, et le capitaine, d'ailleurs, sera en civil: il nous y attendra et, dès que nous arriverons, montera avec nous. Et là, nous arrêterons le plan de notre évasion.

— Non! non! s'écria la Saint-Huberti très agitée, le capitaine a quelque motif, qu'il ne vous a pas dit, à nous donner rendez-vous chez Solange. Il ne peut ignorer, s'il est si bien avec M. Lagrimaudière, que c'est chez elle qu'a été concertée l'aventure du 6 nivôse ; et il veut s'assurer, par lui-même, si quelques-uns de ceux qui y ont pris part se cachent encore chez elle.

— Mais, observa Maubreuil, ce serait là œuvre de policier. Pouvons-nous loyalement en soupçonner le capitaine?

Le marquis alla vivement vers le jeune homme et lui serra la main :

— A la bonne heure ! Voilà parler d'un honnête homme en honnête homme, monsieur de Maubreuil, dit-il. Non, madame! affirma-t-il avec force, le capitaine Lamogère n'est pas un policier.

— Si vous êtes si sûr... fit-elle légèrement ; oh! je ne suis pas entêtée.

— J'en suis sûr.

— Alors, dit-elle avec une curiosité qui interrogeait, il y a un mystère?... dites, monsieur le marquis.

Le marquis ne répondit pas. Elle insista :

— Un mystère de femme?

— Si le capitaine m'avait fait une confidence, repartit le marquis, ce ne serait pas pour que j'en fasse à mon tour la confidence à d'autres...

— Du moment que nous ne causerons aucun désagrément à cette pauvre Solange, je me déclare satisfaite.

Le rendez-vous fut donc pris pour le lendemain

soir à huit heures, chez madame de Cimery. La Saint-Huberti et Maubreuil arriveraient les premiers; et il serait plus prudent qu'ils arrivassent séparément, à quoi ils consentirent. Ils monteraient directement : le marquis viendrait plus tard, traverserait le restaurant sans avoir l'air de connaître le capitaine, qui l'y attendrait en civil et ne tarderait pas à le suivre.

En haut, tous quatre (avec Solange) le recevraient ; et *vogue la galère !* conclut-il.

Le lendemain, comme il était convenu, M. de Valeugelier, à huit heures du soir, traversait le restaurant de la maison de madame de Cimery, s'assurait, en passant, de la présence du capitaine attablé et déjà sur la fin de son repas; et, sans paraître le voir, prenait l'escalier pour monter au premier étage.

En ces quelques jours, tout avait bien changé chez madame de Cimery! On n'y sentait plus l'aisance, la liberté, presque la joie de naguère. Tout y apparaissait maintenant défiant, silencieux, presque abandonné. La femme qui ouvrit au marquis l'accueillit avec hésitation et ne se tranquillisa que lorsqu'il lui eût dit son nom.

— Un jeune homme et une dame ne sont pas encore venus? demanda-t-il.

— Excusez, répondit-elle, ils sont avec madame !

Et elle le conduisit, par un dédale de pièces et de couloirs, jusqu'à une porte où elle frappa.

Ce fut madame Solange qui vint ouvrir elle-même.

— Ah! monsieur le marquis! fit-elle, on s'inquiétait.

— On avait tort, chère madame. Je suis d'une irréprochable ponctualité. La parfaite exactitude ne tolère pas plus d'avancer que de retarder.

Et Maubreuil venait à la rencontre de M. de Valeugelier.

— Notre homme est là? dit-il en lui serrant la main.

— Je l'ai vu en passant. Vous avez prévenu madame de Cimery, monsieur de Maubreuil?... De tout?... Vous lui avez dit la qualité de la personne que nous attendons?...

— Oui, monsieur le marquis, intervint madame Solange, il m'a tout dit... et vous me voyez dans toutes les afflictions et dans toutes les transes. Êtes-vous sûr que ce capitaine ne vienne pas ici avec de mauvaises intentions ?

— Je m'en porte garant, madame !

— C'est que M. de Maubreuil ne m'a pas caché qu'il y avait là quelque mystère...

— Dont je suis confident, madame : ce qui doit vous rassurer.

Et, ce pendant, du geste il invitait à se rasseoir la Saint-Huberti, qui faisait le mouvement de venir vers lui et, continuant son entretien avec madame Solange :

— Mais, chère madame, voulez-vous un conseil ? Ne prenez pas cet air gémissant et désolé d'un coupable qui se sent déjà convaincu avant de paraître devant son juge. Le capitaine, d'ailleurs, n'a rien d'un juge. Il vous demandera seulement quelques renseignements qui ne regardent et n'intéressent que lui, et — ceci, je puis vous le dire sans manquer à ma parole — ils n'ont aucun rapport à l'affaire du 6 nivôse.

— Ah! vous me faites respirer! fit-elle.

— Vous pouvez donc, vous devez donc répondre très nettement, très franchement aux quelques questions qu'il vous posera, car il n'y a pour vous nulle suite à en craindre.

Lorsque le marquis se fut assis, elle entama le chapitre habituel de ses doléances, encore aggravées par les récents événements. Presque tous les pensionnaires, redoutant sa maison, qu'ils supposaient devenue suspecte au gouvernement, l'avaient abandonnée. Et, sans doute, elle était surveillée. Ce qui l'inquiétait le plus, c'était l'arrestation de l'abbé Caupine, qu'elle tenait caché depuis trois ou quatre mois, et que Lagrimaudière ne lui eût pas donné signe de vie depuis le 6 nivôse. C'était lui pourtant qui avait monté l'affaire, avec M. d'Antraygues; mais elle avait pris sans doute une tournure qu'il ne prévoyait pas. L'assassinat de Crassous avait tout empiré.

— Auriez-vous encore, madame, des illusions sur M. Lagrimaudière, et ne comprenez-vous pas qu'il a été en tout ceci l'agent du gouvernement pour une exécution politique?

— Nous savions bien, monsieur le marquis, qu'ostensiblement M. Lagrimaudière travaillait pour le Directoire, tandis qu'en réalité, il ne travaillait que pour nous. Sous prétexte de me surveiller, il me protégeait, et il a fait sauver beaucoup de nos amis. Je ne doute pas que, s'il était revenu ici, il n'eût trouvé moyen de rendre le même service à nos deux amis. Mais ma crainte c'est qu'il ne soit éventé et devenu lui-même suspect à ceux qui croyaient l'employer contre nous.

— Cette fin serait assez logique. On ne triche pas longtemps, à la fois, deux maîtres ennemis.

— Vous croyez donc qu'il nous trichait, monsieur le marquis, nous aussi ?...

— A moins qu'il ne trichât que nous !

— Ce serait affreux, monsieur le marquis, et je serais perdue !

En ce moment, on frappa à la porte.

— Ah ! fit le marquis, voici notre homme.

Et il se leva, pour aller, avec madame Solange, au-devant du capitaine.

Madame Solange sourit, et, après l'avoir saluée, le capitaine alla tout droit vers le marquis, qui l'attendait la main tendue. La Saint-Huberti et Maubreuil s'étaient inclinés à l'entrée du nouveau venu et se tenaient au fond de la pièce.

Le premier regard du capitaine fut pour la Saint-Huberti.

— J'ai à m'excuser, madame, fit-il à madame de Cimery, de me présenter chez vous en de telles circonstances.

— Vous excuser, capitaine ! se récria madame de Cimery ; c'est nous qui, au contraire, vous devons nos remerciements et notre reconnaissance. Ne venez-vous pas ici comme un bienfaiteur ?

— Non, madame, je viens acquitter une dette.

Et, s'approchant de la Saint-Huberti :

— C'est entre vos mains que je veux m'acquitter, madame. Hélas ! je ne puis plus vous appeler citoyenne...

— L'illusion est envolée, capitaine ! répondit la Saint-Huberti ; n'en restera-t-il rien ?

— Le souvenir, répondit le capitaine en baisant la main qu'elle lui tendait, le songe d'un songe !

Et, retirant de son frac quelques papiers, il les lui présenta.

— Voici, madame, trois passeports — le vôtre d'abord : vous devenez, sous le nom d'Adélaïde Vincent, la sœur de M. de Maubreuil, Maurice Vincent. M. de Valeugelier s'arrangera pour être ou votre oncle ou votre cousin.

Et, s'adressant à celui-ci avec un sourire :

— Je vous demande pardon de vous désanoblir, monsieur, mais vous ne serez plus jusqu'à la frontière que le citoyen Jean-Pierre Bochat, négociant. Les passeports sont tout préparés et visés pour la Suisse. Vous n'avez plus qu'à partir.

— Capitaine ! je vous devrai une des grandes joies de ma vie, s'écria M. de Valeugelier en lui serrant la main : celle de constater qu'on peut s'estimer, s'aimer entre Français — même d'un parti à l'autre.

Maubreuil, à son tour, venait étreindre les mains de l'officier :

— Je vous ai promis, lui dit-il, capitaine, de traiter les républicains comme vous nous avez traités nous-mêmes, MM. de Lamœllan, Junet de Collery et moi. Sous peu, sans doute, je serai appelé à tenir ma parole. M. de Valeugelier a dû vous le dire, je pars dans l'espérance de prendre service dans l'armée des Princes.

— Oui... M. de Valcugelier me l'a dit, monsieur, repartit le capitaine. Qui sait, ajouta-t-il après un silence, si nous ne sommes pas destinés à nous rencontrer encore, monsieur? Je sollicite, en effet, mon changement pour aller à l'armée du Rhin. Nous serons voisins.

— C'est encore une chance de se rencontrer entre ennemis qui s'estiment, dit la Saint-Huberti. Cette chance, je ne l'aurai pas, moi, capitaine! Nous nous serons rencontrés aujourd'hui pour la dernière fois. Vous ne m'aurez jamais vue que jouant un personnage. Que voulez-vous? c'est la fatalité de ma vie... Je suis restée comédienne malgré tout et n'ai pas à me plaindre de ne laisser à ceux qui m'auront vue sans me connaître que le songe d'un songe! Une dernière poignée de main, voulez-vous, capitaine?

Le capitaine, après avoir étreint silencieusement la main de la Saint-Huberti, se détourna vers M. de Valcugelier :

— Ces passeports, monsieur, lui dit-il, vous donnent toute sécurité. Je ne vous engage pas, pourtant, à prolonger votre séjour, et vous donnerai le conseil de partir demain dans la nuit.

— Craignez-vous quelques complications, capitaine? demanda madame Solange.

— Je ne sais, répondit-il. Je crois que l'affaire embarrasse assez le gouvernement et qu'il n'a pas pris encore de décision. Mais qui sait ce que peut révéler l'interrogatoire des prévenus?

— Excusez ma curiosité, mon inquiétude, capitaine... continua madame Solange. Par une terrible fatalité, je me trouve menacée d'être compromise dans l'affaire. J'avais chez moi, je puis bien l'avouer devant vous, capitaine, quelques-uns de ces messieurs qui ont été si malheureusement mêlés à cette affaire, et je tremble d'y être mêlée à mon tour. Et que deviendrai-je, pauvre femme seule... sans appui... sans protecteur...?

— Je ne vous cacherai pas, madame, qu'en un premier interrogatoire les dépositions de quelques prévenus ont attiré l'attention sur votre maison. Mais je vous répète que je ne crois pas qu'on veuille ébruiter davantage cette affaire. Je crois même savoir que celui qui en a eu l'initiative, paraît-il, et qui a eu la sottise de trop s'en vanter, est quelque peu en disgrâce. On trouve qu'il a servi avec trop de zèle et surtout un zèle trop indiscret...

Madame Solange jeta un regard d'effroi, et presque un appel de secours en même temps, à M. de Valeugelier.

— Et cette personne... qui serait en disgrâce... capitaine... ce n'est pas, au moins, M. Lagrimaudière?

— Excusez-moi, madame, c'est précisément lui...

— Ah! mon Dieu! s'écria la vieille hôtesse en s'effondrant sur un canapé, je suis perdue... C'était le seul sur qui je comptais pour me protéger.... me défendre...

Le capitaine sourit.

— Ne vous alarmez point, madame! Je doute que la protection du sieur Lagrimaudière vous ait été si utile que vous le pensez. Il avait fait de votre maison ce qu'on appelle en style de police une souricière. Mais à présent, le coup ayant réussi — plus encore qu'on ne voulait — la police n'a nul intérêt à poursuivre le scandale de l'affaire. Et, je vous le répète, le gouvernement en a un très grand, au contraire, à ce qu'on ne soupçonne pas un de ses agents de l'avoir montée. Les élections sont proches, et bien qu'il tende à s'éloigner des vrais républicains pour se rapprocher des modérés, il ne veut pas qu'on puisse l'accuser de s'être mis de connivence avec la bande du Rémouleur pour faire assassiner le citoyen Crassous et lui voler ses papiers.

— Vous me redonnez un peu d'espoir, répondit madame Solange. Je suis une pauvre femme qui ne connait rien aux choses de la politique, et ne m'en occupe pas. J'ai mis en cette maison tout ce que j'ai pu sauver de ma fortune d'avant la Révolution... Ma chère Antoinette — et elle prit les mains de la Saint-Huberti — M. le marquis connaissent toutes mes traverses... Que sera-ce de moi, grand Dieu ! si la surveillance de la police chasse de chez moi tous nos pensionnaires, si on me retire la licence qu'on m'avait accordée pour tenir certains jeux, et que récemment M. Lagrimaudière m'avait fait renouveler ? Oui, capitaine, voilà à quelles misères le sort a réduit une de Cimery... patronne d'hôtel et teneuse de tripots... Mais il faut vivre !

Cette tirade, larmoyée lamentablement, avait ému le capitaine, malgré l'apprêt et l'apparat qu'il y sentait.

— Je ne suis qu'un capitaine, madame, et n'ai pas, personnellement, beaucoup d'influence. Puis, je vais partir, moi aussi, prochainement, comme je vous le disais tout à l'heure. Mais le général Lemoine m'a en quelque affection, et sa protection, dit-il en souriant, vous vaudra celle du sieur Lagrimaudière.

Madame de Cimery se leva et saisit entre ses mains, vivement, celle du capitaine.

— Oh! capitaine — s'écria-t-elle — vous êtes notre providence à tous.

— Oh! oh! intervint le marquis, en riant, le capitaine n'est pas une providence qui prévoit mais qui agit. C'est une double supériorité que la sienne a sur l'autre. — Mais, capitaine, il ne faut pas seulement que vous veniez ici rendre des services, et que votre délicatesse vous fasse hésiter à vous renseigner auprès de madame de Cimery sur la chose qui vous tient tant à cœur...

— Parlez! s'écria madame Solange..... Parlez, capitaine... En effet, on m'avait prévenue... Excusez-moi... j'aurais dû commencer par me mettre tout de suite à votre disposition...

Le capitaine sembla hésiter, en effet. Tous attendaient, les yeux fixés sur lui; et madame Solange exprimait son anxiété furtivement par des regards à la dérobée vers M. de Valeugelier, qui la rassurait en gestes brefs et impatientés.

Enfin le capitaine sortit de son silence.

— Il est vrai, madame, dit-il à madame de Cimery, que je vous aurai une extrême obligation si vous voulez bien répondre à deux questions que vous me permettrez de vous poser. Oh! elles n'ont aucun rapport avec l'affaire de Ville-Évrard : la personne dont il s'agit n'y a pas été mêlée.

— Ah! s'inquiéta de nouveau madame de Cimery, il s'agit d'une personne?

— Qui n'intéresse que moi, ajouta le capitaine avec quelque émotion.

— Et cette personne, capitaine, on vous a déclaré qu'elle était chez moi?

— Je vais vous dire toute la vérité, madame. Les prisonniers que j'ai faits à Ville-Evrard ont, selon la coutume, subi, dès le lendemain, un premier interrogatoire, auquel j'assistais, naturellement.

— Et ils ont parlé!... mon Dieu!... mon Dieu!... Vous voyez bien que je suis perdue, capitaine. Et qu'ont-ils dit?... Ils m'auront chargée! Ils auront menti pour tâcher de s'excuser eux-mêmes!... Oh! parlez, parlez, capitaine...

— Non, madame, tout ce qui ressort de leur déposition est qu'ils se voyaient et se réunissaient chez vous. Ils ne vous ont point dénoncée comme ayant connu leurs projets ou y ayant participé. Pourtant — ne vous alarmez pas d'avance — l'abbé Caupine a été plus explicite, au moins sur certains de vos pensionnaires.

— Lui, ce misérable! s'écria madame Solange... un prêtre!... Oh! monsieur le marquis, vous avez raison... ces gens-là sont abominables!... Me trahir ainsi... lui en qui j'avais confiance comme en mon père... et, de fait, aurais-je pu mieux traiter mon père que je ne l'ai traité, lui?... Vous en êtes témoin, vous, madame Antoinette!... Misérable! misérable!

— Laissez donc parler le capitaine, madame, interrompit M. de Valeugelier.

— Votre confiance était mal placée, madame, répondit froidement le capitaine. L'abbé Caupine, qui n'est pas l'abbé Caupine, mais l'abbé Bernier...

— L'abbé Bernier! s'écrièrent d'une seule exclamation les deux femmes et MM. de Valeugelier et de Maubreuil qui se regardèrent.

— Oui, l'abbé Bernier, insista le capitaine, ce bourreau qui torturait et mutilait les prisonniers et les blessés avec une telle férocité qu'il révolta Stofflet lui-même, et fut presque aussi en horreur parmi les siens que parmi nous !

— Merci, capitaine, fit Maubreuil, de ne pas compter ce scélérat comme des nôtres.

— D'ailleurs, continua l'officier, tous les atroces sont des lâches. Aucune infamie ne lui répugnera pour se sauver. Enfin, messieurs ! — et ici il eut peine à comprimer une émotion profonde — l'assassin du citoyen Crassous, c'est lui.

— Oh ! s'écria madame Solange — capitaine, en êtes-vous sûr ?

— Point de doute, madame, répondit-il, ayant recouvré son sang-froid. D'abord, quand après les avoir arrêtés, lui et ses complices, je les fis fouiller, lui seul n'avait plus son poignard — car tous les poignards étaient semblables. Ce n'était là qu'une présomption. Mais, confronté, en un premier interrogatoire, avec les autres, ils ont fini par le dénoncer... et lui par avouer... Que ne fera-t-il pas pour se racheter, et qui sait si la politique du gouvernement ne l'y aidera pas ?

— Alors, vous voyez bien que je suis perdue... capitaine !... Enfin, qui ? quelle est la personne qu'il vous a dénoncée chez moi ?... Quelque abominable mensonge, encore, capitaine !... se lamentait madame Solange.

— J'attends de vous la complète vérité, madame — fit le capitaine gravement. — Vous avez ma parole que — *quoi qu'il arrive* — vous n'avez rien à en craindre... je vous jure que votre nom ne sera même pas prononcé !...

— *Quoi qu'il arrive*, — répétait madame Soange, en soupirant ; — mais vous êtes effrayant, capitaine...

Et prenant une pose de patiente sur son fauteuil :

— Interrogez, je répondrai toute la vérité.

— Où allez-vous donc, monsieur ? demanda l'officier à M. de Valeugelier, qui s'était levé et avait été imité par la Saint-Huberti et par Maubreuil.

— Nous vous laissons seul avec madame, capitaine, répondit le marquis.

— Je ne désirais pas que madame fût prévenue des questions que je me proposais de lui adresser... mais, maintenant, il n'y a plus de mystère.

Et, sur l'insistance du capitaine, ils se rassirent.

Quant à lui, il était debout en face de madame de Cimery, et ce fut dans l'anxieuse attention de tous qu'il prit ainsi la parole :

— Est-il vrai, madame, qu'il y ait, parmi vos pensionnaires, une dame étrangère, qui se dit Allemande... ou Suédoise, et qui prétend s'appeler *Stocken-Haafer?*

Tous les regards se rencontrèrent dans le même étonnement ; mais tandis qu'en ceux des deux femmes se mêlait une sorte de désappointement,

M. de Valeugelier et Maubreuil semblaient, au contraire, se confirmer l'un à l'autre la même impression.

— Je précise, continua le capitaine : cette femme est grande, élancée, très blonde... d'un visage étrange qui attire plutôt la curiosité que la sympathie. Elle se pose en révélatrice et en prophétesse. Est-ce bien elle ?

— Le signalement répond au nom, capitaine, avoua madame Solange.

— Et, madame, il y a longtemps qu'elle est chez vous ?

— Quelques semaines, peut-être.

Le capitaine réfléchit un instant :

— Et vous a-t-elle dit d'où elle venait ?

— D'Allemagne ; mais de quel pays d'Allemagne... cela, elle ne l'a pas dit...

— Je sais pourquoi vous cherchez cette femme, capitaine, intervint impétueusement Maubreuil. C'est bien elle !

— Vous savez que je cherche une femme, monsieur ! s'étonna le capitaine, et vous savez aussi que c'est celle-là ?

— Ecoutez, capitaine, continua le jeune homme. Dans cette soirée du 20 fructidor, vous eûtes, à propos de généraux de la République, une discussion, avec vos camarades ; et dans cette discussion, vous avez affirmé que le général Hoche avait été empoisonné par une femme qui était venue le trouver en son camp juste quelques jours avant qu'il ne mourût.

— Oui, c'est vrai. Je l'ai dit, répondit le capitaine, les yeux ardemment fixés sur le jeune Maubreuil. Eh bien ?

— Eh bien ! ici même, cette femme s'est vantée d'avoir connu le général Hoche et de lui avoir prédit sa mort prochaine.

Et, se tournant vers M. de Valeugelier :

— Vous vous en souvenez, monsieur, lui dit-il, et vous ne pouvez non plus avoir oublié la réponse que vous lui fîtes le même soir.

— Non, je ne le nie pas, repartit le marquis ; mais, ajouta-t-il, ne vous apercevez-vous pas que vous dénoncez une femme?...

— Ah ! monsieur, protesta le capitaine avec véhémence, envers un assassin... doit-on conserver ces scrupules? Est-elle encore une femme, cette empoisonneuse?

— Vous êtes donc bien convaincu, capitaine, que le général Hoche est mort empoisonné, et par elle ?

— Empoisonné, et par elle, affirma le capitaine.

M. de Valeugelier hésita un moment :

— Excusez-moi, capitaine, fit-il, et ne me répondez pas si mes questions sont indiscrètes. Quel intérêt avait-elle à ce crime ? Elle en aura été chargée par quelqu'un, et par qui ?

— Non, monsieur, vos questions ne sont pas indiscrètes, et j'y répondrai, sauf pourtant à une. Car, sur celle-là, je ne sais encore que répondre moi-même. Oui, le général Hoche a été empoisonné, et par cette femme. Quel intérêt y avait-elle?... Un intérêt personnel? non ! Mais celui d'un parti ou d'un homme. Peut-être ce double intérêt à la fois. Madame Stocken-Haafer est peut-être vraiment une

Stocken-Haafer ; on n'en sait rien. En tout cas, elle a porté plusieurs noms. Quel est le vrai ? Celui-là, peut-être, elle ne l'a jamais pris. Lettrée, elle a publié des nouvelles, des romans, même en français, car elle sait plusieurs langues également. La sienne propre, sa nationalité, sont des mystères comme son nom...

— Elle se dit Allemande, observa madame de Cimery.

— Oui ! sourit le capitaine, mais quand elle était auprès du général Hoche, elle se disait Hollandaise et s'appelait Wilhelmine Riessland. C'est une de ces intrigantes cosmopolites qui espionnent chez nous au compte de l'étranger. Quel gouvernement servent-elles ? Mystère encore. Plusieurs à la fois, le plus souvent. Et, pour mieux surprendre un secret, nous trahir plus fructueusement, elles s'insinuent dans l'intimité et dans la confidence de nos politiques et de nos hommes célèbres. Les moyens leur importent peu. Le général Hoche aura payé cher, avec celle-ci, sa faiblesse pour le sexe. Ne dit-on pas qu'aujourd'hui elle est patronnée et protégée par l'auteur de *Paul et Virginie*, par le citoyen Bernardin de Saint-Pierre ! Enfin, elles complotent encore avec nos partis, agentes secrètes au service de celui qui les paye le mieux ou dont elles espèrent le plus — même pour les pires missions, comme celle qu'accepta la Stocken-Haafer auprès du général Hoche.

— Et c'est là où gît le doute que vous n'avez pu encore résoudre, capitaine ?

— Il y a trois hypothèses, reprit le capitaine...

Vous me pardonnerez, messieurs, d'exprimer devant vous la première.

— Je devine, capitaine, ce que vous allez dire, interrompit M. de Valeugelier. On a accusé nos royalistes. Si le fait est vrai, et il est possible — oui, mon enfant, il est possible... — insista le vieux marquis s'adressant à de Maubreuil qui avait fait un geste de protestation — car il y a parmi nous, comme en toute réunion d'hommes, deux genres de scélérats, inégalement coupables mais également funestes, les coquins et les fanatiques... n'en rendez responsables, capitaine, ni notre foi, ni notre opinion.

Le capitaine s'inclina :

— On a soupçonné aussi Barras, reprit-il. Soupçon évidemment absurde. Le Directeur n'avait aucun intérêt à supprimer Hoche, avec lequel il pouvait au contraire contrebalancer Bonaparte. Enfin, le crime aurait été commis au bénéfice de l'Angleterre, et de ce côté tout est admissible, ou...

— Ou de Bonaparte lui-même, acheva le marquis.

Le capitaine se tut.

— Et, de ces trois versions, laquelle vous paraît la plus probable, capitaine ? demanda la Saint-Huberti.

— Qui sait si elles ne sont pas vraies toutes trois, madame ? Et voilà, messieurs, dit-il, voilà ce que je veux éclaircir, fût-ce aux dépens de ma vie. Je suis résolu à tout pour arriver à la vérité.

— Et quand vous connaîtrez cette vérité, capitaine ?... interrogea Maubreuil.

— J'agirai, monsieur, répondit simplement le capitaine.

— Même contre Bonaparte? interrogea étourdiment madame de Saint-Huberti.

— Madame, répondit Lamogère, trois choses passent avant un homme, quel qu'il soit, avant tous les hommes réunis : le Vérité, la République et la Patrie.

Puis, après un silence :

— Madame et vous, messieurs, je vais prendre congé de vous. Est-il bien entendu, monsieur de Valeugelier, que vous partez tous trois dans la nuit de demain?

— C'est entendu, capitaine.

— Ne craignez rien : les ordres du général Lemoine vous protégeront jusqu'à la frontière... Pourtant, avant de vous quitter, je voudrais demander un dernier service à madame de Cimery... Je n'ai nul doute sur l'identité de madame la baronne Stocken-Haafer avec madame Riessland. Pourtant, j'en voudrais une preuve incontestable... Me serait-il impossible, madame, d'entrevoir cette femme, une seule minute ?...

La pauvre madame Solange se sentit à nouveau fort épouvantée; elle n'osait pourtant refuser, mais elle eût bien voulu dissuader le capitaine.

— Mais, insinua-t-elle, madame Stocken a dû vous rencontrer souvent auprès du général Hoche. Elle va vous reconnaître, capitaine !...

— Non, madame, car je demande à la voir, répondit-il, et non à en être vu...

— Oh! alors! fit madame de Solange en se levant,

c'est différent. Je vais aller m'assurer si elle est dans la maison. Si oui, je me tiendrai avec elle dans mon cabinet : vous savez, Antoinette ? La porte sera entre-bâillée. Vous pourrez vous convaincre en passant, d'un coup d'œil. Elle ne vous a jamais vu qu'en uniforme, capitaine ?

— Oui, madame...

— Je l'occuperai pour qu'elle n'ait pas l'idée de vous regarder... et... en civil... elle ne songera pas au capitaine Lamogère, surtout en la compagnie de ces trois ci-devant... fit-elle en riant et désignant la Saint-Huberti et les deux gentilshommes.

Et, comme allait sortir, elle revint :

— Au moins, capitaine, le supplia-t-elle... puisque je ne vais plus vous revoir ce soir : vous ne m'oublierez pas ?

— Soyez tranquille, madame.

— Et vous me promettez bien, capitaine, que je n'aurai pas de nombreux ennuis à cause de madame Stocken !

— Allez, madame, allez ! s'écria M. de Valeugelier. Le capitaine a promis une fois, ça suffit !

— Je vous enverrai prévenir par une de mes femmes, dit-elle en sortant.

Et, pendant qu'on attendait l'*officieuse*, MM. de Valeugelier, Maubreuil et la Saint-Huberti achevaient de combiner leur plan de départ pour le lendemain et renouvelaient leurs remerciements au capitaine, qu'ils allaient bientôt ne plus revoir, au moins de quelque temps. .

X

LE VRAI PATRON, C'EST BONAPARTE

Quelques minutes à peine s'étaient passées qu'une des femmes de madame de Cimery vint annoncer que « madame et messieurs pouvaient passer », et elle marchait devant eux, s'excusant sur la nécessité de leur montrer le chemin.

Après avoir traversé plusieurs pièces, ils arrivèrent à un salon à peine éclairé d'un lumignon qui y faisait plus de fumée que de lumière et, silencieusement, la femme ouvrit la porte de sortie donnant sur l'escalier. Mais, tandis qu'ils traversaient la pièce, ils eurent le loisir d'apercevoir, à travers une porte entre-bâillée — dans une petite salle, elle, au contraire, très ardemment éclairée, madame de Cimery assise dans un *tête-à-tête* — à côté d'une femme qui tournait le dos à la porte, mais dont toute la personne se reflétait dans une glace, en face.

Madame de Cimery avait tout bien combiné.

— Oui, pas de doute, c'est elle, murmura le capitaine à l'oreille de M. de Valeugelier.

Et, passant rapidement, ils gagnèrent la porte de sortie que la femme tenait ouverte devant eux et qu'elle referma aussitôt.

Madame Stocken eut un éclat de rire.

— Ils croient qu'on ne les a pas entendus! fit-elle. Pourquoi se cacher de moi?

— Mettez-vous à leur place, ma chère amie; ils sont tous trois filés par la police. Vous concevez! Ils étaient venus me demander l'hospitalité. C'était me compromettre et me perdre. Le cœur m'en a saigné. Mais j'ai refusé. Ah! il m'a fallu du courage! Cette pauvre Antoinette... ses nouvelles amours ont de terribles traverses!

Mais madame Stocken-Haafer s'érigeait devant la glace, et, la figure exaltée, les yeux au ciel, avec de grands gestes hiératiques:

— Les traverses... les épreuves... les souffrances... mais c'est ça l'amour! s'écria-t-elle d'un ton d'enthousiaste. Légère Française que vous êtes, vous n'avez donc jamais aimé!... Vous êtes vraiment une race grossière et matérialiste... Pour vous, un des vôtres l'a dit, l'amour c'est le frottement de deux épidermes... Pouah!... Nous, des races chastes et fortes, nous aimons de l'âme. Nos âmes sont contentes quand nos corps souffrent... Nos âmes jouissent du martyre de nos sens... La séparation des corps fait l'union des âmes... Et nous sommes ainsi, les races élues, parce que nous avons Dieu en nous...

Madame de Cimery riait à part elle de toutes ces

grandes phrases qu'elle estimait, en femme de son temps qui n'avait pas tort, du pur galimatias et même du galimatias double. Mais, tout heureuse d'avoir fait prendre le change à l'étrangère, qui croyait, en effet, qu'elle venait de congédier la Saint-Huberti, Maubreuil et le marquis, elle s'était arrangée pour écouter patiemment les déclamations de la baronne, car elle savait que ces sortes de sermons duraient longtemps.

Et, de fait, celui-ci durait encore quand, au bout d'une demi-heure, on frappa vivement à la porte.

— Entrez, s'écria madame Solange, heureuse de voir enfin son tête-à-tête interrompu.

Mais elle resta tout épouvantée devant la figure effarée de la femme qui venait d'entrer.

— Ah! mon Dieu!... mon Dieu!... qu'y a-t-il encore?... gémit-elle. On va me tuer aujourd'hui.

— Madame! haletait la femme, c'est M. Lagrimaudière.

— Lagrimaudière! répéta madame Solange; et elle se mit sur pied du coup.

— Qu'avez-vous donc, ma chère amie? demanda la baronne Stocken-Haafer.

— Mais vous n'entendez donc pas?... Lagrimaudière... Lagrimaudière qui est ici.

— Eh bien, fit l'autre imperturbablement, s'il vient, c'est par la permission de Dieu!

Madame Solange haussa les épaules :

— Et il demande à me voir?...

— Il n'a pas demandé madame; il s'est seulement enquis où vous étiez et il monte...

— Allons... et quel air a-t-il?

— Mais plus joyeux et plus extravagant que jamais...

La servante achevait à peine que Lagrimaudière, la soulevant de derrière par la taille, et la mettant de côté en riant, se présentait devant madame de Cimery debout et suffoquée; et il la saluait comme à l'ordinaire d'un grand geste théâtral et la jambe droite en avant.

— Salut, madame... C'est moi... Toujours votre serviteur... Ah! je suis sûr qu'on médisait déjà de moi... Avouez-le, madame de Cimery. Peuh! Lagrimaudière...

Et il mimait :

— Fini, brûlé, Lagrimaudière... n'en parlons plus ! — Eh bien, le voici, Lagrimaudière !

— Lagrimaudière, repartit madame Solange, aurait pu venir plus tôt rassurer ses amis... Comment! monsieur, nous sommes le 12 nivôse! Il y a six jours de ces affreux événements et on ne sait ce que vous êtes devenu !... A chaque instant, je m'attendais à voir la police descendre chez moi, faire des perquisitions... m'arrêter, peut-être... Qu'aurais-je répondu ?... Et me voilà ruinée... désespérée... Tous mes pensionnaires partis, envolés... comme une bande d'oiseaux dans laquelle on a tiré un coup de fusil. Vous deviez bien prévoir mon angoisse, mon épouvante, mes dangers... Et pas avoir eu la pitié de me faire glisser un avis, un conseil, un mot... rien enfin pour me rassurer ou me prévenir...

— Tous ces reproches, madame, reprit le comédien, ne sont guère en situation, et c'est là un couplet trop long qu'il faudrait couper. Si vous me faisiez l'honneur d'avoir en moi la confiance que je crois, en effet, mériter de vous, vous vous seriez dit : « Lagrimaudière ne me fait pas signe, c'est que je n'ai rien à craindre. Attendons ! » Et, de fait, avez-vous été inquiétée, l'avez-vous été ?

— Et qu'y auriez-vous pu si je l'avais été, puisque vous êtes vous-même tombé en disgrâce !

— Qu'est-ce que je vous disais ! s'écria-t-il en s'adressant à madame Stocken. Brûlé... on a fait courir le bruit que j'étais brûlé... Eh bien ! asseyons-nous, et je vais tout vous raconter, franchement. Pour vous deux, mesdames, rien de caché... D'autant que nous aurons, je crois, un nouveau pacte à conclure, tous les trois...

La baronne Stocken-Haafer le fixa longuement de ses yeux gris d'eau, où le regard sans lueur n'apparaissait que comme un objet vaguement aperçu derrière une vitre dépolie.

Prenant les deux femmes chacune sous un bras, le policier les mena galamment à un canapé, en assit une à chaque extrémité, et s'installa à l'aise, triomphalement, entre elles deux.

Alors il s'espaça à raconter abondamment les événements que nous savons déjà et les suites qu'ils avaient eues pour lui. Nous abrégerons son récit, n'en retenant que ce qui peut nous intéresser.

Il avoua que « l'affaire » avait fort contrarié le gouvernement : elle avait fait trop de bruit ; l'assassinat de M. Crassous et l'évasion mystérieuse de sa femme l'avaient trop dramatisée, si bien qu'elle passionnait maintenant l'opinion publique.

Le gouvernement aurait voulu que Crassous et sa femme fussent seulement enlevés comme otages, la vie sauve. Le vol des papiers aurait passé inaperçu à la faveur de tout ce trouble, et on l'aurait mis, comme le reste, à l'actif des bandits. De ces enlèvements, les chauffeurs en ont l'habitude..... C'est d'ailleurs un procédé classique du brigandage.

Après l'affaire, la police se fût vigoureusement entremise, en apparence au moins. Elle se fût extrèmement agitée, sans rien faire. C'est l'a b c de l'art, cela ! Le gouvernement, lui, aurait généreusement payé la rançon de Crassous. Quelle reconnaissance ne lui en auraient pas eue les amis politiques du député ! Il avait donc en l'affaire double bénéfice, cela et les papiers. Quel beau coup !

A présent, va te faire lanlaire ! on lui mettait tout sur le dos, même le crime, dont pourtant il était innocent.

C'était un joli scandale, à vrai dire, de voir la police du Directoire, les royalistes et les gens du Rémouleur associés dans la même expédition contre un député républicain... Si bien qu'en haut lieu on avait été furieux et on avait entassé toutes les responsabilités sur sa seule tête à lui, Lagrimaudière. Aussi, fut-il question un moment de le sacrifier publiquement, ostensiblement, d'en faire le bouc émissaire sur qui on aurait chargé tous les péchés d'Israël. Mais on se trompait sur la bête : elle avait des crocs et des griffes que jamais bouc n'a possédés, et il le montra si bien que l'on comprit qu'à persévérer dans ce projet, on risquait de faire éclater plus violemment le scandale, en voulant le comprimer.

Lagrimaudière n'avait pas besoin de se défendre ni d'expliquer sa conduite devant madame Solange et la baronne : elles lui rendaient justice ; elles savaient bien pour qui ou pourquoi il travaillait. Tout ce bruit, tout cet éclat, c'était lui précisément qui les avait voulus, pour faire pièce à ce gouvernement et avancer encore la perte de la République. Ah ! c'était une grosse partie qu'il avait jouée, où il avait mis sa tête comme enjeu ; mais cette partie, il l'avait enfin gagnée.

Le Directoire était f...ichu!

L'assassinat de Crassous, le vol soupçonné de ses papiers et de sa correspondance irritaient irréconciliablement les patriotes exagérés contre lui ; les royalistes le poussaient d'un autre côté ; les modérés et les indifférents, inquiets, demandaient une dictature, et l'idée de la dictature amenait à la monarchie..... Voilà ce qu'il avait fait, lui, Lagrimaudière.

— Bien joué, pas vrai ? Ça me méritera bien un rappel, à la fin de l'acte! Et voilà qu'à cette heure le gouvernement qui, au début, brandissait son sabre de bois avec des gestes de matamore et menaçait d'en décapiter d'un seul coup les auteurs du crime et tous leurs complices, voici qu'aujourd'hui il la remettait tout doucement à sa ceinture, sa vieille batte d'arlequin !..... Sa décision maintenant était de n'en avoir pas, de décision : d'atermoyer, de gagner du temps, de traîner les choses en longueur, afin que, peu à peu, la première émotion s'apaisât jusqu'à l'oubli, par quoi tout finit en France.

Eh bien! à cette heure, il n'est tout de même pas à son aise, le gouvernement! Je dirais familièrement, si vous le permettez, qu'il a deux épines aux pieds, une à chacun. Pas commode pour la marche, cela!

Ce qui l'embête d'abord, c'est tous ces prisonniers royalistes qu'il a sous les verrous du Temple, et dont ce capitaine Lamogère a fait la rafle en cette nuit qui restera célèbre, avec un zèle républicain pour lequel on l'envoie, secrètement, à tous les diables, ne pouvant encore l'envoyer ailleurs! Car, supposez un procès, tous ces prisonniers parleront, et puis les témoins, et puis les avocats, et puis, avant, pendant et après, la presse! La police et le gouvernement finiront par être les vrais accusés.

Et, à cela, je n'y tiens pas plus que le gouvernement, moi..... C'est pour le coup que je serais brûlé..... Et au point de vue politique, quelle débâcle!..... Vous figurez-vous l'exaspération des royalistes contre le Directoire, qui n'aura plus les républicains comme contrepoids!..... Adieu, les beaux jeux de bascule!

Et puis, s'il est vrai qu'en sous-main il y ait certaines négociations dont on parle, ça ne les avancera guère, cela, hein?...

Aussi s'est-on, en haut lieu, arrêté à ceci : les trois plus compromis, l'abbé Caupine, les sieurs Desponelles et Rochelle, réussiront... — vous me suivez?... — à s'évader du Temple : on ne s'en apercevrait que lorsqu'ils seront hors d'atteinte... Quant aux autres, menu fretin, une ordonnance de non-lieu en débarrassera le gouvernement.

Et voilà pourquoi et comment, mes belles dames, le sire de Lagrimaudière est rentré en grâce. C'est lui qui doit machiner toute l'exécution de ce plan... Il y faut un tour de main artiste... Ça me revenait...

C'est lui, Lagrimaudière, qui a la haute mission de veiller à ce que l'évasion des détenus s'opère sans encombre, décemment, habilement, sûrement :

Ces trois adverbes joints font admirablement!

déclama-t-il, et, se frappant le front : Tout le scénario est déjà là, tout prévu, scène par scène, et nous n'attendons plus pour la représentation que le moment opportun... Eh bien! voilà des nouvelles que vous n'attendiez pas?... Qu'en dites-vous?

— Pardon! fit la baronne, vous avez dit que deux « choses » gênaient le gouvernement... Vous n'avez parlé que de la première... quelle est l'autre?

— C'est vrai... Ah! diable! celle-là est peut-être la plus grave... c'est la citoyenne Crassous...

— Est-elle donc tout à fait remise?... demanda madame de Cimery. On la disait presque folle...

— Elle n'est plus folle que de vengeance! s'exclama Lagrimaudière. Et ces haines de Méridionales, ça ne vaut rien, voyez-vous... ce sont presque des haines espagnoles...

— Hélas! que peut une femme?... soupira madame de Cimery.

— Une femme peut tout, affirma la baronne, âprement.

— Surtout, continua Lagrimaudière, quand elle n'est pas seule... et madame Crassous est une Hermione qui a son Oreste. Ça a coûté la vie à Pirrhus, cette entente-là!

— Le nom de cet Oreste?

— Eh! baronne! ce n'est plus un mystère pour personne... Qui serait-ce, sinon le beau capitaine Lamogère?

Madame de Stocken-Haafer se raidit d'un mouvement brusque.

— Ah! le capitaine Lamogère...

— Le connaissiez-vous donc? questionna le policier, tandis que madame de Cimery observait sa voisine curieusement.

La baronne haussa les épaules.

— On en a tant parlé dans cette affaire... qui ne le connaît?

— Ma foi, fit le comédien, à votre physionomie, j'aurais cru que vous le connaissiez particulièrement.

Ces paroles surprirent un peu la baronne. Pour se rendre compte qu'il n'y avait pas, dessous, quelque malicieuse intention, elle glissa, du coin de l'œil, un regard rapide sur Lagrimaudière, dont le visage la rassura.

— Est-il donc si puissant, railla-t-elle, ce capitaine Lamogère!

Lagrimaudière eut une pause solennelle.

— Puissant!... Oui, madame; comme tous ceux qui veulent énergiquement et obstinément ce qu'ils veulent, et qui peuvent mettre aux ordres de leur volonté un courage qui l'égale!

Et, content de sa phrase, il considérait la baronne. Elle ricana :

— Mais, c'est d'un héros de théâtre que vous me parlez là, en comédien... que vous fûtes !

Lagrimaudière, vexé, riposta vivement : « Eh ! eh !.. belle étrangère... à jouer les héros, on le devient un peu soi-même. Au moins, on finit par se connaître en héroïsme. Mais, en France, nous n'avons pas de héros que sur les planches. Je n'aime pas extrêmement le capitaine Lamogère ; mais c'en est peut-être un, tout de même, de héros !

Madame Stocken détourna la tête, en murmurant : « Quel peuple d'insupportables fanfarons, ces Français !... Heureusement les temps de Dieu sont proches... »

— Hé ! c'est vrai — s'exclama joyeusement Lagrimaudière, vous êtes prophétesse ! — *Ne touchez pas à Bonaparte !* Vous rappelez-vous avec quelle sainte horreur de Pythie sur son trépied vous nous avez dit cela, ici même, ce soir, le fameux soir ? — Et il répéta : Ne touchez pas à Bonaparte ! — Eh bien ! n'y touchons pas, à Bonaparte... bouffonna-t-il... mais touchons de Bonaparte !...

— Que voulez-vous dire ? questionna madame de Cimery.

Il passa sous chacun de ses bras un bras de l'une et de l'autre, et, les regardant l'une l'autre alternativement avec des mines comiques :

— Ecoutez... en confidence... Chut !... Est-ce que nous avons gagné grand'chose à travailler jusqu'ici les uns et les autres pour les Bourbons ?..

Des promesses ?... des espérances ?... C'est tout, et là, en conscience, entre nous, reviendront-ils jamais, les Bourbons! Prédisez-vous qu'ils reviendront, vous... notre inspirée ?...

Rigide, les yeux vagues sans regard, la tête haute :

— Quand les temps seront accomplis — pas avant ! proféra-t-elle.

Lagrimaudière réprima un pouffement de rire : « C'est juste ce que je pensais !... Mais *les temps* mettront peut-être *du temps* à s'accomplir. Et la vie, c'est du présent qui succède à du présent... J'ai donc conçu un grand dessein... je vous l'annonce... Cette évasion est la dernière opération que je fasse pour le Directoire et les Bourbons... Le vrai patron de M. de Lagrimaudière, c'est désormais Bonaparte...

— Il a raison, sentencia la baronne en regardant la Cimery : il est d'accord avec le Destin !

— Et moi... m'abandonnerez-vous ? déplora madame Solange.

— Vous ! s'écria le comédien... Vous avez votre niche encore vide... vous savez... l'ancienne niche à Marat et à Robespierre... Mettez-y Bonaparte... Et du reste, j'en réponds.

— Mais ne savez-vous pas ce qu'on murmure ? objecta madame de Cimery...?

— Oui... oui !... que le général Bonaparte prépare une grande expédition... lointaine... on ne sait où... pour laisser au Directoire tout le loisir de se noyer... Fausse sortie, chère madame... Je connais ça... C'est du métier... Mais ses frères restent.

— Joseph et Lucien Bonaparte?

— Lucien et Joseph. Parfaitement. Je les ai vus, c'est chose conclue! Allons! madame de Cimery, une bouteille de champagne!... Et, à nous trois, nous allons sceller notre nouveau pacte.

Et, debout, il s'écria :

— Adieu, les Bourbons! Bren pour le Directoire... Vive Bonaparte!

XI

LES EXODES

M. de Valeugelier occupa la journée du lendemain à réaliser le plus d'argent possible et à prendre ses dispositions pour le départ, qui devait avoir lieu dans la nuit même ; la diligence partait à une heure du matin : il devait s'y trouver avec Maubreuil et la Saint-Huberti qui, en qualité de frère et sœur, s'y rendraient ensemble. Il avait été convenu que M. de Valeugelier ferait l'oncle.

Et, tout en aidant aux préparatifs de son maître, son vieux serviteur Dominique lui faisait des remontrances.

— Monsieur le marquis y songe-t-il ? Encore émigrer. Car c'est bien une autre émigration. Et peut-être pire que l'autre ! En tout cas, c'est une récidive. Il eût été plus sage de se tenir tranquille ! Monsieur a assez fait pour sa cause. Si les Bourbons doivent revenir, ils reviendront bien sans qu'il soit besoin que monsieur le marquis s'en mêle.

Mais doivent-ils revenir ?... Je me permets d'en douter et monsieur le marquis n'en est pas plus sûr que moi... Alors, ne valait-il pas mieux tâcher d'obtenir sa radiation de la liste des émigrés, redevenir Français comme tout le monde et finir philosophiquement ses jours en laissant couler l'eau, passer le temps, s'agiter les hommes et se succéder les événements ?

— Ah ! vraiment, monsieur Dominique ! tu aurais voulu, toi, achever ta vie en bon bourgeois ? Et tu avais fait ce rêve de me voir réintégrer dans mes droits de citoyen français... Les trouves-tu si enviables ?

— Rien ne serait plus facile à monsieur le marquis !... La générale Bonaparte aime et protège fort les émigrés, et son mari la laisse faire volontiers, par politique : car il a son idée, le général Bonaparte !... Combien, déjà, n'en a-t-il pas fait rentrer en France ou fait sortir de leurs cachettes, et même des amis de monsieur le marquis ! Si donc monsieur le marquis voulait ?...

— Oui-dà !... Il irait solliciter madame Joséphine de Beauharnais ! Et quand elle aurait obtenu de son ancien amant M. de Barras — heu ! ancien, avec sans doute de temps en temps quelques intermittences de renouveau — la radiation de M. de Valeugelier, M. de Valeugelier irait faire des salamalecs de remerciement et des offres de service à M. le général Bonaparte ? — par reconnaissance envers M. de Barras ? Faire le double jeu de ce Scapin qu'est M. de Buonaparte pour l'aider à rosser à coups de bâton, dans le sac où il l'enferme, ce pauvre Géronte de Barras !... Pour qui me prenez-vous ?

Et, se raidissant de toute sa hauteur devant son domestique :

— Où voulez-vous, monsieur Dominique, que j'aie connu cette catin ?

— Mais monsieur le marquis n'aurait pas besoin de solliciter lui-même... Assez de ses amis le feraient pour lui avec plaisir... M. de Caulaincourt, par exemple.

— M. de Caulaincourt est un parfait honnête homme que j'estime beaucoup. Mais je ne contribuerai pas à user son crédit... Allons ! ne parlons plus de cela, mon bon Dominique. C'est perdre son temps que de discuter ce qui est résolu. L'important est que je laisse tout en ordre pour que, pendant mon absence, tu n'aies pas trop d'ennuis et qu'il n'y ait pas trop d'embarras pour toi si je ne reviens plus... Eh ! eh ! mon pauvre ami ! ajouta le marquis, cela te fait pleurer ? Moi aussi... parce que nous sommes devenus deux vieilles caillettes, à vivre renfermés en ce quartier perdu... Enfin, tu as toutes mes instructions, et même les dernières... Tu n'y es pas oublié... Eh ! mon cher, il faut tout prévoir !

— Monsieur le marquis part donc avec un pressentiment ? s'inquiéta le vieux serviteur, en s'essuyant les yeux.

— Non... et, en vérité, au contraire... Entre nous, nous ne ferons pas grand' chose à l'armée des princes, ni ailleurs. Je n'ai jamais eu si peu d'illusions... Nos princes !... Ah ! hélas ! nos princes... quelle pitié !... quelle médiocrité d'intelligence et d'âme... Et leurs armées! et leurs amis! et toute cette racaille d'intrigants, ces aventuriers dont ils sont investis et possédés... comme ce d'Antraygues!... Et celui-là au moins, parfait gredin, n'est pas un sot! S'ils reviennent jamais, nos princes, ce ne sera pas leur faute... Enfin!... mais il faut de l'agitation, du mouvement, du bruit, des émotions à la jeunesse... surtout quand cette jeunesse est M. de Maubreuil... C'est un violent, cet enfant... Il faut qu'il se dépense... L'eau se corrompt si elle ne court.

— Et c'est pour M. de Maubreuil, s'écria Dominique, que M. le marquis s'expose à une seconde émigration et va se risquer encore, à son âge, parmi toutes sortes de traverses et de périls!

Le marquis se mit à rire.

— D'abord, monsieur Dominique, vous êtes un impertinent... A mon âge... Suis-je un Mathusalem?... Combien croyez-vous qu'il se soit passé de temps depuis la première émigration?... A peine six ans! Nous ne sommes qu'en janvier 1798.

— C'est vrai, réfléchit le vieux domestique, cette satanée révolution a fait tenir on dirait des siècles dans les années! On vit si fort et si vite que le temps est supprimé.

— Et puis, continua le marquis, ce n'est pas seulement pour M. de Maubreuil que je m'expatrie, comme tu dis... Il m'intéresse, je l'avoue, et même beaucoup. Il a de grandes qualités : il est brave, généreux, passionné, téméraire même, orgueilleux... Ces tempéraments sont capables des plus belles choses comme des pires. Les mêmes vertus, selon les circonstances, font les brigands ou les héros...

Mais, reprit-il après une pause, si cet intérêt est pour beaucoup dans ma décision, il n'y est pas pour tout. Je m'ennuierais un peu à ne rien faire ; et l'aventure de nivôse ne me donne pas grand goût à fréquenter ceux des amis qui tiennent compagnie à des bandits pour de telles expéditions.

— Et puis, sourit le vieux domestique, il y a madame de Ménardeau de Maubreuil, la vieille amie de monsieur le marquis, à laquelle il a promis de remplacer son fils auprès de son petit-fils ?

— Ah ! ah ! fit le vieux marquis en badinant, monsieur Dominique qui se mêle de faire l'indiscret et le plaisantin !... Ne savez-vous pas que madame de Menardeau de Maubreuil, grand'mère d'un grand garçon de dix-sept ans, est mon amie de pas mal d'années ?...

— Aussi dit-on qu'elle fut à la cour un des débuts de monsieur le marquis, qui paraît lui en avoir gardé une vive reconnaissance.

— Eh ! que veux-tu que je fasse de ma vieillesse, mon pauvre ami ? Je suis seul, je n'ai pas d'enfant... J'adopte celui-là ! Je le regretterai peut-être... même probablement...

— Je le crois aussi, monsieur le marquis, répondit gravement le domestique.

M. de Valeugelier resta songeur un instant.

— Ah bah !... si l'on voulait discuter toutes les actions... que ferait-on ?... La prudence est une sotte, et quand elle semble avoir eu raison, elle ne fait que bénéficier du hasard.

Enfin, vint l'heure de la séparation. Le maître et le domestique se tinrent longuement embrassés, mêlant leurs larmes...

— Nous nous reverrons, disait le marquis, nous nous reverrons, mon ami !

Et quand ils furent à la porte, après s'être désenlacés d'une dernière étreinte, ils n'eurent plus la force ni l'un ni l'autre d'échanger une parole. Ils se firent du geste le suprême adieu.

Le marquis avait fait louer le matin même les trois places du coupé de la diligence. Quand il arriva à l'hôtel d'où elle partait et où il s'était donné rendez-vous avec la Saint-Huberti et M. de Maubreuil pour y dîner et y attendre l'heure du départ, les deux amoureux y étaient déjà.

Le dîner et la soirée se passèrent sans incident. Tous trois avaient pris des costumes conformes à la situation que leur imposait leur passeport. L'ancienne chanteuse s'amusait fort de ce travesti et de jouer encore un nouveau personnage. Maubreuil paraissait plus soucieux.

On vint leur annoncer que la diligence était prête et qu'on allait partir. En ce moment, on entendit dans la rue des piétinements de chevaux, et bientôt un hussard apparut à la porte de l'hôtel, tenant une lettre.

— Le citoyen Bochat ? demanda le soldat.

— C'est moi, fit M. de Valeugelier en s'avançant.

— Une lettre pour vous.

M. de Valeugelier prit le pli des mains du hussard, l'ouvrit, et se tourna vers Maubreuil et sa compagne, qu'il appela :

— Hé! ma nièce! hé! mon neveu!... Venez!... une lettre de notre ami!...

C'était, en effet, une lettre du capitaine Lamogère, de deux ou trois lignes seulement.

« Cher monsieur Bochat, disait-elle, je ne veux pas que vous partiez sans vous souhaiter encore une fois bon voyage à tous trois. *Tous les relais sont assurés* — ces mots étaient soulignés — et au revoir.

» Le capitaine LAMOGÈRE. »

— *Tous les relais sont assurés!* répéta le marquis. Ah! le brave homme, et qui tient sa parole jusqu'au bout!... Mais vous n'êtes pas seul, hussard? Il me semble avoir entendu plusieurs pas de chevaux?

— Nous sommes cinq, citoyen, répondit le soldat. Nous avons ordre d'accompagner votre diligence jusqu'au prochain relais, où nous serons remplacés par des camarades en garnison par là.

Lorsqu'à une heure du matin, la diligence se mit en route, les cinq hussards caracolaient, les deux premiers devant, un de chaque côté et le cinquième derrière; ils se renouvelèrent de relais en relais jusqu'à la frontière où nos voyageurs arrivèrent sans encombre et même sans avoir subi la moindre inquiétude sérieuse.

Nous les retrouverons bientôt.

Cette évasion passa tout à fait ignorée; c'est à peine si, dans le public, avait transpiré le nom de

Maubreuil, que personne ne connaissait. Quant à celui de la Saint-Huberti, il était resté comme un mystère, entre quelques personnes. Mais, à quelque temps de là, il se produisit une autre évasion dont le bruit ranima un instant tout le scandale de l'affaire de Ville-Évrard.

On se raconta donc un beau matin dans Paris que trois détenus s'étaient échappés du Temple, où ils étaient enfermés comme complices du pillage de Ville-Évrard et de l'assassinat du député Crassous. Mais, quand on apprit cette évasion, il y avait déjà dix jours qu'elle avait eu lieu; les prisonniers avaient donc eu le temps de se mettre à l'abri. La police faisait semblant de les chercher, mais elle savait bien qu'elle ne les trouverait plus.

Et l'on nommait les trois fugitifs. C'étaient l'abbé Caupine, qui n'était autre, comme nous le savons déjà, que l'abbé Bernier, qui avait acquis une si sinistre célébrité dans les guerres de la chouannerie, le maréchal des logis Desponelles, et Rochelle, qui se disait avocat mais qui était surtout maître d'armes.

Et voici comment on racontait cette évasion :

Le concierge de la prison du Temple, le citoyen Boniface, était un excellent et très enthousiaste patriote — il devait même être plus tard déporté en cette qualité par Bonaparte — mais il avait une femme fort religieuse qui aussitôt prit en pitié l'abbé Caupine et fut de connivence avec lui. Sur les serments qu'il rentrerait fidèlement aux heures fixées, l'abbé obtint de Boniface de sortir chaque jour du Temple, et en effet, l'abbé rentrait ponctuellement. Si bien que le pauvre Boniface eut de plus en plus confiance en lui. Non seulement l'abbé eut toutes les facultés pour aller où il voulait, mais il eut aussi celle de fréquenter librement avec les autres détenus, et surtout avec Rochelle et Desponelles.

Or, voici que le soir du 5 ventôse an VI (24 février 1798), à sept heures du soir, un adjudant, escorté d'une dizaine d'hommes, se présentait devant le concierge Boniface avec un « ordre du ministère de la police qui, d'après un arrêt du Directoire », enjoignait au concierge du Temple de livrer les trois prisonniers, Caupine, Desponelles et Rochelle, à l'adjudant Auger, chargé de les transporter hors de Paris en une autre prison, indiquée dans un pli cacheté que cet adjudant ne devait ouvrir qu'à la barrière Saint-Denis.

Boniface hésitait à livrer ses prisonniers ; cela lui paraissait mystérieux ; mais sa femme, qui sans doute était dans la confidence du complot, argua précisément de ce mystère pour persuader son mari.

— C'est que ce n'étaient pas là des prisonniers comme les autres ; et qui savait seulement si le Directoire ne voulait pas secrètement s'en débarrasser ?...

Elle affecta de plaindre les pauvres gens qu'on allait peut-être fusiller ! Mais aussi, lui, Boniface, quelle que fût sa pitié à leur égard, ne pouvait exposer sa vie pour la leur ! Comme, d'un autre côté, tous les papiers étaient en règle, qu'ils offraient toute l'apparence de l'authenticité, Boniface et le greffier laissèrent partir les prisonniers qu'un fiacre attendait à la porte, et ils filèrent !

Pendant plusieurs jours, on ne s'occupa point des détenus. Mais les journaux commençaient à s'étonner des délais que mettait la justice à poursuivre son enquête sur l'affaire de Ville-Évrard. Il fallait faire semblant d'agir — d'autant plus qu'ils étaient loin maintenant ! Grand émoi dans le public quand il fut révélé que leurs prisons avaient été trouvées vides. Le gouvernement fit l'empressé et mit toute la police sur pied. Boniface fut même interrogé, mais sa bonne foi ayant été bien établie, force fut à l'opinion de se contenter de commentaires et de suppositions. Mais, tout de même, il fut avéré pour la majorité que le faux adjudant et les faux soldats étaient des gens de la bande du Rémouleur. Le gouvernement avait trop intérêt à ce que cette version se répandît pour ne pas y aider autant qu'il pouvait.

On sut bientôt, par les gazettes étrangères, ce qu'étaient devenus les trois fugitifs. M. l'abbé Bernier se trouvait à Londres, où il avait des conférences assidues avec le comte d'Artois et les autres chefs du parti royaliste ; on signalait à Londres également la présence de M. d'Antraygues. Desponelles avait rejoint en Normandie M. de Frotté, qui y tenait campagne. Quant à M. Rochelle, il avait gagné la Suisse ; on savait qu'il y avait vu M. Wickham, mais il en était reparti probablement pour rejoindre le duc d'Enghien.

Le coup de Lagrimaudière avait donc très bien

réussi. Car c'était lui, comme nous le savons, qui avait organisé le complot.

Mais on se souvient aussi qu'il s'était promis que cette opération serait la dernière qu'il ferait au service du Directoire.

FIN

TABLE DES MATIÈRES

LA FIN D'UN AVENTURIER. 1

LIVRE PREMIER
POLICE ET CONTRE-POLICE
CHAPITRE PREMIER
LES MILITAIRES S'AMUSENT

I. L'Hôtel des Victoires. 11
II. L'Évadé. 18
III. Sambre-et-Meuse contre Italie 27
IV. La Saint-Huberti. 34
V. Vive Bonaparte !. 50
VI. La bagarre du théâtre Montansier 69

LIVRE DEUXIÈME
LE TRIPOT

I. Une ci-devant. 79
II. L'Assemblée. 89
III. La politique de M. d'Antraygues. 94
IV. Que faut-il faire de M. de Buonaparte ? 102
V. Le Rémouleur. 119
VI. Le sort 140

LIVRE TROISIÈME

L'AVENTURE

I. Neuilly-sur-Marne dans la soirée du 6 nivôse an VI.	151
II. Sur la grand' route	161
III. L'hospitalité	165
IV. La trahison	175
V. Le grand air d'*Armide*	183
VI. Où reparaît le capitaine de l'armée de Sambre-et-Meuse	203
VII. Le crucifix du bon père Caupine	240
VIII. La dispersion	264
IX. Les transes de madame Solange	288
X. Le vrai patron, c'est Bonaparte !	314
XI. Les exodes	327

Émile Colin — Imprimerie de Lagny.

www.ingramcontent.com/pod-product-compliance
Lightning Source LLC
Chambersburg PA
CBHW060457170426
43199CB00011B/1237